HEYNE BÜCHER

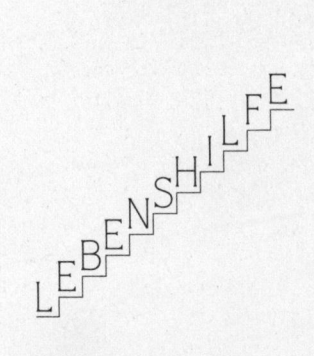

LEBENSHILFE

David Jonas Anja Daniels

WAS ALLTAGS-GESPRÄCHE VERRATEN

Verstehen Sie limbisch?

Wilhelm Heyne Verlag
München

HEYNE LEBENSHILFE
Band 17/76

Copyright © 1987 by Robert Azderball, Hannibal-Verlag, Wien
Wilhelm Heyne Verlag GmbH & Co. KG, München
Printed in Germany 1992
Umschlagillustration: Julius Ciss/The Image Bank, München
Umschlaggestaltung: Christian Diener, München
Satz: Kort Satz GmbH, München
Druck und Bindung: Ebner Ulm

ISBN 3-453-05363-X

Inhalt

Einleitung 9

Alltagsgespräche 16
Geheime Signale 16
Beistand und Hilfe während des Plauderns 17
Aneinander vorbeireden – mit tieferer Bedeutung 20
Resonanz 24
Information ist Nebensache 25
Persönliche Wortbedeutung – Die Eigensprache 25
Worte als Schlüssel 26
Wortwahl kein Zufall 27
Etwas geht schief – Gespräch mit Karl 28
Seelische Alltagsbilder 30
Kinder sprechen ›Ursprache‹ 31
Die Sprache des ›Wie‹ 32
Frühmensch ließ Gefühle sprechen 32
Mitte des Hirns redet ständig mit 33
Musik ohne Töne? 33
Sprechen ohne Strickmuster 34
Rhythmus absorbieren 35
Urzeitlicher Stein im Magen 36
Ein unbeschreiblicher Duft 37
Gefühle riechen 37
Trotzige ›Depressionen‹ – Gespräch mit Helga 38
Selbstzerstörung als Waffe 40
Größenwahn gegen Überlebensangst 41
Auf ›limbisch‹ umschalten lassen 43
Gefühlsgeschwulst? 44
Innere Weisheit 45
Wenn der Schuh einfach paßt 46
Überbetonter Verstand 47
Wortloser ›Zauber‹ 47
Die einfachste und naheliegendste Erklärung 48

Zufälliger Schnappschuß des Nervensystems	49
Wie wichtig ist Gemüsesuppe?	51
Teuflische Verdrängung	51
...biologisch sinnvoll	52
Wissensdurst	53
Glückliche Kinder	54
Ziel in der Kristallkugel	55
Katalysator sein	55
Verschlossenes Packerl	56
Giftmischen und Magersucht – Gespräch mit Lydia	57
Schwere Gedankenkreise	58
Keine festen Regeln	64
Tonlagen	65
Nebenkriegsschauplatz	66
›Wahrsagende‹ Körpersignale	67
Die Wogen glätten – Gespräch mit Kristine	69
Behandlung beginnt an Sprechzimmertür	76
Machtlose Apparate	77
Geschlossene Schaltkreise	78
Überfordernd	79
Ewig hungrige Fragen	80
Vorbildlich vernünftig	81
Taubes Ohr der Gefühle	82
Ergebnislose Diskussionen	82
Mangelndes Machtgefälle	83
Wenn..., dann	83
Kopfmenschen	84
Einsteigen und stören	86
Ein bißchen verrückt	86
Nicht absolut verfressen	87
›Ich‹ muß ›mir‹ gehorchen – Gespräch mit Annemarie	88
Belastende Ordnung – Gespräch mit Lise	89
Wenn schon, denn schon	92
Tausend Kreisel im Kopf – Gespräch mit Sigrid	93
Milch, Nüsse oder Schokolade?	96
Hunger wie ein Holzhacker	97
Gespanntes Unbehagen	98
Jede Frage lebenswichtig	99

›Warten Sie mal…‹ 100
Bilder anbieten 100
Zwang gegen Gedankenstürme 101
Sich einfach darauf verlassen 103
Untertöne 104
Als ob 106
Archaische Reflexe 107
Kleineres Übel 108
Die Wunden lecken — Gespräch mit Berthold 110
Worte als Attrappen 114
Offen für alles Mögliche 114
Nach bunten Gedanken greifen 115
Unschuldige Themen? — Gespräch mit Günter 117
Abstrakte Worthülsen konkretisieren 119
Eingesperrt im Kasten — Gespräch mit Kathryn 121
Höchster Grad der Vollkommenheit —
Gespräch mit Anton 125
Verpackte Widersprüche — Polarisieren 129
Zähneknirschen — Gespräch mit Heinz 130
Mordswut auf die ganze Welt — Gespräch mit Oskar ... 133
Lust am Neinsagen 139
Verstand einschläfern 140
Stich der dicken Nadel — Gespräch mit Dietmar 142
Vegetativer Sturm 145
Sorge um das Herz — Gespräch mit Lothar 147
Keine Leistung — keine Liebe — keine Leistung 152
Ärzte mitgefangen 153
Auf Kosten der Substanz — Gespräch mit Hubert 154
Scheitern — aufgeben — verlassen werden 160
Ursache und Folge gleich 161
Ein schwindliger Seiltänzer — Gespräch mit Helene 162
Der unbrauchbare Fuß — Gespräch mit Knut 166
Die Sprache der Bilder 170
Ein zerbrechlicher Krug — Gespräch mit Andrea 172
Heilige Mülleimer — Gespräch mit Elli 177
Ein geleimter Stuhl — Gespräch mit Gudrun 181
Den Fuß auf der Bremse — Gespräch mit Bernd 183
Botschaften dunkler Mächte 186

Verstehen, wie man versteht wie man versteht	187
Sich auf Ebene der Psyche begeben	189
Direkter Draht zum Innersten	189
Aussteigen am Hang – Caros Traum	190
Unscheinbare Bruchstücke	191
In den Lücken fischen	191
Das Wesen einer Kurve	192
›Ich glaub' ich träume‹	194
Wirklicher als die Wirklichkeit	196
Grammatikalische Geister	196
Dringliches aus der zweiten Welt – Christofs Traum	197
Wendeltreppe zum Narrenhaus – Ludwigs Traum	200
Großmutters akademischer Kuchen – Veras Traum	202
Tasten und Sehen	205
Umleitung – Bertrams Traum	207
Zeit verstreicht in Metern	207
Nachwort	210
Über die Autoren	216
LITERATURLISTE	218

Einleitung

Was geht vor, wenn ein Mensch ›begreift‹, was ein anderer ihm mitteilen will?

Schon ein drei Monate alter Säugling greift mit den Händen nach Objekten, die sich vor seinen Augen bewegen. Später ›begreifen‹ wir abstrakte Konzepte nach dem gleichen Wahrnehmungsmuster; das Wort ›*begreifen*‹, das diesen Vorgang bezeichnet, deutet auf den Zusammenhang hin.

Es besteht also noch eine direkte Verbindung zwischen der Arbeit des beim Kleinkind tonangebenden Mittelhirns, bzw. des limbischen Systems, das die Gefühle steuert, und den Funktionen des Gehirns, die die Grundlage unserer logisch-kognitiven Fähigkeiten bilden. Diese Verknüpfung drückt sich in der Sprache überraschend klar aus. Obwohl die Verarbeitungen des Mittelhirnes an sich präverbal sind, d. h. aus unformulierten und unformulierbaren Inhalten bestehen, beeinflussen sie doch den sprachlichen Ausdruck. Jede Aussage, auch wenn sie völlig sachlich und emotionslos klingt, trägt einen Teil gefühlsbezogener Informationen mit sich.

Diese ›limbische‹ Mitteilung liegt in der Art und Weise, wie der Sprechende die allgemeingültige Bedeutung der Begriffe ganz individuell verschiebt. Auch schon in der Wortwahl allein, in der Intonation und Satzmelodie sowie in Gestik, Mimik und Körperhaltung zeigt sich diese äußerst persönliche Komponente des Gesprochenen. Die erwähnten Anteile para- und nonverbalen Ausdrucks in einer Aussage bezeichnen wir hier als ›Eigensprache‹ oder ›Idiolekt‹.

Im zwischenmenschlichen Austausch sind die Gefühle für den Verlauf des Gespräches und der Begegnung weitaus relevanter als die sachlichen Informationen. So bildet die Eigensprache die vorherrschende Brücke menschlicher Kommunikation.

In jeder Aussage eines Sprechenden finden wir Hinweise auf seine seelischen Verarbeitungsmethoden. Diese sind oft auf ein karges Minimum reduziert, geben uns aber nichtsdestoweniger ein Bild der Persönlichkeitsstruktur, das sich sowohl räumlich – in den momentanen Handlungen und Empfindungen bezüglich der Objekte der Umwelt und der Fantasien der Innenwelt – als auch zeitlich – auf die Entwicklung der Person bezogen – vor uns ausbreitet.

Nehmen wir als Beispiel den Satz: »Ich bin mit blonden Frauen noch nie auf einen grünen Zweig gekommen.« Diese Feststellung stellt sich uns offensichtlich als Klage dar. Dem ›noch nie‹ entnehmen wir die zeitliche Dimension des zu Beklagenden; die ›blonden Frauen‹ sind das Objekt dieser Klage in der Außenwelt; zwischen den Fantasien und Vorstellungen des Sprechers über diese Frauen erstreckt sich der entsprechende Raum seiner Innenwelt. ›Auf einen grünen Zweig kommen‹ bezieht sich auf die seelische Verarbeitungsmethode – hier eine soziale Geschicklichkeit – über die er nicht verfügt, die er sich aber dennoch bzw. gerade deshalb wünscht. ›Blond‹ ist als Überschrift eines ganzen Kapitels früherer Erfahrungen und der für ihn charakteristischen Art und Weise zu verarbeiten, aufzufassen.

Sachlich gesehen besteht der eben behandelte Satz aus wenigen Worten, die uns nur eine sehr beschränkte Anzahl von Informationen über den Sprecher geben, nämlich, daß er schon seit langem irgendwelche nicht näher definierten Schwierigkeiten mit Frauen der speziellen Haarfarbe ›blond‹ hat. Es erscheint uns so selbstverständlich, uns entlang des grammatischen Musters von Subjekt-Objekt-Zeitwort-Sätzen zu verständigen, daß wir uns ihres weitreichenden und komprimierten Inhaltes nicht ohne weiteres gewahr werden. Die Dimensionen dieses Inhaltes sind im Vorhergehenden angedeutet worden. Im Gespräch ahnen wir, welche emotionalen Vorgänge des Erzählenden ein solcher Satz repräsentiert, ohne dabei aber zu wissen, wodurch diese Ahnung ausgelöst wird.

Die Eigensprache kündigt sich bereits beim Säugling an. Schon zwei Tage nach der Geburt bewegen sich seine Muskeln synchron zum in Schonsprache vorgebrachten ›Babytalk‹ der Mutter. Verstummt die Mutter, beantwortet er dies mit immer der gleichen Bewegung, z. B. mit dem Heben eines Fußes. Das

Neugeborene reagiert, wie sich von selbst versteht, noch nicht auf den sachlichen Inhalt dessen, was es hört. Dennoch zeigt es eine erste Beziehung zu Gesprochenem, die gefühlsmäßig ist und körperlich. Dieser früh geformten Ebene des Austausches bleibt ein Mensch sein Leben lang in höchstem Maße zugänglich, auch wenn sie später von der des verstandesgeleiteten, informativen Wortwechsels überdeckt wird.

Der Zusammenhang zwischen gesprochenen Worten und körperlichen Empfindungen zeichnet sich in volkstümlichen Redewendungen noch unmittelbar ab. Wenn seelische Mißstimmungen in Worte gefaßt werden, geschieht dies oft entlang der Muster körperlicher Wahrnehmungen, da diese leichter nachzuvollziehen sind als psychisch Verspürtes. Zwei Personen, die sagen, daß sie sich ärgern, können damit zwei recht unterschiedliche Gemütsbewegungen meinen, da jede das, was sie als ›Ärger‹ bezeichnet, anders empfindet. Eine Aussage wie: »Es juckt mich am Kopf«, die eventuell noch von einem Kratzen begleitet wird, ist unzweideutig. Hören wir jetzt die Redewendung: »Das liegt mir wie ein Stein im Magen«, so ist darin ein anschauliches körperliches Erlebnis mit einer präverbalen Regung verbunden. Ein Angriff, eine Anschuldigung wird empfunden als handele es sich dabei um einen Brocken unverdaulicher Nahrung. Derartige Ausdrücke ließen sich, folgerichtig betrachtet, obwohl sie syntaktisch korrekt sind, als unsinnig bezeichnen. Niemand würde ja einen Stein verschlucken und wenn jemand feststellt: »Diese Sache belastet mich«, ließe sich dem entgegenhalten, daß eine ›Sache‹ kein physisches Gewicht hat, das sich als Last auswirken könnte. Trotzdem kann diese Person aber unter Schulter- und Nackenschmerzen leiden, weil die Pflicht, die ihr ›auferlegt‹ wurde, dazu führt, daß sich ihre Schultermuskeln verkrampfen. Der Mensch war sich in der Steinzeit sein eigenes Lasttier und hat die erlegte Beute auf den Schultern zu den Wohnhöhlen geschleppt. Angesichts einer Last, sei sie seelisch oder körperlich, aktiviert ein Mensch noch heute die gleichen Muskelgruppen.

In den geläufigen Redewendungen springt der Gefühlsinhalt noch relativ unverhüllt ins Auge bzw. ins Ohr. Doch auch in diesbezüglich eher unscheinbaren Aussagen läßt er sich wahrnehmen. Stellt beispielsweise eine Person an einem regnerischen Morgen fest: »Scheußliches Wetter heute«, überhört man das zumeist als banale Bemerkung. Aber selbst wenn es noch so sehr vom Himmel schütten mag, ist dieser Satz weder eine Banalität noch ein Zufall. Von all denen, die das Wetter wahrnehmen, geben nur wenige einen Kommentar dazu und davon wieder nur einige werden es als ›scheußlich‹ bezeichnen. Es gibt eine ganze Reihe von Adjektiven, die man anwenden könnte, um regnerisches Wetter zu bezeichnen. Sogar ›erfrischend‹ oder ›wohltuend‹ wären denkbar.

Fragen wir die Betreffenden, was sie mit ›scheußlich‹ eigentlich meinen, werden wir feststellen, daß jeder einzelne in dieses Wort eine andere Bedeutung legt. Als Definition von ›scheußlich‹ können Ausdrücke wie ›unfreundlich‹, ›häßlich‹, ›abstoßend‹ angeführt werden.

Gemäß unserer Hypothese von der engen Beziehung zwischen Sprache und Gefühlen, haben die gewählten Worte etwas mit dem seelischen Zustand der sprechenden Person zu tun. Vermutlich beziehen sie sich hier auf ihr Selbstbild und bezeichnen Eigenschaften, die sie an sich selbst als ›scheußlich‹ abwertet. Unter den Objekten, über die sie sich äußert, wird sie solche auswählen, auf die dieses Schema ihrer Wahrnehmung paßt. Das entsetzliche Rattern des Motors wird sie auf einer Autofahrt viel eher ansprechen als die reizvolle Landschaft um sie herum. Das psychische Grundmuster eines Menschen schwingt in allen seinen Äußerungen mit. ›Rein objektive‹ Aussagen gibt es daher nicht.

Wenn hier nun ein Buch über die Eigensprache des Menschen geschrieben werden soll, könnte einem dabei ein in allen Richtungen verstandesgerecht durchgegliedertes Sachbuch vor Augen schweben, in dem idiolektische Strukturen von verschiedenen Standpunkten her ausgelotet und die Ergebnisse dieses Unterfangens exakt unterteilt wiedergegeben werden. Nach einem solchen Muster werden in der Schule Fremdsprachen gelehrt.

Wir wollen uns aber im folgenden mit gerade den Anteilen der Sprache befassen, die nicht in logisch-folgerichtigen Bahnen verlaufen und die als eine Art Ursprache lange vor den heute im Vordergrund stehenden neokortikalen Denk- und Ausdrucksweisen die Kommunikation der Menschen beherrscht hat. Von Kleinkindern und von Erwachsenen im Alltagsgespräch wird sie nach wie vor als ausschließliche Basis der Verständigung benutzt.

Der Geist dieser ›limbischen‹ Sprache würde verletzt werden, wenn man versuchen würde, sie in die Zwangsjacke einer systematischen Darstellung zu stecken, in der einzelne Kapitel auf- und auseinander folgen.

So ist dieses Buch zu weiten Teilen in Form von Gesprächen geschrieben. Es weist keine zwingenden oder hervorstechenden Reihenfolgen auf, da es sich nicht in einen vorher fixierten Rahmen hinein, sondern aus dem jeweiligen Stand der Abläufe heraus entwickelt hat, worin es dann auch wieder einer angeregten Unterhaltung eher gleicht als einem Vortrag.

Der Leser, der es gewohnt ist, in erster Linie verstandesgemäß zu reflektieren, kommt allerdings auch nicht zu kurz. Aus den ›limbisch‹ orientierten Gesprächen ergeben sich wertvolle Hinweise nicht nur auf die psychischen Geschehnisse, die wir als ›bewußt‹ bezeichnen, sondern auch auf die, die tiefer liegen und darüber hinaus auch auf die vegetativen Grundlagen dieser Empfindungen.

Nun ließ sich nicht ganz vermeiden, Fakten aufzuzählen. Der Leser darf, wenn er auf diese stößt, aber getrost im Sinn behalten, daß sie nur Hilfsmittel, Krücken sozusagen, zum Verständnis des vielschichtigen Phänomens menschlicher Kommunikation und menschlichen Erlebens sind. Sie dienen einzig dem Zweck, die im Buch dargestellten Manifestationen des Menschlichen in einem möglichst greifbaren und zugänglichen Gedankennetz zu binden. Daher schien es an manchen Stellen unangemessen, die wissenschaftlichen Erwägungen bis in ihre letzten Gründe auszuführen – »the facts confuse the issues«. Der interessierte Leser mag sich anregen lassen, sein spezielles Wissen im einen oder anderen Gebiet zu vertiefen; die Erkenntnisse der ›exakten‹ Wissenschaften bieten ihm hierzu reichlich Material.

Im Gespräch zwischen Menschen und in ihrer Gefühlswelt geht es, wie gesagt, alles andere als exakt zu. Dennoch ist, was dort geschieht, einsichtig beschreibbar. Dieser Umstand läßt sich durch ein Beispiel ausführen:

Kaum ein Durchschnittsbürger weiß ›exakt‹, was ein Satellit ist. Fragen wir ihn danach, erhalten wir wahrscheinlich eine Erklärung, die den wissenschaftlichen Fakten nur entfernt entspricht und die recht eindeutig der persönlichen Vorstellung des Befragten entspringt. Dennoch kann aber nahezu jeder das Wort ›Satellit‹ anwenden, es in sein individuelles Sprachsystem einfügen und es so im wahrsten Wortsinne ›benutzen‹. Dazu braucht er über das Ding selbst nur das zu wissen, was für ihn unmittelbar von Belang ist. (›Wahrscheinlich ist der Satellit gestört‹; ›Im Satellitenbild waren Wolken über den Alpen‹ u. ä.).

Wenn wir hier jetzt die Seele und die Sprache von Individuen verstehen wollen, ist für uns von den ›objektiven‹ Fakten ebenfalls nur relevant, was zu diesem Verständnis beiträgt. Wir brauchen vom Satelliten also auch nicht jedes Detail zu studieren, sondern nur das zu betrachten, was sich im und zwischen den Menschen auswirkt. Wir beziehen also ein exaktes Wissen – wie im Alltagsgeplauder – in unsere Ausführungen ein, benutzen es aber für unlogische, gefühlsbezogene Zwecke.

Den wissenschaftlich Denkenden, die gewohnt sind, den erklärenden Begriffen und Abstraktionen ein Eigenleben zuzuschreiben und ihnen eine ›objektive‹ von persönlichen Bedeutungen und Gefühlen befreite Existenz zu verschaffen, werden sich dabei voraussichtlich die Haare sträuben. Wir bitten sie im vorhinein, uns diesen Angriff auf ihr Wohlbefinden im Interesse eines handhabbaren Verständnisses des Menschen zu verzeihen.

Der Senior-Autor dieses Buches hat sich in jahrelanger therapeutischer und medizinischer Praxis sowie in evolutionärbiologischen Studien mit dem Gespräch zwischen Menschen befaßt, und seine immer breiter werdenden Erkenntnisse zur Grundlage der von ihm eingesetzten Form des therapeutischen Dialoges gemacht. In Ausbildungsseminaren an psychosomatischen Kliniken hatten und haben Psychologen, Mediziner, Sozialarbeiter, aber auch Interessierte zahlreicher anderer Fach- und Lebensbereiche Gelegenheit, dieses therapeutische Geplauder, das ›idiolektische‹ Gespräch, zu erleben. Die Erfahrungen und Geschehnisse aus diesen Seminaren bilden die Grundlage, auf der sich in diesem Buch die unerschöpfliche Vielfalt menschlichen Austausches dramatisiert und beleuchtet wird.

Im Falle von Störungen lassen sich anhand der Eigensprache die Vorgänge in der inneren Welt des Menschen und die Einflüsse und Veränderungen, die vom Gespräch ausgehen, besonders klar erkennen. Die therapeutischen Dialoge, die dargestellt werden, bieten daher Laien sowie psychologisch oder medizinisch geschulten einen idealen Rahmen, das weite Feld der seelischen Regungen und der Eigensprache des Menschen zu erkunden und ihre prälogischen Gesetze zu erfassen.

Es werden umfassende Erklärungen zu den Gesprächen gegeben, da der ungeübte Beobachter und Zuhörer die vielen oft blitzschnell aufscheinenden non- und paraverbalen Informationen zumeist unbemerkt vorübergehen läßt und darin nichts weiter zu vernehmen meint, als eine ganz alltägliche und belanglose Konversation.

Der Junior-Autorin kam die Aufgabe zu, das umfangreiche Material in lesbarer Form zusammenzufassen und die zahlreichen neuen Ideen und Denkansätze, die oft ausgiebigen Diskussionen entsprungen sind, in Geschriebenes umzusetzen.

Alltagsgespräche

Ursula und Gerda, zwei junge Mütter, die sich schon seit ihrer Schulzeit kennen, treffen sich wieder einmal im Stadtpark. In der Nähe eines Springbrunnens finden sie eine leere Bank. Ihre Kinder, die noch im Säuglingsalter sind, schlafen fest in ihren Kinderwagen. Das bereits auf dem Weg zu der Bank begonnene Gespräch wird fortgeführt. Worüber sprechen sie? Was veranlaßt die Wahl ihrer Themen? Welche Wirkung hat das Geplauder der beiden Frauen auf ihre jeweilige Stimmung? Welchen Informationsinhalt besitzt ein solcher Austausch?

Diese und andere Fragen tauchen auf, wenn man eine solche Begegnung mit wissenschaftlicher Neugier betrachtet. Das hier zunächst im Vordergrund stehende Thema sind die Kinder. Einem desinteressierten männlichen Zeugen dieses Gesprächs würde nichts weiter auffallen als eine Aufzählung der mütterlichen Tätigkeiten und die daraus resultierenden Reaktionen der Kleinkinder. Wenn der unfreiwillige Lauscher von seiner eigenen Familie geflüchtet ist, um in Ruhe die Zeitung zu lesen, würde ihn sicher das bedeutungslose ›Geschwätz‹ der Frauen irritieren und er hielte bald Ausschau nach einer anderen Bank, um sich in Frieden seiner Lektüre zu widmen.

Geheime Signale

Ein toleranter junger Mann würde den verbalen Austausch zwischen den beiden Frauen als ein für junge Mütter typisches Geplauder ansehen, dem keine weitere Bedeutung zukommt. Wenn man ihn bedrängte, sich noch eingehender zu äußern, würde er zugestehen, daß Ursula und Gerda einander unterhalten. Worin aber das Unterhaltende besteht, könnte er nicht sagen.

Das Wesentliche dieser zwischenmenschlichen Begegnung entging beiden Männern. Im Laufe der Konversation spiegeln sich die den Frauen nur unterschwellig bewußten Zweifel und ihre Unsicherheit in der Wahl ihrer Worte, in der Satzmelodie, im Gesichtsausdruck, in den Gesten wider. Ohne zu ahnen, daß die Wörter ihrer Umgangssprache auch Träger gefühlsbetonter seelischer Zustände sind, vermitteln sie einander Botschaften, die nur wenig mit der lexikalischen Definition des Gesprochenen zu tun haben. Nachdem beide das Gespräch über ihre Kinder erschöpft haben, folgt eine kleine Pause.

Dann erwähnt Ursula, daß sie neue Gardinen angeschafft hat, aber sie unterbricht ihren Gedankengang und sagt: »Da liegt mir was am Herzen, ich habe mit meiner Mutter schon darüber gesprochen. Sie ist nicht sehr hilfreich. Sie sagt, ich solle mich nicht über Walter beklagen, sie hätte mit meinem Vater viel mehr Schwierigkeiten gehabt. Ich erzählte mal der Reihe nach: Seitdem Walter für meinen Onkel arbeitet, ist er nicht mehr so lebensfroh wie bisher. Wenn er abends nach Hause kommt, geht er an mir vorbei, wirft sich auf die Couch und sagt kein Wort. Ich steh' da und weiß nicht recht, was ich tun oder reden soll. Ich denke mir: Was ist denn los mit ihm? Verheimlicht er mir eine Krankheit? Ich hab' halt immer so dumme Vorstellungen. Manchmal denke ich an eine Herzkrankheit und bekomme richtig Angst.«

Wenn man diese Zeilen liest, so wie sie da stehen, scheint es nichts mehr zu sein als die übliche hausfrauliche Besorgtheit um den Ehemann; ein Dritter würde dieser Bemerkung kaum Beachtung schenken.

Was hat nun Ursula tatsächlich zum Ausdruck gebracht? Die Worte *seitdem* Walter für meinen... beinhalten eine fallende Tonkontur, wie dies bei traurigen Nachrichten üblich ist. Onkel hat eine scharfe Betonung; gleichzeitig rümpft Ursula die Nase und zupft an ihrem Kleid herum; die beiden ersten Silben ›lebens...‹ haben im Vergleich zu der dritten Silbe froh einen höheren Ton. ›Geht er an mir vorbei‹ klang deutlich ärgerlich, ›Couch‹ und ›sagt kein Wort‹ wie ein tiefer Seufzer.

Beistand und Hilfe während des Plauderns

Die unterschwellige Bedeutung von Ursulas Mitteilung geht Gerda nicht verloren. G. verspürt, daß U. eine Erklärung dafür gefunden hat, warum W. sich zur Zeit nicht wohl fühlt. Das

›Sich-nicht-wohl-(oder traurig-)Fühlen‹ vermittelt die fallende Tonkontur. Die schwere Betonung identifiziert den Bösewicht, das Nasenrümpfen zeigt die Mißachtung, die man einem solchen Bösewicht zollt; lebensfroh produziert die Erinnerung an eine frühere, angenehmere Phase der Beziehung zu ihrem Ehemann; durch den ärgerlichen Ton wird die trotz des Verständnisses für seine schwierige Situation eigene Frustration aufgrund mangelnder Zuwendung zum Ausdruck gebracht. Der tiefe Seufzer zeigt an, wie sehr U. sich belastet fühlt.

Gerda (mit Wärme in der Stimme): »Das muß schlimm für dich sein, Walter so leiden zu sehen« (damit erkennt G. die unterschwellige Sorge U.s an und bestätigt durch ihren Tonfall deren Berechtigung. Ein zufälliger Zeuge würde eine beschwichtigende Bemerkung machen wie: »Na, so schlimm wird es nicht sein« oder »Sie sorgen sich zuviel«, – dies würde U. nur irritieren und ihre Stimmung weiterhin verschlechtern.)

»Ich halte nichts davon, wenn man für Verwandte arbeitet« (wieder eine Bestätigung von U.s Empfinden; Ursula nickt und hebt die Augenbrauen als Gegenbestätigung. Das ist ein gutes Zeichen – G.s gefühlsbetonte Worte, die ebenso abwertend klingen wie U.s Onkel vorhin, bewirken ein emotionales Echo). »Mit meinem Toni muß ich auch Geduld haben, wenn er mal einen schlechten Tag mit seinen Schülern gehabt hat.« (Jetzt spricht G. nicht nur bestätigend, sondern auch helfend, indem sie indirekt vorschlägt, den Ärger mit Geduld zu ertragen).

U.: »Wenn ich nur deine Geduld hätte!« (Sie akzeptiert G.s Vorschlag, gibt aber gleichzeitig durch ihren Tonfall ihre Unfähigkeit an, ihre Mißstimmung zu kontrollieren.)

G.: »Na ja, so leicht hab ich's auch nicht. Früher hab ich mich auch geärgert, wenn Toni, sobald er zur Korridortür hereinkam, ins Wohnzimmer stürzte, um ja kein Fernsehprogramm zu versäumen. Ich stand da und wartete auf ein Zeichen, daß er mir noch gut war. Oft hatte ich Tränen in den Augen. Ich wischte sie jedesmal rasch weg – ich hab's nicht gern, wenn meine Familie mich weinen sieht.« (Durch diese Schilderung erreicht G., die mehr Lebenserfahrung hat als die Freundin, dieser zu zeigen, daß U. mit ihren Sorgen nicht allein ist. Mit dem stark betonten *früher* weckt sie in ihr die Hoffnung, daß auch in U.s Ehe alles wieder in Ordnung kommen wird.)

U. reagiert prompt mit lebhafter Miene und mit unverkennbarer Neugier: »Ja, wie hast du es denn geschafft?«

G.: »Ich war wirklich unglücklich, ja, ich hatte sogar den Verdacht, daß Toni anderweitig interessiert war – er war auch weniger zärtlich. Ich hab' natürlich einen Flunsch gezogen und ihm die kalte Schulter gezeigt. Aber das machte mich noch unglücklicher. Eines Abends setzte ich mich neben meinen Mann und erzählte ihm, was in den letzten Wochen in mir vorgegangen war. Das wirkte wie ein Zauber. Toni war so betroffen, daß ihm Tränen in den Augen standen. Er erklärte mir, daß er in der Schule Probleme gehabt hatte und mich damit verschonen wollte. Ja, und dann gab es eine Versöhnung, die mich sehr glücklich machte – und ich bin's noch immer.« (G. begleitet mit Gestik und Mimik genau das, was sie verbal ausdrückt und verstärkt dadurch die Wirkung ihres Geständnisses. U. verfolgt mit steigendem Interesse den Bericht der Freundin.)

U.: »Weißt du, Gerda, ich sollte mit Walter wohl auch eine Aussprache herbeiführen und ihm offen sagen, wie ich mich fühle.« (U. hatte jetzt eine kräftigere Stimme, ihre Augen leuchteten und in ihrem Gesicht prägte sich Entschlossenheit aus.)

Als Fazit: G. vermag – allerdings ohne es zu ahnen – in diesem Alltagsgespräch U.s Stimmung zu ändern. Sie reagiert intuitiv auf die in U.s Worten verborgenen Signale und verarbeitet diese in ihrer eigenen Psyche. G. erkennt U.s Probleme an, bietet gleich darauf alternative Lösungen an. Diese Sequenz (Anerkennung – Anbieten alternativer Möglichkeiten) hat einen sehr starken psychotherapeutischen Effekt, der U. offensichtlich günstig beeinflußt.

Objektiv gesehen müßte man annehmen, daß G. die Fähigkeit besitzt, die man sonst bei ausgebildeten Therapeuten vorfindet. Jedoch kann die sorgfältige Beobachtung eines Alltagsgesprächs erweisen, daß hier die Stimmung eines Menschen sehr deutlich von den den Worten zugrundeliegenden Gefühlsmomenten sowohl in einer positiven als auch in einer negativen Weise verändert werden kann.

Um diesem Phänomen weitere Einsichten abzugewinnen, hörten wir uns wiederum Gespräche zwischen Frauen an, die auf einer Bank Platz nahmen, wo wir bereits mit gezücktem Bleistift auf das Gespräch warteten, das jetzt geführt würde. Wir hatten einige Bücher neben uns auf die Bank gelegt, um den Anschein zu erwecken, daß wir Studenten waren, und tatsächlich hatten wir den Eindruck, daß die Frauen unsere Anwesenheit nicht störte.

Der Modus unserer Beobachtungen ähnelt den Forschungsmethoden der Ethologen, die sich mit dem Verhalten von Tieren in freier Wildbahn befassen. Wir versuchen das gleiche Verfahren auf den Menschen anzuwenden und − soweit dies möglich ist − aus ›kulturfreier‹ und von Werten unabhängiger Sicht zu urteilen. Wie ein Naturforscher, der eine Spezies mit Hilfe eines Fernglases aufmerksam beobachtet, versuchen auch wir, die stattfindenden Handlungen (und auch die begleitende verbale, non- und paraverbale Form der Kommunikation zwischen den Menschen) mit den unmittelbar vorausgegangenen Veränderungen aller Informationskomponenten zu verknüpfen.

Aneinander vorbeireden − mit tieferer Bedeutung

Hier sei noch hinzugefügt, daß Worte eine Fülle von Begriffsinhalten besitzen, die weit über das hinausgehen, was das Wörterbuch anbietet. Jedoch gelten hier keine allgemein gültigen Regeln. Um ein Gefühl auszudrücken, verleiht das Individuum den einzelnen Worten durch seine Wahl von Schlüsselkonzepten eine tiefere Bedeutung, die sie aber nur auf seine eigene Denkweise bezieht, dagegen eine geringe oder gar keine Gültigkeit für andere Personen hat.

Das folgende Gespräch illustriert diese Richtlinie:
Selma: »Guten Tag, Anna. Wie geht's dir?«
Dehnung und Nachdruck der Worte auf die diesem Satz innewohnenden Intontionskonturen weisen darauf hin, daß Selma in guter Stimmung ist. Die Frage zielt weniger auf den Gesundheitszustand Annas ab als auf die Erwartung, daß Anna sich ebenso gut fühle wie Selma.

Anna, auf diese Erwartung reagierend: »Danke, gut.«

Jede andere Antwort wäre in diesem Zusammenhang disharmonisch. Jedoch drückt Anna durch den Tonfall ihrer Antwort aus, daß ihre Gefühle dieser Feststellung nicht entsprechen; ihr Gesicht zeigt eine Mimik, die ebenfalls eher den Gefühlen als den Worten entspricht.

Selma (zögert einige Augenblicke, dann schaut sie Anna direkt in die Augen und beugt ihren Oberkörper vor): »Ist was los?«

Anna (mit einem tiefen Seufzer): »Ja, schon − «. Pause. Diese kleine Atempause ist eine vorbereitende Phase, in der die Sprecherin nach den passenden Worten sucht, um ihren Gefühlen Ausdruck zu verleihen; gleichzeitig kündigt sie an, daß Selma sich auf eine traurige Botschaft vorzubereiten hat.

Selma reagiert nonverbal mit einer Hinwendungsreaktion. Sie dreht den Hals nach links und beugt den Oberkörper vor. Ihr Gesicht drückt Mitleid aus, noch bevor sie spezifische Informationen erhalten hat.

Anna (mit klagender Stimme): »Meine Mutter hat wieder einen Anfall gehabt, ihr Blutdruck ist zu hoch. Der Arzt war bei ihr und hat ihr neue Medikamente verschrieben...« Es folgen längere Ausführungen über frühere Behandlungsmethoden, die die Mutter über sich ergehen lassen mußte. Ihr Monolog verliert sich jetzt in durchaus minutiöse Details. Andere Personen würden diese Einzelheiten als trivial empfinden, besonders da sie zum Hauptthema nichts beitragen. Anna beklagt sich zum Beispiel darüber, daß die Nachbarn ihrer Mutter neue Möbel bestellt hatten, die gerade an diesem Tag geliefert wurden. Der Lärm aus der Wohnung hatte die Mutter nervös gemacht. Abschweifend erwähnt nun Anna, daß der Freund der älteren Tochter der Nachbarn das Verhältnis beendet hat. Offensichtlich fehlt hier ein Zusammenhang, aber die Stimme Annas drückt deutlich das Gefühl der Schadenfreude aus. So, als ob ein gerechtes Schicksal die Nachbarn für ihren Möbelkauf zu diesem Zeitpunkt und den verursachten Lärm während der Anlieferung bestrafen würde.

Nach dem Klagelied über die Nachbarn folgt ein weiteres über die Mutter, mit dem Fazit, daß die alte Dame sich unnötigerweise über jeden ›Schmarrn‹ ärgere. Der Widerspruch, daß Anna wegen des Ärgers ihrer Mutter aufgebracht ist und sich damit auch zur Kandidatin eines zu hohen Blutdrucks macht, entgeht ihr. Frustration, vermischt mit Entrüstung, bricht in ihrer Stimme durch, da ihre Ermahnungen keinen Eindruck auf die Mutter machen. An diesem Punkt ihres Monologs steigert sich die Stimme Annas zu einem ›Crescendo‹, das aber bald zu einem ›Piano‹ wird. Kaum merklich verlangsamt sich das Tempo ihrer Rede und auch ihre Mimik wird gleichzeitig graduell entspannter. Diese Beruhigung ermöglicht das Hervortreten des von Selma nonverbal geäußerten Mitgefühls. Das Verhalten Selmas ist für Anna eine Aufforderung, die aufgestauten Gefühle zu entladen. Die Verlangsamung des Sprachtempos ist für Selma ein Signal, verbal einzugreifen.

Nach zwei kurz aufeinanderfolgenden erfolglosen Versuchen, Annas Redefluß zu unterbrechen, ändert Selma ihre Miene und drückt nonverbal aus: »Jetzt hast du dein Herz ausgeschüttet und fühlst dich besser; aber nun bin ich an der Reihe!«

Selma: »Du regst dich viel zu viel über deine Mutter auf. Hoher Blutdruck kommt und geht; und so wie ich deine Mutter kenne, wird sie uns alle überleben.« Selma hat die Aufregung wegen der Mutter mit dem parallel verlaufenden Ärger Annas verknüpft. Intuitiv hat Selma das Schlüsselwort ›aufregen‹ wahrgenommen und ›therapeutisch‹ angewandt. Wenn ein Schlüsselwort vom Zuhörer identifiziert wird und er es wiederholt, kann man beinahe mit Gewißheit annehmen, daß die Person dieses Wort in den nächsten zwei oder drei Sätzen wiederholen wird.

Anna: »Ich weiß, ich weiß...« (Ungeduld liegt in ihrer Stimme und ihr Gesicht nimmt einen gequälten Ausdruck an.) »Ja, ja... Aufregungen sind schädlich für die Gesundheit... Ich weiß nicht, wie sich das ändern läßt...?« Anna verspürt die Bemerkung Selmas als einen Tadel und reagiert mit unterdrücktem Ärger. Ihr »ich weiß nicht« ist jedoch eine weitere Einladung an Selma, einen Ratschlag zu erteilen.

Selma (ihr Betreuungstrieb ist geweckt): »Du solltest dich nicht so viel um deine Familie kümmern. Du brauchst mehr

Zerstreuung!« – Hier sehen wir ein typisch paradoxes Verhalten. Selma kümmert sich um Anna, rät ihr aber, sich nicht so viel um ihre Angehörigen zu kümmern.

Anna: »Ich schaffe es einfach nicht, mich so mir nichts, dir nichts zu zerstreuen und mich von Aufregungen (das Schlüsselwort) zu erholen.« (Anna wertet den Ratschlag Selmas ab; dies macht sich durch ihren spöttischen Ton bemerkbar. Sie akzeptiert jedoch das Schlüsselwort.)

Selma (macht Anstalten, leicht beleidigt zu sein): »Du kannst ja machen was du willst. Ich würde einige Tage verreisen.« (Sie betont ihre Weise, Probleme zu bewältigen, die sie gegenüber Annas Ironie verteidigen muß.)

Anna (in beschwichtigendem Ton): »Na ja, manche Leute amüsieren sich in ihrem Urlaub. Mir würde die Schwester meiner Mutter nicht aus dem Kopf gehen, die vor zwei Jahren wegen zu hohen Blutdrucks verstorben ist.«

Selma (besänftigend): »Ja, von solch traurigen Ereignissen bleibt nun mal keine Familie verschont. Ich hoffe, daß es deiner Mutter bald wieder besser geht.«

Die Intonationskontur dieses Satzes signalisiert, daß Selma das Gespräch abbrechen will. Anna reagiert mit höflicher Zurückhaltung, als sie sich verabschiedet.

Ein Informationstheoretiker würde diese etwa 25 Minuten dauernde Konversation in ihrer Gesamtheit für weitschweifig halten, da die Prägnanz dieser Botschaft in einem Satz zusammengefaßt werden kann. Da Selma keinen signifikanten Beitrag leistet, würde er den Austausch zwischen den beiden Frauen als nutzlos ansehen.

Sieht man jedoch in der Begegnung von Anna und Selma eine für die menschliche Spezies charakteristische soziale Gegebenheit, bei der in einer Art Ursprache, die die Wörter der konventionellen Umgangssprache benutzt, beider Gefühle ausgetauscht werden, dann erscheint diese Episode in einem anderen Licht, und die Bedeutung der Wörter ist nicht mit der lexikalischen identisch. Es ist, als ob man eine farblose Blume unter ultraviolettem Licht betrachtet; satte und leuchtende Farben wären jetzt das Merkmal dieser Pflanze.

Eine alltägliche Konversation aus dem Blickwinkel der Ursprache bahnt den Weg zu einer neuen Dimension der Kommunikation, in der ein Reichtum an Gefühlen aufgedeckt wird, für die das Lexikon nicht ganz zuständig ist. – Das Faszinierende eines solchen scheinbar bedeutungslosen Geplauders ist seine Wirkung; es vermag die Gestimmtheit eines Menschen in einer Weise zu verändern, die man im allgemeinen der Beratung eines erfahrenen Psychotherapeuten zuschreibt. Dieser in der Umgangssprache verborgene Faktor, der einen seelischen ›Kulissenwechsel‹ zustande bringen kann, wurde zu einer psychotherapeutischen Methode ausgearbeitet, die sich besonders für die Behandlung psychosomatischer Krankheiten als vorteilhaft erwiesen hat.

Das eingangs beschriebene Gespräch hätte bei einer zufällig in Hörweite sitzenden Person kaum besondere Aufmerksamkeit hervorgerufen. Egal wie tragisch, aufregend oder amüsant das Thema auch sein mag, wird ein unbeteiligt in der Nähe Sitzender nicht darauf reagieren. Obwohl er die gleichen Informationen zu Ohren bekommt wie die Sprechenden, kann er dort, wo diese rege Gefühle zeigen, unberührt seine Zeitung umblättern. Es sei denn, daß ihn ein vernommenes Wort, ein angeschnittenes Thema persönlich betrifft. Dann wird er aufhorchen und sich vielleicht sogar in das Gespräch einmischen. Zumindest werden aber seine Mimik und Gestik in etwa einem Lächeln oder einem bestätigenden Kopfnicken darauf hinweisen, daß er sich in diesem Augenblick als Beteiligter fühlt, daß er ›Resonanz‹ verspürt.

Resonanz

Je angeregter der gegenseitige Austausch der Sprechenden wird, desto intensiver treten non-, paraverbale und gestische Automatismen zutage, auf die wir reagieren, ohne uns dessen bewußt zu sein. Wenn sich diese Ebene der Kommunikation auch unserem Bewußtsein entzieht, kann ein aufmerksamer Beobachter doch aus der Art und Weise, wie sich die Gesprächsteilnehmer z. B. durch Mimik, Gestik, Satzmelodie und den Rhythmus der Körperbewegungen gegenseitig beeinflussen, entnehmen, ob Harmonie oder Disharmonie zwischen ihnen herrscht. Er könnte aus seiner Beobachtung heraus ohne Schwierigkeiten vorhersagen, ob sich das Gespräch in Richtung einer Übereinstimmung, einer neutralen oder einer feindseligen Einstellung der Teilnehmer entwickeln wird. Die bisher geschilderten Situationen erleben wir alle täglich. So selbstverständlich sie auch erscheinen mögen, geben sie uns doch einen ersten Hinweis darauf, daß nicht die Information an sich, sondern die erwähnte Resonanz der entscheidende Faktor eines Gesprächs ist.

Information ist Nebensache

Im allgemeinen nimmt man an, daß Sprache in erster Linie dem Austausch von sachlichen Informationen dient. Demnach wäre sie ein System, in dem verschiedene Auslöser – die Informationen – bestimmte Wirkungen haben. So geht z. B. eine Mutter, die ihrem Sohn sagt: »Mach' deine Hausaufgaben«, davon aus, daß das Kind diese eindeutige Anweisung vernommen hat und sich danach richten wird. Ob das Kind das Verlangte aber tatsächlich ausführt, hängt nicht von der objektiven Mitteilung allein ab, sondern davon, ob die Mutter den Tonfall, die Mimik und Gestik getroffen hat, die geeignet sind, den Aufgeforderten in seiner momentanen Stimmung dazu zu bewegen, auf die Information zu reagieren. Wir sehen aus diesem einfachen Beispiel, daß das ›Sagen‹ allein im zwischenmenschlichen Austausch eher wenig Gewicht hat und unter Umständen überhaupt nichts ausrichten kann.

Persönliche Wortbedeutung – die Eigensprache

Mit dem bis hierher Dargestellten befinden wir uns schon mitten in einem Gebiet, das für das therapeutische Gespräch von immenser Wichtigkeit ist. Die individuelle Resonanz auf die gebrauchten Worte ist auch und besonders in der Therapiesituation ein entscheidender Faktor. Ein hypochondrischer Patient

z. B., der völlig auf die Beschäftigung mit seinen körperlichen Empfindungen eingestellt ist, wird bestenfalls mit Höflichkeitsgesten reagieren, wenn der Therapeut Gefühle oder tiefenpsychologische Konzepte anspricht. Erst wenn Letzterer einen Zugang zur persönlichen Bedeutungsebene der Sprache seines Gegenübers findet, zu dessen Eigensprache und damit zu den emotionalen Reaktionen, kann ein therapeutischer Austausch stattfinden. Gerade die vielschichtige Beziehung zwischen Lautgebilde und Sinn stellt das breite Gebiet dar, auf dem die Eigensprache einer Person sich entfaltet. Die persönliche Deutung, die einer Aussage, einem Wort, widerfährt, steht in unmittelbarem Kontakt zur seelischen Einstellung des Erklärenden. Gelingt es, diese Deutung herauszukristallisieren, bietet sich gleichzeitig auch ein direkter Zugang zur tiefenpsychologischen Dynamik des Einzelnen.

In einem Gespräch gebrauchte ein Konzertpianist, dessen Finger sich seit einiger Zeit beim Berühren der Tasten stets verkrampften, nicht das geläufige ›Sich verkrampfen‹, um sein Symptom zu beschreiben, sondern das in diesem Zusammenhang ungewöhnlichere ›Sich sträuben‹. Man könnte annehmen, daß er hierbei als kreative Person seine Beschwerden einfach etwas bunter, metaphorisch verbalisiert hat. ›Sich sträuben‹ wies jedoch, wie sich später zeigte, genauestens auf einen inneren Zustand hin, der ihm Konflikte bereitete. In der Wahl eines solchen Schlüsselwortes kann eine Person gleichzeitig mit der Beschreibung ihrer Symptome die ihr bisher nicht bewußten dynamischen Faktoren ihrer Psyche offenbaren.

Worte als Schlüssel

Jedes Wort, besonders aber das Schlüsselwort, das als im Kontext eher ungewöhnlich auffällt, liegt innerhalb eines Feldes von sich kreuzenden, wandelbaren Beziehungsgeflechten, die in ihrer Einzigartigkeit nur für den jeweiligen Sprecher charakteristisch sind. Von ihm allein wird die Wortbedeutung abgegrenzt, die den Rahmen bildet, in dem der Angesprochene sich orientieren muß. Dies geschieht auf beiden Seiten semiautomatisch, wodurch eine Überforderung des kognitiven Systems vermieden, dieses sogar meist gänzlich ausgeschaltet wird.

In einem idiolektisch ausgerichteten Gespräch wird der tiefere Sinn der vermittelten Botschaft freigelegt, indem die angesprochene Person nachfragt, was der Sprecher mit diesem oder jenem Wort eigentlich meint. Ihr reicht die lexikalische Definition des Begriffes nicht aus, besonders dann nicht, wenn ihr daran liegt, die Beschreibung und damit die emotionalen Wurzeln eines körperlichen Symptoms zu verstehen.

Wortwahl kein Zufall

Schon die Wortwahl allein, von weiteren Erklärungen sowie der non- und paraverbalen Information abgesehen, ist in einem Gespräch nicht zufällig. Darin, welche Worte oder Wortgruppen bevorzugt werden, zeichnet sich schon das für ein bestimmtes Individuum charakteristische Denkmuster ab, dessen Schema sich in allen seinen Vorstellungen und Handlungen wiederholt.

In den Berichten, die die Ausübenden der helfenden oder heilenden Berufe von ihren Klienten zu hören bekommen, liegt nahezu die gesamte relevante Information auf der eigensprachlichen Ebene. Versucht man, diese Aussagen ›logisch‹ zu interpretieren, denkt man stets an ihrem von Gefühlen getragenen Sinn vorbei.

Häufig kann allerdings der Patient meinen, dem Arzt sein Leiden möglichst der medizinischen Fachsprache gemäß darlegen zu müssen, um ernstgenommen zu werden. Er sagt in diesem Fall nicht: »Ich habe schreckliches Bauchweh«, sondern »Ich habe eine Gastritis«. Vergleicht man das, was er seinen Leidensgenossen im Wartezimmer über seine Beschwerden erzählt hat, mit dem, was er schließlich dem Arzt berichtet, sieht man ohne weiteres, wie viele informative Details auf dem Weg ins Sprechzimmer verlorengehen.

Läßt sich der Arzt jedoch auf die Eigensprache des Patienten ein, bietet sich ihm ein umfassendes Bild, aus dem er ersehen kann, zu welchem Teil psychische Faktoren das Krankheitsbild mitbestimmen; ob der Patient kooperativ sein wird; welche Einstellung er zu seiner Krankheit hat und damit verbunden auch, wie es um seinen wissenschaftlich schwer faßbaren ›Willen zum Gesundwerden‹ steht. Besonders bei chronischen Erkrankungen spielt letzterer eine entscheidende Rolle. Das folgende Gespräch wird dies illustrieren.

Etwas geht schief — Gespräch mit Karl

Karl ist ein 56jähriger verheirateter Angestellter, der wegen eines Bandscheibenvorfalls operiert werden sollte. Im Rahmen der Vorbereitungen auf die Operation besucht ihn A., ein psychologisch geschulter Arzt, am Krankenbett.

A.: (begrüßt zunächst P 1 und stellt sich vor) ... »Ich habe gerade erfahren, daß Sie übermorgen operiert werden sollen. Da ich wohl annehmen darf, daß Sie einige Fragen zur Operation beschäftigen, bin ich jetzt gern bereit, sie Ihnen zu beantworten.« (A. ist freundlich und vermittelt mit seiner bedächtigen Sprache, daß er bereit ist, sich Zeit für den Patienten zu nehmen.)
P 1: (mit müder Stimme, vermeidet Blickkontakt) »Ich hab' doch alles *Notwendige* schon dem Doktor X erzählt.« (Sein Tonfall ist etwas verächtlich und nörgelnd; als er den Namen des Arztes erwähnt, verzieht er leicht das Gesicht, woraus sich entnehmen läßt, daß er den Ärzten nicht freundlich gesonnen ist und auch jetzt am liebsten alleingelassen werden möchte.)
A.: (greift das Schlüsselwort ›notwendig‹ auf) »Es ist gerade jetzt wichtig, auch das zu besprechen, was nicht so *notwendig* ist.«
P 1: »Na, wenn Sie darauf bestehen... Ich frag' mich nur, ob diese Operation überhaupt *notwendig* ist.« (Mit sehr resignierter Stimme; wahrscheinlich bezieht sich seine Frage auch auf andere Gebiete seines Lebens.)
A.: »Sie scheinen da Zweifel zu haben.«
P 1: »Hat so eine Operation schon jemandem wirklich geholfen?«

A.: »Ich hab' das Gefühl, Sie wollen mir sagen, daß sie gerade Ihnen nicht helfen würde.«

P 1: (lebhafter und gestikulierend) »Ja, das stimmt genau. Ich bin ein Pechvogel. Bei mir geht immer irgendwas schief.« (Warum haben es die Götter auf ihn abgesehen?)

A.: »Was meinen Sie mit *schiefgehen?*« (Zielt auf die doppelte Bedeutung des Wortes – der Rücken geht genauso ›schief‹ wie das Leben – hin.)

P 1: »Etwas geht schief... verschiebt sich irgendwie... wie ein falsch gepackter Rucksack beim Klettern. Da kann man dann nichts tun, so schief wie alles ist, muß man weiterklettern.« (Eine deutliche Darstellung einer einseitigen, wahrscheinlich beruflichen Belastung.)

A.: »Tja, was bewegt Sie denn weiterzuklettern, wenn die Dinge so schief sind?« (Steigt in das angebotene Bild ein.)

P 1: »Sie können wegen so einer Lappalie doch nicht *aufgeben!*«

A.: »Was müßte denn noch dazukommen, damit Sie *aufgeben?*« (Will den Patienten bewegen, seine Vorstellung zu konkretisieren.)

P 1: (nachdenklich) »Irgendwann überkommt Sie die Frage: ›Wozu denn die ganze Schinderei?‹«

A.: (vermutet dahinter unausgesprochene existentielle Fragen) »Ist das die einzige Frage, die Sie sich stellen?«

P 1: (verlegen zögernd) »...Was für einen Sinn hat das Leben noch?« (Bestätigt die Hypothese des Artzes.)

An dieser Stelle bricht die Fassade von Karls Distanziertheit zusammen. Seine Augen werden feucht, er atmet tief und schluckt mehrere Male auffällig. Nach einigen Minuten erzählt er dann über seine beruflichen und häuslichen Schwierigkeiten; daß er oft daran gedacht hat, ›Schluß zu machen‹; daß er die doppelte ›Belastung‹ nicht länger ›ertragen‹ kann (Hinweis auf die Verspannung seiner Rückenmuskeln), und vieles mehr.

Unter den Umständen, die aus dem Gespräch deutlich geworden sind, ist nahezu sicher vorauszusagen, daß dieser Patient eine schwierige postoperative Phase durchzumachen hätte. Erfahrungsgemäß ergeben sich bei derart pessimistisch eingestellten Patienten überdurchschnittlich viele Komplikationen nach dem Eingriff. Dem Chirurgen wurde in Karls Fall geraten, die Operation zu verschieben, bis der Patient in der Lage wäre, seine psychischen Konflikte zu bewältigen. Für Karl folgte eine intensive Psychotherapie, während der seine Rückenschmerzen sich so weit verbesserten, daß er zunächst die Weiterentwicklung seines Zustandes abwarten wollte, bevor er erneut einer Operation zugestimmt hätte.

Seelische Alltagsbilder

Befaßt man sich mit idiolektischer Gesprächsführung, ist es lehrreich und immer wieder erstaunlich, wie aus Alltagsgesprächen, sogenannten belanglosen Konversationen und hingeworfenen Bemerkungen sonst verborgene seelische Zustandsbilder hervortreten können. Ich erinnere an eine Studentin, die einen vernachlässigten Kaktus mit der Bemerkung betrachtete: »Wenn man Kakteen nicht *gießt,* dann *rühren* sie *sich nicht* und stehen nur so herum.« (›Gießen‹ und ›sich nicht rühren‹ sind Schlüsselworte.) Offensichtlich können Kakteen sich nicht ›rühren‹. Daß dennoch dieses Wort gebraucht wird, hat demnach eine individuelle Bedeutung für die Sprecherin. Auf die Doppeldeutigkeit ihrer Aussage aufmerksam geworden, konnte sie sich ohne weiteres mit dem Kaktus identifizieren, da auch sie ein stimulierendes geistiges ›Gießen‹ brauchte, um in ihrem Studium nicht zu stagnieren, d. h. ›herumzustehen‹ und sich ›nicht zu rühren‹.

Wie schon erwähnt, dienen die meisten Gespräche, die wir täglich führen, nicht dem Austausch von Informationen, sondern der Vermittlung von Gefühlen. Für die Beziehung zwischen den Gesprächspartnern ist, wie ebenfalls schon gesagt, das ›Was‹ des Gesagten weitaus weniger bestimmend als das ›Wie‹, das sich aus dem gesamten para- und nonverbalen Ausdruck formiert. Letzteres gestaltet sich weitgehendst unabhängig vom Willen und funktioniert auf der Ebene sozialer Begegnungen als eigenständige ›Sprache‹. Diese in jedem Austausch und jeder Begegnung mehr oder weniger stark mitschwingende

Art der Verständigung bildet sozusagen eine ›Ursprache‹, die die Basis der Kommunikation der vorgeschichtlichen Menschen gewesen sein könnte.

Kinder sprechen ›Ursprache‹

Kindern ist der Zugang zu dieser ›Ursprache‹ noch nahezu unverbaut; dies um so deutlicher, je jünger sie sind. Sie reagieren untereinander auf Stimmungen und Verstimmungen der anderen weitaus rascher und präziser als Erwachsene. Auch spielen bis zu 5jährige, wie sicher jeder schon beobachten konnte, oft lange Zeit wortlos miteinander und verstehen sich dennoch bestens.

Mütter und Väter erkennen diese Ruhe meist ganz richtig als Zeichen dafür, daß sich der Nachwuchs besonders einig ist, was sich dann nicht selten in irgendeinem just ausgeheckten ›Unfug‹ bewahrheitet. (Schau mal nach, was die Kinder machen. Es ist so ruhig; da stimmt was nicht.) In der späteren Entwicklung wird, vor allem durch die Schulen, zunehmend der Erwerb und Austausch von logischen Informationen betont, so daß gefühlsmäßiges Kommunizieren zumindest teilweise in den Hintergrund tritt. Mit älteren Kindern unterhalten wir uns automatisch spürbar ›erwachsener‹ als mit Kleinkindern oder Säuglingen, aber wir schalten auch hier um, auf die Ebene einer emotionaleren (ursprachlicheren) und eher paralogischen Sprache. Dies ist möglich, weil jeder von uns über ein breites Repertoire verschiedener Stimmlagen verfügt, die der Situation gemäß unwillkürlich oder auch absichtlich gewechselt werden.

Sie erstrecken sich vom hohen, weichen Singsang Säuglingen (und auch geliebten Personen) gegenüber bis hin zum getragenen Tonfall im sachlichen Gespräch mit Erwachsenen. Passen wir unsere Sprache nicht der des Kindes an, verlieren wir sehr rasch den Kontakt zu ihm. Es spürt, daß das soziale Band zwischen ihm und seinem Gegenüber sich auflöst. Irritiert und hilflos wird es versuchen, sich möglichst bald aus der beunruhigenden Situation zu entfernen.

Die Sprache des ›Wie‹

Ähnliches kann auch bei Patienten geschehen. Überschüttet ihn der Arzt mit wissenschaftlichen Termini, läßt der etwas ratlose Blick des Patienten zweifelsfrei erkennen, daß in dieser Weise kein auch nur im entferntesten bedeutsames Gespräch stattfinden kann. Da der Patient nicht wie das Kind davonlaufen kann, verfällt er in stereotype Antworten, die sich oft in Aussprüchen wie: ›Na, ja‹; ›Kann sein‹; ›In etwa‹ usw. erschöpfen.

Vereinfachend gesehen wird die Sprache, die Erwachsene im Alltag sprechen, bzw. ihr gefühlsbetonter Anteil, im Mittelhirn verarbeitet, bevor sie von den Sprachzentren der linken Hirnhemisphäre weiter ausgeprägt wird.

Das Mittelhirn führt dabei weiterhin die Funktion aus, die ihm schon als steuerndem Organ der Ursprache zukam. Die Ursprache war die Sprache der Frühmenschen. Sie baute sich aus Elementen der Mimik und Gestik sowie aus einfachen Lauten auf.

Frühmensch ließ Gefühle sprechen

Der Frühmensch kommunizierte ausschließlich Gefühle. Auch Informationen über Objekte wurden im System der emotionalen Bedeutungen ausgetauscht. So bedeutete z. B. ein Raubtier Bedrohung und Flucht; die Flucht des Sippenmitgliedes wies andererseits recht sicher auf ein Raubtier oder etwas ähnlich Gefährliches hin.

Mit der Zeit entwickelte und verfestigte sich jedoch mit der Spezialisierung der linken Hemisphäre auf sprachliche und zugleich auf logisch organisierte Funktionen ein abstraktes Begriffssystem, in dem nicht mehr in erster Linie Gefühle, sondern ihre Bedeutungen ausgetauscht wurden. Um ›objektive‹ Informationen zu übermitteln, war und ist diese linkshemisphärisch gesteuerte Sprache geeigneter als die früher vorherrschende Ursprache.

Mitte des Hirns redet ständig mit

Nichtsdestoweniger ist die ursprüngliche Sprache der Frühmenschen auch im neuentstandenen System der Artikulation noch enthalten geblieben und bildet dort die Ebene von Mimik, Gestik und Modulation. Damit ist die Sprache weiterhin direkt mit dem Mittelhirn verknüpft, das auch die Gefühle steuert. Es ist in jeder Kommunikation also sowohl die logisch, rational und abstrakt denkende linke Hemisphäre als auch das paralogisch, emotional ausgerichtete Mittelhirn, bzw. limbische System, repräsentiert. Der jeweilige Anteil beider Systeme am aktuell Mitgeteilten ist von Situation zu Situation und von Mensch zu Mensch verschieden groß. So ist es möglich, fast ausschließlich objektive Information oder Gefühle auszutauschen.

Musik ohne Töne?

Selbst in vermeintlich objektiven Feststellungen kann aber ein limbischer Einfluß dadurch verdeutlicht werden, daß das Mittelhirn in der Lage ist, die Wortwahl zu beeinflussen. So gibt dann in einer logisch und abstrakt klingenden Information die Wahl der Worte einen ersten Aufschluß über die dahinter verborgene Gefühlsebene. Fragt man die sprechende Person nach der individuellen Bedeutung dieser Worte, wird ihr emotionaler Zustand zunehmend erkennbar.

Im therapeutischen Gespräch ist dies besonders wichtig bei Patienten, die von ihren Gefühlen relativ abgeschirmt sind (was für die meisten psychosomatisch Erkrankten zutrifft). Erfaßt man die umfangreiche Rolle der spezifischen Wortwahl und Bedeutung, eröffnet sich auch bei eher verschlossenen Patienten ein direkter Weg zur Einsicht in die Psychodynamik. Zusammengefaßt lassen sich in jeder sprachlichen Äußerung zwei für das Thema unseres Buches entscheidende Ebenen feststellen: die verbale, logisch-kausale, die sich auf Objekte bezieht und die nonverbale, paralogische, die sich auf menschliche Gefühle bezieht. Das Gesprochene kann dabei unterschiedlich weit auf der einen und der anderen Ebene liegen. Der Bezug der beiden Ebenen ist austauschbar, da es möglich ist, Objekten beim Erzählen menschliche Eigenschaften zuzuschreiben oder über Menschen und Gefühle wie über Objekte zu sprechen. Keineswegs sind diese Ebenen aber trennbar; ähnlich wie empfundene Musik untrennbar mit einem in Hertz und Dezibel meßbaren Geräusch verbunden ist, hängt auch eine sprachliche Information unabänderlich mit einer persönlichen Bedeutung für den Sprechenden wie für den Hörenden zusammen. Die jeweilige Bedeutung entsteht in Resonanz zu den individuellen Gefühlen einer Person; die Eigensprache ist daher ein geeigneter Schlüssel, um an die bestimmenden Gefühlsschemen zu gelangen.

Sprechen ohne Strickmuster

Gespräche werden, wie das Verbum schon sagt, ähnlich angeknüpft, wie man auch Fäden zu verknüpfen und zu verknoten pflegt. Ein Faden wird so mit einem anderen verschlungen, daß ein neues Ganzes entsteht. Beim Verknüpfen der Teile müssen bestimmte Regeln eingehalten werden, sonst ergibt sich kein haltbarer Knoten. Ich will an dieser Stelle, obwohl die Gelegenheit günstig erscheint, keine ›Regeln‹ aufzählen, wie man ein Gespräch initiiert und in Gang hält, denn allein das ›Wie?‹ führt in dieser Hinsicht schon auf eine gänzlich falsche Fährte. Unser Mittelhirn arbeitet – ich erinnere nochmals – nicht logisch-kausal, sondern intuitiv und automatisch. Es paßt die Reaktionen in jedem Augenblick neu an den Verlauf eines Gesprächs an und würde in diesem Tun durch vorgegebene Regeln nur behindert. Einem Sprachforscher fällt es natürlich nicht allzu schwer, im nachhinein Gesetzmäßigkeiten und regelmäßige Abläufe im sozialen Austausch zweier Menschen festzustellen. Das ändert aber nichts daran, daß der Weg, den ein Gespräch oder eine Begegnung nimmt, sich ganz von selbst ergibt und nicht vorhersagbar ist. Stellen wir uns vor, daß besagter Forscher sich die Regeln menschlicher Kommunikation vor Augen halten und gleichzeitig selbst in eine angeregte Unterhaltung verwickelt sein sollte, wird deutlich, daß das Reagieren des Menschen und sein Wissen darum in diesem Fall auf zwei sehr unterschiedlichen Ebenen liegen. Diese Ebenen haben wir im vorhergehenden schon als mit klar umgrenzten Objekten und mit Gefühlen bzw. Menschen befaßt erkannt. Auch ein Gespräch über Dinge, die von ihrer Natur aus eher ungewiß sind, wie z. B. das Wetter, wird eher ›limbisch‹ verlaufen als logisch-kausal.

Rhythmus absorbieren

Jemand, der die paralogische Form des Gespräches gezielt einsetzen möchte, wird sehr frühzeitig mit mir darin übereinstimmen, daß sie, eben weil sie sich spontan und intuitiv ergibt, nicht im konventionellen Sinne ›erlernt‹ werden kann. Läßt aber der Leser dieses Buches die beschriebenen Gespräche so auf sich einwirken, wie er es vom Hören eines Konzertes, Betrachten eines Gemäldes oder sonst einer seiner Vorlieben her gewohnt ist, wird er auch die in ihnen verborgenen ›Regeln‹ und ihren Rhythmus absorbieren. Dies ist der erste Schritt, mit den verschiedenen kommunikativen Gestalten so vertraut zu werden, daß er früher oder später willkürlich auf die Eigensprache seiner Mitmenschen reagieren kann (unwillkürlich tut er es sowieso). Damit kann er ihnen helfen, sich ihrer unterschwelligen rumorenden Gedanken bewußt zu werden. Gelingt es dem Arzt oder dem Psychologen, sich auf der dargestellten Kommunikationsebene zu bewegen, hört er auch von sonst nicht redegewandten Patienten verblüffend klare Einsichten in die tiefsten Sphären der Seele. Diese werden jedoch mit einer Selbstverständlichkeit ausgedrückt, die vermuten läßt, daß sich der Sprechende nicht bewußt ist, wie bedeutend das, was er soeben sagt, aus der Nähe betrachtet ist.

So ergibt sich tiefenpsychologisches Material reichen Ausmaßes, das aus sämtlichen psychologischen Himmelsrichtungen gedeutet werden kann. Dem Schüler der idiolektischen Gesprächsführung ist es natürlich selbst überlassen, welche Formulierungen und Kategorisierungen dessen, was ihm vom

Patienten angeboten wird, er in seine persönlichen Aufzeichnungen oder psychologischen Gutachten schreibt. Im Gespräch mit dem Patienten sollte er seine Interpretation jedoch für sich behalten, weil sie seinem eigenen Sprachgebrauch und nicht dem des Patienten angehört.

Urzeitlicher Stein im Magen

In den Seminaren, in denen ich Patienten vor den Kursteilnehmern interviewe, erwähne ich allerdings, als Ausnahme von der soeben aufgestellten Regel, die paläophysiologischen Prozesse, die den Beschwerden des Patienten zugrunde liegen könnten. Viele archaische Reaktionsmechanismen, die noch beim heutigen Menschen zutage treten, sind in der Umgangssprache angedeutet: »Das geht mir unter die Haut«; »Das liegt mir wie ein Stein im Magen«; »Mir standen die Haare zu Berge«, usw. Solche Erklärungen sind eigentlich nur für die Ohren der Teilnehmer bestimmt, verhelfen aber nicht selten nebenbei auch dem Patienten zu einem besseren Verständnis davon, wie seine seelischen und körperlichen Reaktionsmuster zusammenhängen.

Wer an präzise definierte logische Begriffe gewöhnt ist, wird diese im eigensprachlich orientierten Gespräch vergebens suchen. Der Nebel der ineinanderfließenden Gefühlselemente macht es unmöglich, sich auf die vertrauten Wegweiser der Folgerichtigkeit zu verlassen. Die Richtung des Erzählten ist vage und nur das unmittelbar vor den Augen liegende Stück seiner Struktur läßt sich überschauen.

Die Ungewißheit, in die wir uns bei einer solchen Kommunikation zu begeben haben, hat allerdings einen konkreten, paläophysiologischen Hintergrund. Unsere Gefühle werden zu einem Großteil in dem Bereich des Gehirns verarbeitet, der bei Tieren die Gerüche, mittels derer sie ihre Umgebung wahrnehmen, zu einem Bild der Umwelt integriert. Mit einem Beispiel läßt sich der Unterschied zwischen der geruchsmäßigen und der neueren optischen Wahrnehmung und Organisation von Reizen illustrieren.

Ein unbeschreiblicher Duft

Wenn ich z. B. ein Modellbauer bin, und mit einer bestimmten Konstruktion nicht zurechtkomme, kann ich einen gleichgesinnten Freund anrufen, und mir erklären lassen, wie die einzelnen Modellteile zusammengefügt sind.

Bin ich aber ein Chemiker, könnte es vorkommen, daß mein Freund eine besonders wohlriechende Blume in seinem Garten entdeckt und mich am Telefon bittet, ihm ein Fläschchen gleichriechenden Parfüms herzustellen. So gern ich vielleicht bereit wäre, ihm diesen Wunsch zu erfüllen, wird dies daran scheitern, daß er mir den angenehmen Duft unmöglich exakt und für mich nachvollziehbar beschreiben kann.

Gefühle riechen

Darin, daß Gerüche und Gefühle von denselben Teilen des Gehirnes verarbeitet werden, liegt eine Erklärung für die ohnehin allgemein bekannte Tatsache, daß auch Gefühle in ihrem Wesen nicht sprachlich erfaßbar sind. Wir können sie jedoch umschreiben und metaphorisch darstellen. Damit beschwören wir im Zuhörer in Resonanz zu dem ›Irgendwas‹, das uns bewegt, ein ›Etwas‹ herauf, das ihn glauben macht, er ›verstünde‹ unser Gefühl. Tatsächlich versteht er es jedoch weniger als er es ›riecht‹, das heißt, er erkennt spontan, worum es sich handelt, genau wie er den Duft einer Rose erkennen würde. Vorausgesetzt ist natürlich, daß er schon einmal an einer Rose gerochen bzw. ein Gefühl, das mit dem der anderen Person in Gleichklang zu stehen scheint, verspürt hat.

Die soeben dargestellte Resonanz ist besonders bedeutsam im Gespräch mit psychosomatisch erkrankten Patienten. Es zeigt sich immer wieder, wie sehr diese von ihren eigenen Gefühlen abgeschirmt sind. Beschreiben sie jedoch ihre Symptome, geben sie – wie auch organisch erkrankte Personen – gleichzeitig den Blick auf ihre seelischen Konflikte frei. Ein aufgegriffenes Schlüsselwort oder eine geschickt gewählte Metapher kann bei einem solchen Patienten eine innere Resonanz hervorrufen, die er als hilfreich, wohltuend und befreiend empfindet, ohne sie logisch zu begreifen. Ein solches Erlebnis wird meist von einem lebhaften Lachen oder einem fassungslosen Kopfschütteln begleitet. Für die sachlich ›linkshemisphärisch‹ denkenden Zuhörer des Gespräches ist es eher verwirrend, derartige Reaktionen zu beobachten, da sie sie nicht in ihre vernunftgerechten Wahrnehmungsmuster einordnen können. Oft identifizieren sich Teilnehmer der Seminare aber auch mit den berichtenden Patienten und zeigen dann ebenfalls eine gefühlsmäßige Resonanz, die ihnen förmlich ins Gesicht geschrieben steht.

Um das bisher Gesagte zu veranschaulichen, wird im folgenden ein an der Eigensprache orientiertes Gespräch wiedergegeben.

Trotzige ›Depressionen‹ — Gespräch mit Helga

Helga ist eine 24jährige, unverheiratete Büroangestellte. Seit wenigen Tagen ist sie in der psychosomatischen Klinik, in die sie wegen einer ›Depression‹ eingewiesen worden war. Mit dem Etikett ›Depression‹ wird häufig versucht, allerhand unklaren charakterlichen Schwierigkeiten zumindest einen Namen zu geben. Zweifellos heben sich viele der Personen, die mit besagtem Etikett versehen werden, durch chronische Mißstimmungen hervor. Ihre Verschlossenheit, ihre Freudlosigkeit und ein alles durchdringender Pessimismus scheinen zusammen mit ihrem deutlich verringerten Antrieb die Diagnose ›depressiv‹ zu rechtfertigen. Genaugenommen handelt es sich dabei aber nicht um die Ursachen, sondern eher um die Folgen der inneren Unausgeglichenheit und Unzufriedenheit solcher Menschen. In der Klinik, in die Helga überwiesen worden war, fanden Ausbildungsseminare für Ärzte, Psychologen und andere Interessierte statt, in denen ich das idiolektische Gespräch in Interviews mit den dort stationär behandelten Patienten vorführte. Die Gespräche wurden auf Videobänder aufgenommen, so daß es möglich war, sie im nachhinein nochmals eingehend zu betrachten. Ausnahmslos stellen sie Erstgespräche dar, da mir die

Patienten vor unserer Begegnung im Seminar stets unbekannt sind.

Helga war mir, was offensichtlich als Warnung gemeint war, als ›schwierige Patientin‹ angekündigt worden. Sie hatte zunächst nicht erscheinen wollen, sich dann aber doch von ihren Zimmergenossinnen, die sie jetzt förmlich in den Kurssaal schoben, überreden lassen. Sobald sie auf dem für sie vorgesehenen Stuhl saß, verschränkte sie die Arme, schlug die Beine übereinander und preßte die Lippen zusammen. Ich begrüßte sie kurz und formell. Spricht man trotzige Personen allzu freundlich an, bringt man sie nur dazu, sich noch fester zu verschließen. Um das Gespräch zu eröffnen, frage ich Helga jetzt: »Können Sie mir bitte in Ihren *eigenen* Worten erzählen, was Sie veranlaßt hat, in die Klinik zu kommen.« Diese Form der Frage soll ihr Gelegenheit geben, sich in ihrer Eigensprache auszudrücken und sie davon abhalten, nochmals – wahrscheinlich zum x-ten Male – die Berichte anderer Ärzte zu wiederholen oder ›herunterzuratschen‹, wie ein Patient es einmal genannt hat. Helga rückt nach dieser Anrede ihren Stuhl betont absichtlich ein Stück weiter von mir weg, ohne zu antworten. Damit drückt sie deutlich aus, daß sie ihren persönlichen Raum mir gegenüber bewahren möchte und mehr Abstand von mir braucht.

Ich (T.): (freundlich entgegenkommend) »Wenn Ihnen der geringe Abstand zwischen uns zu schaffen macht, kann ich meinen Stuhl auch ein Stück wegschieben.«

Helga (P 2): (verzieht fast unmerklich das Gesicht und rutscht im Stuhl herum, sagt aber nichts).

T.: »Stellen Sie sich mal vor, ich wollte *mir* Angst vor *Ihrer* Nähe einjagen. Was müßte ich da tun?« (Dadurch, daß ich das Problem der Angst von der Realität in die Vorstellung verlege, soll vermieden werden, daß Helga sich bedrängt fühlt und sich noch mehr hinter ihrer Abwehr verschränkt. Die Frage, wie ich selbst die Angst bei mir hervorrufen könnte, ist eine gleichzeitige Herausforderung, die verschlossene Personen gewöhnlich aus der Reserve lockt.)

P 2: (wegwerfend) »Sie müßten sich denken, daß ich etwas

von Ihnen will.« (Damit zeigt sie, daß für sie eine Anforderung das rote Tuch ist, gegen das sie anrennt. Dieses Verhalten ist typisch für das eines trotzigen kleinen Mädchens gegenüber seiner Mutter, die keine Autorität ausüben kann. Oft besteht dabei ein umgekehrtes Machtgefälle, in dem das Kind die Erwachsene tyrannisiert. Jede Bemerkung der Mutter, die auch nur im entferntesten wie eine Aufforderung klingt [z. B. »Glaubst du nicht, daß es besser wäre, dir vor dem Essen den Sand von den Fingern zu waschen?«], wird vom Kind als Bedrohung seiner beanspruchten Sonderstellung verspürt. Der dadurch nicht selten ausgelöste Wutanfall stellt eine Art Säbelrasseln dar. Es verkündet, daß etwas Verhängnisvolles, das in der Luft hängt, seinen Lauf nehmen könnte, wenn die Mutter auf ihrer – nur angedeuteten – Machtposition verharrt. Unausgesprochen droht das Kind damit, daß es sein Leben oder seine Gesundheit aufs Spiel setzen könnte, um bei der Mutter Angst und Schuldgefühle zu provozieren und so den Kampf um die Macht zu gewinnen. Solche Kinder demonstrieren ihre Möglichkeiten z. B. damit, daß sie das Essen oder hygienische Maßnahmen über längere Zeit verweigern, oder, was besonders bei jüngeren Kindern vorkommt, einfach den Atem anhalten.)

Selbstzerstörung als Waffe

Wenn dieses Verhalten sich im Erwachsenenalter verselbständigt, wird jede Person, die Autorität äußert, nahezu automatisch mit der dem Kind gegenüber völlig machtlosen Mutter gleichgesetzt. In dieser Situation taucht dann wieder die Selbstzerstörung als Waffe auf. Sie gibt dem Therapeuten den deutlichen Hinweis, daß ein Teil der Persönlichkeit des Patienten sich nicht über die Trotzphase der Kindheit hinausentwickelt hat. An diesem kindlichen Ich darf aber zunächst nicht gerüttelt werden, da sonst die dahinterliegende bedrohliche Hilflosigkeit an die Oberfläche kommen könnte. Das Kind hat seine Mutter stets als schwach empfunden. Seine Stärke und seine Macht ihr gegenüber war daher eng mit der Befürchtung verbunden, nicht vor Gefahren geschützt zu sein. Diese existentielle Angst zwingt ein Kind, das auf den Schutz einer Bezugsperson lebensnotwendigerweise angewiesen ist, sich selbst gegen mögliche Bedrohungen zu wehren, soweit ihm dies möglich sein kann. Es muß sich permanent in Abwehr und Verteidigung halten. Nur so ist es in der Lage, seine Grenzen, die ihm angreifbar erscheinen, zu sichern. Natürlich macht das Kind sich keine ›Gedanken‹ über seine Situation. Es reagiert automatisch so, wie es für seine Lage am angepaßtesten ist. Wird es nicht von dritten Personen entgegenwirkend beeinflußt, kann es, wie gesagt, geschehen, daß es diese einmal festgefahrene Art des Trotzverhaltens beibehält. Als erwachsene Person wird es allerdings, um in seiner Umwelt einigermaßen zurechtzukommen, nur in seiner Vorstellung trotzen und auch nur dort seine Mitmenschen und die Anforderungen und Bedrohungen, die es von ihnen ausgehen sieht, offen abwehren. Nonverbal ist der Trotz nichtsdestoweniger unzweideutig erkennbar. Artikuliert die Person, was selten geschieht, ihre Fantasiekonstrukte, gewinnt man den Eindruck, ein eigensinniges, bockbeiniges Kind vor sich zu haben.

Größenwahn gegen Überlebensangst

Schon im Kindes-, mehr noch aber im Erwachsenenalter täuschen Größenwahnideen diesen Personen eine Macht und Stärke vor, die die tiefverwurzelten Überlebensängste abschwächen sollen. In einem eigensprachlich geführten Gespräch brechen bei ihnen häufig die unterdrückten Machtansprüche, auch dem Therapeuten gegenüber, durch. Man sollte daher ihre geringschätzigen Bemerkungen und Gesten nicht für despektierlich halten, sondern sie als Zeichen hochgradiger Verunsicherung auffassen.

Nun aber zurück zum Gespräch.

T.: »Ich habe mir schon gedacht, daß Sie so etwas sagen würden.« (Es ist für Patienten ermutigend, wenn sie sicher sein können, daß der Therapeut auch ihre nonverbalen Mitteilungen versteht.) »Ich persönlich hätte nichts dagegen, wenn Sie etwas von mir wollten.« (T. betont damit, daß er sich an keinem Machtkampf beteiligt.)

P 2: »Das sagen Sie; aber glauben tu' ich's Ihnen nicht.« (Für sie ist jeder Erwachsene wie ihre Mutter.)

T.: »Dann haben wir anscheinend zwei verschiedene Meinungen.« (Er gibt seine Position nicht auf, aber billigt ihr Unabhängigkeit zu.)

P 2: »Sie werden mich nicht so leicht überzeugen können.« (Damit betont sie, daß sie schwierig ist.)

T.: »Glauben Sie, daß ich Sie deshalb für eine schwierige Person halte?« (T. spricht das aus, was die Patientin ohnehin im Sinn hat.)

P 2: »Überall wo ich gearbeitet habe, hat man mir vorgeworfen, daß ich schwierig bin.«

T.: »Ich würde das anders formulieren. Sie haben halt ganz gewisse Meinungen, von denen Sie nicht abweichen möchten.« (Er definiert ihren Zwang, sich stets als unabhängiges Individuum profilieren zu müssen, in eine Notwendigkeit um und gibt ihm so eine Berechtigung.)

P 2: »Aber jeder versucht mir einzureden, daß ich mich ändern muß, weil ich sonst in dieser Welt nicht *zurechtkomme.*«

T.: »Sie haben wohl Ihre eigene Meinung, wie man in dieser Welt *zurechtkommt.*«

P 2: (mit trauriger Stimme, aus der der Trotz verschwunden ist; den Tränen nahe). »Mit meinen Vorstellungen, wie ich *zurechtkommen* kann, *stoße* ich immer wieder gegen eine *Wand.*«

T.: »Könnten Sie mir diese *Wand* so beschreiben, daß ich mir eine Vorstellung davon machen kann?« (Sie soll ihre Vorstellungen konkretisieren.)

P 2: »Sie ist höher als ich und umgibt mich völlig.«

T.: (deutet ihre selbstgewählte Einschließung um) »Ich könnte mir denken, daß eine solche Mauer jemanden vor der Welt beschützen kann.«

P 2: (ärgerlich) »Was kann ich mit so einem Schutz schon anfangen? Ich bin da ganz allein.«

T.: (übernimmt ihre Abwehrmethoden) »Sie wollen doch nicht die Tür für Leute öffnen, die hereinkommen und Ihnen vorschreiben, wie Sie leben sollten.«

P 2: (lächelt verschmitzt) »Sie sollen mich doch von meinen verrückten Ideen abbringen; das tun Sie ja gar nicht.«
T.: »Und wenn ich das täte?«
P 2: »Dann würde ich auf Sie wütend sein.«
T.: »Dann verliere ich ja bei Ihnen, egal was ich tue.«
P 2: (lacht) »Sie haben den Nagel auf den Kopf getroffen.«

Das weitere Gespräch verlief ähnlich. Helga wurde zunehmend freundlicher; am Ende unserer Unterhaltung war sie sogar bereit, zu weiteren Besprechungen zu kommen.

Auf ›limbisch‹ umschalten lassen

Als wir uns, nachdem das Gespräch beendet war, noch einmal das Videoband gemeinsam ansahen, ergaben sich bei den Zuhörern eine ganze Reihe von Fragen. Es fällt ihnen besonders zu Beginn des Seminares erfahrungsgemäß schwer, ihre Wahrnehmung sich auf ›limbisch‹ umschalten zu lassen. So sehen sie, daß vor ihren Augen beim Patienten während des Gespräches Veränderungen stattfinden (z. B. die Hautfarbe, die Stimme, der vorherrschende Gesichtsausdruck, die Haltung usw. ändern sich). Aus dem semantischen Inhalt des Dialoges können sie aber nicht entnehmen, wie dies geschieht. Es bleibt ihnen daher zunächst völlig unklar und rätselhaft, wie ein anscheinend so unkompliziertes und belangloses Gespräch sich so tiefgreifend auf das Befinden einer Person auswirken kann. Was ihnen entgeht, sind die unzähligen ›limbischen‹ Mitteilungen, die non- und paraverbal zwischen den Sprechenden hin und her fließen und die den gesamten bedeutsamen Austausch tragen und bestimmen.

Im folgenden gebe ich, wie ich es auch später nach Interviews mit Patienten tun werde, einen Teil der Diskussion mit den Seminarteilnehmern wieder.

K 1: »Sie haben der Helga keine Interpretationen ihres Verhaltens und ihrer Aussagen angeboten. Gehört das zu Ihrer Technik? Ich kann mir nicht vorstellen, wie die Patientin ein objektives Bild von sich bekommen soll, wenn Sie ihr nichts erklären.«

T.: »Ich hätte ihr auch sagen können: Liebe Helga, Sie leiden an einer Charakterstörung, die auf mangelnde emotionale Reife und wahrscheinlich auf eine gestörte Beziehung zu Ihrer Mutter zurückzuführen ist. Was kann Helga wohl mit solch einer Erklärung anfangen?«

Gefühlsgeschwulst?

Hätte sie etwa eine Geschwulst im Darm, könnten Sie alle möglichen Tests machen und ihr dann eine solche begrifflich exakte Diagnose präsentieren. Das schmerzerregende Objekt ›Geschwulst‹ wäre damit ausreichend beschrieben und könnte chirurgisch behandelt und beseitigt werden. Helgas Stimmungen sind aber eben keine Objekte. Sie kommen und gehen, vermischen, verflüchtigen, verdichten und verwandeln sich – wie Gerüche.

Mit dem Etikett, das Sie gern auf das kleben möchten, was die Patientin Ihnen berichtet, würden Sie ihr vermitteln, daß ihre Empfindungen von Ihnen eindeutig und klar erkannt und benannt werden können – wie Gegenstände.

Der einzige Grund für ihre Schwierigkeiten kann dann sein, daß sie mit den ›Dingen‹, die sie in sich verspürt, falsch umgegangen ist.

Damit lassen Sie dann gleichzeitig auch durchblicken, daß sie sich ›richtig‹ hätte verhalten können, wenn sie sich nur rechtzeitig und ausreichend bemüht hätte. Leider sind aber seelische Störungen durch willentliche Anstrengungen genauso wenig beeinflußbar wie durch Einsichten. Sie würden völlig an Helga vorbeireden, wenn Sie ihr vom psychologischen Standpunkt aus ›vernünftig‹ erklärten, welche Problematik Sie bei ihr sehen.

Vielleicht würde sie verstehen, was Sie meinen; aber es hätte keinen Widerhall in ihren Empfindungen. Sie sprechen logisch, und was Helga Ihnen zu sagen hat, ist nun einmal ›limbisch‹. Die Konflikte, mit denen sie zu Ihnen kommt, liegen auf der Ebene, auf der die paralogischen Regeln der Gefühle gelten.

Innere Weisheit

Ein idiolektisch orientierter Therapeut gibt daher so wenig wie möglich Interpretationen. In der Eigensprache gibt darüber hinaus auch jede Person aus sich selbst heraus so unendlich viele Hinweise auf ihre Psychodynamik, daß allein deshalb schon alle Erklärungen, die – verzeihen Sie – auf dem Mist des Therapeuten gewachsen sind, überflüssig werden. Sie können darauf vertrauen, daß alles, was der Patient sagt oder tut, von einer Art ›innerer Weisheit‹ gesteuert wird. Er selbst ›weiß‹ am allerbesten, wie es um ihn steht. Nur hat er zu diesem ›Wissen‹ keinen direkten sprachlichen Zugang. Was auch immer Sie sich an Interpretationen vorstellen können, kann seine ganz eigene Situation nie so genau treffen, wie das, was er ohnehin im Inneren ahnt. Wenn Sie ihm nur die Türen zu seinem immensen inneren Wissen öffnen, kann er sozusagen aus eigener Kraft die Zusammenhänge, die quälen, ›einsehen‹. Diese Einsicht liegt dann auf derselben, emotionalen Ebene wie der Konflikt selbst und kann daher direkt auf ihn einwirken.

K 2: »Wie unterscheidet sich die ›innere Weisheit‹, die Sie erwähnen, von dem, was man im allgemeinen mit ›Weisheit‹ bezeichnet?«

T.: »Der Begriff ›Weisheit‹ läßt sich natürlich vielfältig deuten. Ich gehe, wenn ich von ›innerer Weisheit‹ spreche, davon aus, daß wir uns präverbal all dessen, was vegetativ und psychisch in uns vorgeht, gewahr sind.«

Im idiolektischen Gespräch kann z. B. ein Patient andeuten, daß er ein vages Mißbehagen verspürt, sich ›im Ganzen nicht wohl‹ fühlt. Fragen Sie genauer nach, ergänzt er eventuell noch: »Da stimmt was nicht.« Veranlaßt man den Patienten näher auszuführen, was da ›nicht stimmt‹, ergibt sich letztendlich durch Wortverzerrungen, Metaphern und Umschreibungen ein Bild der vermutlich vorliegenden Störung. Versuchen wir, uns zu veranschaulichen, wie dieses Bild zustande kommt, gelangen wir wieder bei unserer ›inneren Weisheit‹ an. Sobald sich in einer Person eine psychische oder eine somatische Unregelmäßigkeit ergibt, wird ihr inneres (präverbales, ›unbewußtes‹) Körperbild gestört. Die Veränderung wird wortlos und ohne daß zwischen körperlichen und seelischen Geschehnissen unterschieden würde, vom limbischen System registriert. In dem, was dann folgt, würde ich den Begriff der ›inneren Weisheit‹ ansiedeln. Sie sorgt dafür, daß die zunächst noch präverbale Verzerrung des Körperbildes an die Zentren des Neuhirnes weitergegeben wird. Diese verzerren dann entsprechend dem Muster, das ihnen übermittelt wird, die lexikalische Bedeutung der ausgesprochenen Worte oder entwerfen, wie schon gesagt, ein Bild oder eine Metapher, um die Störung zu umschreiben.

Wenn der Schuh einfach paßt

Wenn Sie z. B. von jemandem hören: »Mir ist, als ob mir etwas die Kehle zuschnürt«, können Sie schon davon ausgehen, daß dieses Bild genau das beinhaltet, was körperlich und seelisch in der Person vorgeht. (Der körperlichen Verkrampfung der Schlundmuskeln entspricht eine seelische Hemmung und Zurückhaltung.) Fragen Sie jetzt genauer nach, bringen Sie den Sprechenden dazu, den Weg des von ihm skizzierten Bildes sozusagen zurückzuverfolgen, bis er am Ende wieder auf dessen eigentliche Wurzel und damit auf die zugrundeliegende Störung stößt. Letzteres vollzieht sich wieder in der präverbalen Sphäre des Bewußtseins, weshalb der Patient oft nicht sagen kann, was er ein›gesehen‹ hat. Er verspürt nur, daß etwas aus der Tiefe seiner Seele Aufsteigendes ihm unvermittelt deutlich geworden ist. Auch das stellt er manchmal in einem Bild dar, indem er z. B. bemerkt: »Jetzt hat sich der Knoten gelöst«, oder ähnliches. Die Überzeugungen und Anstöße, die sich in dieser Weise ergeben, werden mit der Gewißheit aufgenommen, daß es nur so und nicht anders sein kann. Sie gleichen darin in etwa dem Gefühl, das sich breit macht, wenn nach langem Herumprobieren im Schuhgeschäft ein Exemplar plötzlich paßt. Man braucht nicht zu ›wissen‹, ob es der richtige Schuh ist, man spürt es einfach.

Überbetonter Verstand

Der moderne Mensch hat leider den Zugang zu dieser inneren Weisheit weitgehend verloren. In unserer technisierten, leistungsbetonten Umwelt wird versucht, schon früh statt ihrer logisch-kausales Denken anzuerziehen. Während diese Bestrebungen auf wissenschaftlichem Gebiet zu den bekannten Weiterentwicklungen geführt haben, sind sie im zwischenmenschlichen Bereich dafür verantwortlich zu machen, daß gerade dieser so übermäßig vorangestellte Verstand der Menschen mit ihren physiologisch älteren und über lange Zeit bewährten Reaktionsmechanismen interferiert. Anders ausgedrückt müssen wir immer wieder beobachten, wie Individuen, deren Kopf ihre Gefühle beiseitegeschoben hat, seelisch verkrüppeln.

Wortloser ›Zauber‹

K 3: »Ich bin mir nicht recht im klaren, wie das Gespräch zwischen Ihnen und der Patientin überhaupt zustande gekommen ist. Helga hatte doch unmißverständlich zu verstehen gegeben, daß sie nicht sprechen wollte. Es fällt mir schwer zu glauben, daß nur das Herumschieben der Stühle das Gespräch in Gang gebracht hat.«

T.: »Damit, daß Sie das Verbum ›herumschieben‹ benützen und auch damit, wie Sie es betonen, deuten Sie schon an, daß Sie derart einfachen Vorgängen nicht trauen mögen.«

K 3: »Ja, mir kommt das Ganze wie eine undurchschaubare Zauberei vor.«

T.: »Da muß ich wohl annehmen, daß Sie nicht sehr viel von Zauberei halten.«

K 3: (lacht) »Richtig, jetzt haben Sie mich erwischt.«

T.: »Damit Sie verstehen, was sich zwischen Helga und mir abgespielt hat, muß ich erst mal darauf hinweisen, daß ein Teilverhalten wie das Herumschieben von Stühlen nur zusammen mit der begleitenden non- und paraverbalen Kommunikation bedeutsam sein kann. Damit, daß die Patientin ihren Stuhl so trotzig weggerückt hat, hat sie mir vermittelt: ›Ich will nicht sprechen.‹ Als ich ihr angeboten habe, mit meinem Stuhl das gleiche zu tun, hat das heißen sollen: ›Mir ist es recht. Ich mache es dir sogar noch leichter, nicht zu sprechen.‹ Es ist ihr dadurch nichts mehr übriggeblieben, wogegen sie noch hätte trotzen können und so wurde dann auch ihr demonstratives Schweigen überflüssig. Direkt darauf angesprochen, daß sie sich wie ein trotziges Kleinkind verhält, hätte sich diese Patientin noch mehr gesperrt, weil ihr diese Bemerkung wie ein Vorwurf vorgekommen wäre. Ein Gespräch wäre dann schon nahezu unmöglich gewesen. Ich bin aber auf die Mitteilung, die sie mir mit ihrem Stuhl gegeben hat, eingegangen, ohne zu verbalisieren, was dahintersteckt. Helga hat darauf positiv reagiert, sie hat sich zunehmend geöffnet, so daß ich annehmen konnte, ihre Zeichen richtig gedeutet zu haben.«

Die einfachste und naheliegendste Erklärung

Lassen Sie mich an dieser Stelle noch etwas mehr darüber sagen, wie nonverbale Signale in der Unterhaltung aufzufassen sind. Wie Sie schon bemerkt haben müßten, wird in der Gesprächsform, die ich Ihnen hier demonstriere, die nichtsprachliche Information der inhaltlichen völlig gleichgestellt. Dabei sollten wir uns gewahr sein, daß jeder Mensch mit dem, was er nonverbal ausdrückt, nicht nur auf die augenblicklich offensichtliche Situation reagiert, sondern alle Teile seiner inneren und äußeren Realität damit artikulieren kann. Er spricht also nicht nur auf den momentanen Inhalt des Gesprächs an, sondern auch immer auf unterschwellige, am Rande auftauchende oder bewußte und eventuell ablenkende Gedanken und Mechanismen. So geht z. B. seine körperliche Befindlichkeit, Hunger, Durst, Eile, ein unbequemer Stuhl usw. ebenfalls nonverbal in seine Mitteilungen ein. Für den Therapeuten ist es daher zu vermeiden, vorschnelle, scheinbar folgerichtige Verbindungen zwischen dem tatsächlichen Gesprächsinhalt und einer einzelnen Geste herzustellen. Es empfiehlt sich, nichtsprachliche Hinweise zunächst nur einfach zur Kenntnis zu nehmen. ›Gedeutet‹ werden sollten sie nur, indem man sich die einfachste und naheliegendste Erklärung dafür vergegenwärtigt. Kratzt sich unser Gegenüber z. B. am Kopf, können wir annehmen, daß es an etwas zweifelt. Diese Hypothese behalten wir vorerst für uns. Sollte sie uns relevant erscheinen, überprüfen wir sie damit, daß wir z. B. einwerfen: »Sie scheinen da noch Zweifel zu haben.« Unser Gesprächspartner wird sich dazu äußern und wird, sollte er tatsächlich Zweifel haben, noch weiter befragt auch durchscheinen lassen, woran er zweifelt und worin diese Zweifel bestehen. Das Interpretieren dessen, was Sie neben den verbalen Informationen noch am Patienten wahrnehmen, beschränkt sich also in dieser Form des Gespräches darauf, daß Sie sich die einfachste Hypothese bilden, diese an den Aussagen des Befragten überprüfen und gegebenenfalls ändern.

Zufälliger Schnappschuß des Nervensystems

K 4: »Nach dem, was ich bisher hier gehört habe, kommt in Ihrer Darstellung von psychodynamischem Material das ›Unbewußte‹ als steuernder Faktor nicht vor.«

T.: »Sehr gut beobachtet. Ich vermeide, wenn möglich, den Terminus ›das Unbewußte‹ zu benutzen. Er sagt sowohl alles als auch wieder überhaupt nichts. Es ist schon erwähnt worden, daß man sich alles, was körperlich und psychisch in einem Menschen vorgeht, als netzartig und räumlich verknüpft vorstellen kann. Das Gebilde, das aus den unendlich vielen Verknüpfungen hervorgeht, ist nicht statisch, sondern verwandelt sich unablässig. So tauchen dann auch im Lichtkegel unseres Bewußtseins stets andere Teile des innerseelisch oder körperlich Verarbeiteten auf. Manchmal sind wir z. B. von einem bestimmten Gedanken so erfüllt, daß uns das, was wir sonst sofort bemerkt hätten, jetzt entgeht. Ein anderes Beispiel: Ein Therapeut kann, indem er Schlüsselworte aufgreift, dem Patienten eine unterschwellige Einstellung oder Überzeugung in den Brennpunkt der Wahrnehmung rufen, die diesem vorher nicht ›bewußt‹ war. Man hätte sie aber auch zuvor nicht als tatsächlich ›unbewußt‹ bezeichnen können, da der Patient sie, ohne es zu wissen, schon durch Mienen, Gesten, Betonungen usw. angedeutet hat.

Das Bewußt-Sein und das Unbewußt-Sein sind daher keine wirklichen zerebralen Instanzen, sondern eher nur Momentaufnahmen der in verschiedenen Teilen des Nervensystems vonstatten gehenden Operationen. Das Bild, das besagter Schnappschuß uns letztendlich liefert, hängt größtenteils vom Zufall ab.

Im übrigen verlangt schon die physiologische Ökonomie unseres Gehirns, daß stets nur ein kleiner Teil aller verfügbaren und zu verarbeitenden Reize in den Vordergrund dringt. Um zu vermeiden, daß das Nervensystem überfordert wird, werden die ankommenden und ausgehenden Stimuli gefiltert. Der Filter ist bei verschiedenen Individuen verschieden dicht verschlossen und ist normalerweise den jeweiligen Verarbeitungskapazitäten optimal angepaßt. Es ist, wie Sie jetzt sehen, physiologisch durchaus sinnvoll, sich nicht jederzeit allem gleich deutlich bewußt zu sein.

Im gleichen Atemzug möchte ich aber auch wiederholen, was ich zur ›inneren Weisheit‹ schon ausgeführt habe: Wir ›wissen‹ in jedem Augenblick alles, was sich in uns tut. Deshalb kann man die Vorgänge, die uns momentan nicht unmittelbar zugänglich sind, nicht als ›unbewußt‹ im eigentlichen Sinne des Wortes bezeichnen. Sie liegen nur auf einer anderen Ebene als auf der, die, aus welchen Gründen auch immer, gerade unser Gesichtsfeld ausfüllt.

Ich nenne einen Vorgang also genausowenig ›unbewußt‹, wie Sie von Dingen, die außerhalb Ihres Blickwinkels liegen, sagen würden, sie seien ›unsichtbar‹. Es gibt natürlich durchaus Objekte, die Sie in bestimmten Augenblicken nicht sehen, solche, von denen Sie ziemlich sicher wissen, daß sie sich in der Nähe befinden und wie sie ausschauen – die Dame hinter Ihnen z. B. – und solche, die Sie nicht bemerkt haben, weil Ihnen seit längerem nicht eingefallen ist, sich umzusehen – die Patientin, die in der Tür steht z. B. Sie werden aber zugeben, daß sich die Kategorien ›sichtbar‹ und ›unsichtbar‹ stets in lebhaftem Wandel befinden und daher nicht sonderlich verläßlich sind. Meiner Ansicht nach besteht aber glücklicherweise auch kein Grund, diese Einteilung ständig wieder festzustellen und zu überprüfen. Relevant ist zunächst einmal das, was Sie im

Moment sehen, weil Sie ja nur aus genau diesem Grund Ihren Blick darauf gerichtet haben.

Wie wichtig ist Gemüsesuppe?

Für das therapeutische Gespräch bedeutet das, daß relevant ist, was immer beim Patienten auftaucht. Das gilt auch für Feststellungen, die Ihnen im ersten Augenblick banal vorkommen mögen. Nehmen wir an, daß eine Patientin Ihnen erzählt, sie hätte eine Gemüsesuppe gekocht. Sie können jetzt etwa fragen: »Haben Sie sich da besondere Mühe gegeben?« Daraufhin berichtet sie lebhaft und ausführlich, wie sie das Gemüse sehr früh am Morgen auf dem Wochenmarkt ausgesucht hat und wie sie dabei die verschiedenen Angebote eingehend geprüft und verglichen und sich dann für das ihres Ermessens nach günstigste entschieden hat. Aus diesem Bericht heraus wird es Ihnen nun nicht schwerfallen, die vorläufige Hypothese für sich zu bilden, daß Ihnen eine sehr sorgfältige Person gegenübersitzt. Dadurch, daß die Patientin die Suppe so hervorhebt, betont sie auch ihre Sorgfalt; sie mißt dieser demnach vermutlich einen hohen Stellenwert zu. Um Ihre Annahme zu prüfen, fragen Sie sie: ›Können Sie sich vorstellen, was passieren würde, wenn Sie aus irgendwelchen Gründen eine Suppe nicht so sorgfältig vorbereiten können?‹ Kontert die Patientin dann aufgebracht: ›So etwas könnte mir nie passieren!‹ können Sie davon ausgehen, daß sie sich bemüht, perfekt zu sein und wahrscheinlich auch bei alltäglichen Verrichtungen unter Druck steht. Mit weiteren Fragen über Suppen, das Kochen usw. ist es in dieser Weise möglich, die gesamte Psychodynamik der Patientin ans Licht zu befördern, ohne irgendwelche abstrakten Konzepte zu bemühen.«

Teuflische Verdrängung...

K 5: »Wenn wir schon bei den Begriffen sind – mich würde interessieren, was Sie vom Konzept der ›Verdrängung von Konflikten‹ halten.«

T.: »Wenn Sie einem Patienten sagen: ›Sie verdrängen das‹, dann hat das für ihn erfahrungsgemäß meist den gleichen moralisch abwertenden Nachgeschmack wie: ›Sie lügen‹; ›Sie verschweigen mir etwas‹; ›Sie enthalten mir etwas vor‹ und ähnliches.

Das Wort linguistisch betrachtet sagt schon, daß etwas, das an die Oberfläche kommen *sollte,* mit irgendwelchen Mitteln daran gehindert wird. Benutzt man das Wort in diesem Sinne einem seelisch leidenden Menschen gegenüber, wird man es natürlich für erstrebenswert halten, die schädliche, verdunkelnde und verhüllende ›Verdrängung‹ aufzulösen, um das dermaßen verdeckte Übel in einer ursprünglichen Gestalt erkennbar werden zu lassen. Gleichzeitig wird zumeist erhofft, daß sich der Bann, der auf der Seele des Unglücklichen lastet, dann von selbst verflüchtigt. Eine solche Auffassung menschlichen Empfindens und Denkens kann einen durchaus an den mittelalterlichen Exorzismus erinnern, in dem die ›verdrängte‹ Sünde durch Gebete und Kasteiung aus der Gewalt des Teufels gerissen und die leidende Seele so vom Schmutz niedriger Leidenschaften gereinigt wird.

... biologisch sinnvoll

Abgesehen davon ist es oft gegenproduktiv, einer Person das ›Verdrängte‹ bewußt zu machen. Stellen Sie sich eine Mutter vor, die sich in die Lektüre eines Buches vertieft. Sie ›verdrängt‹ dabei erfolgreich ihren Ärger darüber, daß ihre drei kleinen Kinder schon wieder laut lärmend streiten. Machen wir die Lesende jetzt darauf aufmerksam, was sich zwischen den Kindern abspielt, wird ihr bewußt, daß sie dieses Verhalten ihres Nachwuchses nicht billigt. Sie reagiert den damit verbundenen Ärger jetzt ab. Damit schafft sie für etwa zehn Minuten Ruhe. Danach beginnt der Lärm abermals. Der Mutter ist es nach dieser unliebsamen Unterbrechung aber ohnehin nicht mehr möglich, sich auf ihr Buch zu konzentrieren.

Ich neige eher dazu, das, was Sie als Verdrängung bezeichnen, als psychologisch sinnvollen Prozeß zu sehen. Um eine mögliche Desintegration der Persönlichkeit zu verhindern, wehrt sich der Patient, Umstände wahrzunehmen, die ihn zu sehr schmerzen könnten. Er trifft damit dieselbe Abwehrmaßnahme, als würde er eine Sonnenbrille aufsetzen, um seine Augen vor zu grellem Licht zu schützen. Ich respektiere diese Abwehr und vermittle auch dem Patienten, daß ich das tue. Dabei vertraue ich ihm voll und ganz, daß er selbst diesen für ihn momentan unentbehrlichen Schutzschirm ablegen wird, sobald er über genügend Ichstärke und über alternative Methoden, seine Individualität zu bewahren, verfügt.«

K 5: »Man könnte Ihnen wohl den Vorwurf machen, daß Sie seelische Vorgänge zu sehr ›neurologisieren‹.«

T.: »Wenn Sie es so sehen wollen, können Sie es natürlich so bezeichnen. Ich muß dazu sagen, daß ich mich in erster Linie als Biologe sehe. Meine Interessen in andere Gebiete wie Psychologie, Soziobiologie, Philosophie usw. zweigen erst später davon ab. All diese Gebiete sind aber von sich aus schon untrennbar miteinander verwoben. Für mich persönlich gewinnt eine Hypothese, die psychologisch unanfechtbar erscheint, einiges an Überzeugungskraft, wenn ich sie auch in einem anderen Wissensgebiet bestätigt finde. Dadurch, daß meine Annahmen so aus etlichen Gebieten heraus gestützt werden, bin ich mir ihrer oft so sicher, daß es anderen Leuten schon unbescheiden vorkommt. Sollten aber z. B. Sie in irgendeiner Frage eine bessere Hypothese anzubieten haben als ich, bin ich sofort bereit, diese zu übernehmen. Sie können nur dann damit rechnen, daß Ihr Wissen sich erweitert, wenn Sie stets belehrbar bleiben. Dann machen Sie sich mit jeder Suche nach Einsicht auf eine neue, abenteuerliche Entdeckungsreise.«

Wissensdurst

K 6: »Was Sie da von Abenteuern erzählen, hört sich für mich an, als wären dabei kindlicher Wissensdurst und kindliche Lernbegierde im Spiel. Ich habe immer gedacht, wenn eine Person reifer wird, erweitert und stabilisiert sich ihr vorhandenes Wissen nur und es kommt nichts so Abenteuerliches mehr hinzu.«

T.: »Sie deuten damit auf die konservativen Persönlichkeiten hin, die stets den Erneuerern die Waage halten. Beide haben ihren Platz. Wenn der Neuerer, der Vordenker erfolgreich und anerkannt ist, wird er allerdings meist von konservativer Seite vereinnahmt. Es existieren aber auch unzählige Individuen, die es nie aufgegeben haben, in kindlicher Weise zu suchen, zu spielen und zu lernen. Bei ihnen hat sich die körperliche Verjugendlichung des Menschen im Laufe der Evolution überdurchschnittlich weit auf den Geist, auf das Denken ausgedehnt. Diese Leute müssen aber damit leben, daß sie in unserer Gesellschaft eine Sonderstellung einnehmen, was sowohl gute als auch schlechte Seiten hat.«

K 6: »Das ist ein wenig verwirrend. Als Therapeut versuche ich ja gerade, die Patienten von ihren kindlichen Ansprüchen und Vorstellungen abzubringen. Jetzt sagen Sie, daß auch das Kindliche seinen Platz und sogar Vorteile hat. Wie paßt das zusammen?«

Glückliche Kinder

T.: »Hier sind wir wieder einmal mit dem Entweder-Oder konfrontiert, vor das Ihre Logik Sie zwingt. Gerade weil der Mensch sein Leben lang kindliche Züge bewahrt, verliert er auch seine Neugierde nicht. Sie hat ja erst dazu beigetragen, daß sein Verstand, das heißt, die Neokortex, sich so weit entwickelt hat. Die kindlichen Vorstellungen der Patienten, die Sie erwähnt haben, sind die eines unglücklichen Kindes. Es behält Denk- und Reaktionsmuster bei, die in Phasen entstanden sind, in denen seine Entwicklung gestört wurde. Diese fallen uns beim Erwachsenen zunächst einmal als ›kindlich‹ auf. Das Wesentliche an ihnen ist aber nicht, daß sie im kindlichen Alter entstanden sind, sondern daß sie die kontinuierliche Fortsetzung der chronischen Dysphorie darstellen, die in einer wichtigen Entwicklungsphase vorgeherrscht hat. So haben die Störungen nichts mit der Kindheit an sich zu tun. Jedes Kind behält einige seiner Eigenheiten bis ins Erwachsenenalter bei. Wenn es die eines glücklichen Kindes sind, fallen sie uns aber nicht weiter auf. Niemand würde eine 40- oder 50jährige Person als übermäßig kindlich oder als kindisch bezeichnen, weil sie lebensfroh, ausgelassen, neugierig und abenteuerlustig ist.«

K 7: »Welche Ziele haben Sie eigentlich, wenn Sie wie hier im Seminar Patienten therapieren?«

Ziel in der Kristallkugel

T.: »Darauf gibt es eine einfache Antwort: ›Ich habe kein Ziel.‹ Jeder Patient hat psychisch sein völlig eigenes Leben. Wie vorhandene Potentiale sich tatsächlich entwickeln, läßt sich immer erst im nachhinein sagen. Es wäre anmaßend vom Therapeuten, dem Ratsuchenden ein Ziel, sozusagen in seiner Kristallkugel, vorzuhalten. Erst im Verlauf der Gespräche wird der Patient alle möglichen Reaktionsweisen so lange für sich selbst seelisch verarbeiten, bis der sprichwörtliche Schuh paßt. Wie dieser Schuh aussehen wird, können Sie, wie gesagt, erst dann sehen.«

Katalysator sein

K 7: »Aber was würden Sie zum Beispiel im folgenden Fall tun: Ein 50jähriger Mann mit drei adoleszenten Kindern verliebt sich in eine Frau, die kaum halb so alt ist wie er, und ist bereit, ihretwegen seine Familie zu verlassen.«

T.: »Das klingt, als sei er sich einig mit sich selbst, warum kommt er dann zu Ihnen?«

K 7: »Sie würden da also nicht eingreifen?«

T.: »Herr Kollege, aus dem, was ich bis jetzt dargestellt habe, hätte sich auch entnehmen lassen, daß ich bei meinen Patienten nicht ›eingreife‹. Das Wort allein macht Ihnen schon klar, daß dabei die Hand der einen Person in das Gewebe, das Leben oder die Seele einer anderen hineingreift und damit automatisch und unvermeidlich zu einem Störfaktor wird.

Ich sehe den Therapeuten eher als Katalysator. Er bewirkt — wie sein chemisches Gegenstück — dadurch, daß er anwesend ist und eine bestimmte ›Molekularstruktur‹ aufweist, daß komplexe Entwicklungsprozesse ihren Lauf nehmen, ohne daß direkt eingegriffen werden würde.

Ihre Frage nach dem untreuen Ehemann hat geklungen, als hätten Sie eine moralische Stellungnahme von mir erwartet. Leider ist es reichlich naiv, daran zu glauben, daß moralische Vorhaltungen irgend etwas bewegen könnten. Wer moralisch zugänglich ist, würde so etwas, was Ihr Mann beabsichtigt, nicht tun. Wer aber so handelt, hat auch gegenüber Moralpredigten ein taubes Ohr. Ganz allgemein sehe ich die Aufgabe eines Therapeuten darin, dem Patienten dabei zu helfen, sich von einem Verhalten, das ihn anhaltend stört, zu befreien. Ob das, was er dann spontan und aus sich selbst heraus unternimmt, moralisch ist oder nicht, müssen oder besser gesagt können Sie nur ihm persönlich überlassen.«

Verschlossenes Packerl

Stellen wir uns veranschaulichend vor, daß Klient, Patient, Gesprächspartner, mit einem verschnürten Päckchen zu uns kommt, von dem er nicht genau weiß, was drinnen ist, und das ihn daher in Unruhe versetzt. Ein kausal orientierter Zuhörer wird versuchen herauszubekommen, wo das Päckchen gekauft wurde, wer es verpackt hat, wo die darin enthaltenen Dinge produziert sein könnten usw. Glaubt er, genügend Hinweise auf den Inhalt gefunden zu haben, teilt er dem Besitzer mit, was sich darin befindet, wie es demzufolge zu handhaben ist, z. B. ›kühl lagern‹, wenn etwas Verderbliches drinnen ist oder ›nicht schütteln‹, wenn es sich um etwas mutmaßlich Zerbrechliches handelt. Der hypothetische Inhalt verwandelt sich in diesem Augenblick in Tatsache. Sollte der Ratsuchende widersprechen oder zweifeln, ist er ›uneinsichtig‹ oder leistet, wenn es sich um einen Patienten in herkömmlicher tiefenpsychologischer Therapie handeln sollte, Widerstand.

Es könnte bei alledem der Fall sein, daß der Zuhörende wirklich den Inhalt erraten hat. Viel eher wird es sich aber so verhalten, daß seine Hypothese nicht den Inhalt des Päckchens, sondern den seines eigenen Kopfes, sprich seiner erworbenen Überzeugungen, beschreibt.

Wie in den bisherigen Interviews schon deutlich geworden ist, schenkt der eigensprachlich eingestellte Zuhörer den Kausalzusammenhängen nicht viel Beachtung. Er fragt also nicht nach der Herkunft des Päckchens. Vielmehr veranlaßt er den, der es mitbringt, hineinzuschauen. Dabei geht er davon aus, daß dieser über einen Zugang zum Inhalt verfügt, auch wenn er dies zunächst vielleicht bestreitet. Das ›Wissen‹ des um Rat Fragenden über den Inhalt des Päckchens kommt von Anfang an in seiner Eigensprache zum Vorschein. Durch genaues, manchmal strategisches Nachfragen gewinnt er mehr und mehr ›Einsicht‹ in das ›Packerl‹, das er zu tragen hat. Diese Einsichten kann er unter Umständen in Worte fassen, kann sie aber auch für sich behalten oder wird sich ihrer nicht einmal verbal bewußt. In jedem Fall spielt das, was der Zuhörer, der Therapeut, denkt, meint, hofft oder befürchtet, in diesem Prozeß nur eine höchst nebensächliche Rolle. Sei es denn, daß es gerade die vermeintlichen oder tatsächlichen Anforderungen des Therapeuten sind, die der Patient in seinem Packerl findet; aber selbst dann bleibt es *sein* Packerl und bleiben es *seine* Schwierigkeiten, die er damit hat.

Giftmischen und Magersucht – Gespräch mit Lydia

In den psychosomatischen Kliniken, in denen ich Seminare halte, ist die Zahl der jungen Patientinnen, die unter Eßstörungen leiden, in der letzten Zeit auffallend angewachsen. Am Beispiel des Gesprächs mit Lydia möchte ich zeigen, daß man gerade die Symptome, die sich aufs Essen beziehen, nicht entlang fixierter Schemen erklären und behandeln kann. Jede Patientin ›erfindet‹ ihre Anzeichen der Störung wieder neu und antwortet damit auf höchst individuelle und einzigartige äußere und innerseelische Umstände.

Lydia, die als nächste der Patienten auf der Liste stand, die sich für ein Interview gemeldet hatten, ist eine 22jährige Studentin. Als sie aufgerufen wird, kommt sie mit kleinen trippelnden Schritten zum Platz neben mir. Es fällt dabei auch sofort auf, daß sie sehr mager ist. Auf den Stuhl setzt sie sich so, daß sie nur den kleinstmöglichen Teil der Sitzfläche für sich in Anspruch nehmen braucht. Die meisten derartigen Details des Verhaltens werden gewöhnlich übersehen. Da sie jedoch für das Gespräch wichtig sind, frage ich, bevor ich mich Lydia zuwende, die Teilnehmer, was sie aus der Art und Weise, in der die Patientin sich ihrem Platz genähert hat, entnommen haben. Sie antworten ausnahmslos in isolierten Begriffen wie: Ängstlichkeit, Nervosität, Verlegenheit usw.

T.: (zu den Teilnehmern) »Wenn Sie erraten wollen, warum die Patientin gerade so gegangen ist, wie wir es gesehen haben, machen Sie es sich unnötig schwer. Versuchen Sie einfach nur zu beschreiben, was Sie beobachtet haben. Wenn Sie sich dann noch fragen, unter welchen Umständen ein solcher Gang völlig normal wäre, werden Sie Lydia schon ein wenig besser verstehen... (keine Antwort von den Zuhörern).

Stellen Sie sich vor, Sie müßten an Deck eines schwankenden Schiffes ein kurzes Stück Weg zurücklegen. Um im Gleichgewicht zu bleiben, würden Sie Ihre Schritte automatisch verkleinern. Also vermuten wir, daß auch die Patientin sich bemüht, im Gleichgewicht zu bleiben.«

P 3: (lächelnd) »Ich fühle mich oft recht *schwindelig*.«

T.: »Können Sie mir erklären, was Sie mit *schwindelig* meinen?« (Frage nach der eigensprachlichen Bedeutung des Wortes).

P 3: »Wenn sich alles im Kopf so dreht.« (Macht mit der Hand eine kreisende Bewegung.)

T.: »Was stellen Sie sich vor, das sich da im Kopf so drehen kann?«

P 3: (Stützt ihr Kinn mit der linken Hand und schüttelt den Kopf ein wenig.) »...Gedanken, ...Gedanken.«

Schwere Gedankenkreise

T.: (zu den Teilnehmern) »So wie Lydia es jetzt tut, stützt man unwillkürlich einen Kopf, der als ›schwer‹ empfunden wird.

Bei Personen, die fühlen, daß sie nicht linear, sondern in Kreisen denken, sieht man diese Geste häufig. Die kreisförmigen Gedankenabläufe lösen das Empfinden aus, der Kopf sei ›voll‹ oder nähme ein größeres Volumen ein als sonst. Es scheint dabei kein Platz mehr für weitere Sinneseindrücke, besonders nicht für solche verbaler Art, zu sein. Die Person beschreibt sich selbst als ›blockiert‹. Oft versucht sie, indem sie den Kopf schüttelt oder sich mit der flachen Hand gegen die Schläfe schlägt, diese Blockade zu lockern.«

P 3: (Ihr Gesicht hat sich beim Zuhören aufgehellt) »Ja, richtig... so ist es.«

T.: »Ich hatte mir immer vorgestellt, daß Gedanken wie auf Schienen von einem Ort zum anderen verlaufen.«

P 3: »Bei mir nicht. Wenn ich mich in einen Gedanken *verbeiße,* kann ich ihn nicht mehr loslassen!«

T.: »Was wäre zum Beispiel so ein Gedanke?«

P 3: »Zum Beispiel die Frage, warum ich mich nicht dazu bringen kann, etwas zu essen. Für die anderen koche ich, sehr gut sogar, aber ich selbst kann davon nichts essen.«

T.: »Sie haben vorhin erwähnt, daß Sie sich in Gedanken *verbeißen.* Wie macht man das eigentlich? Ich kann das nicht ganz nachvollziehen.«

P 3: »Ich denke an etwas, an eine Dummheit oder irgendwas Unsinniges, und dann versuche ich, diese Gedanken wieder wegzubekommen. Ich habe nämlich Angst, daß die Leute denken werden, daß ich verrückt bin oder übergeschnappt, wenn mir etwas von diesem Unsinn aus dem Mund kommt. Mir schwebt dann irgendwie vor, daß die Gedanken weggehen würden, wenn ich nur wüßte, warum sie überhaupt in meinem Kopf sind. Also denke ich nach und suche nach dem Grund dafür, aber kann ihn nicht finden. Dann muß ich immer weiter denken.« (Eine typische Beschreibung der geschlossenen Schaltkreise zwanghaften Denkens.)

T.: »Mir ist schon klar, daß Sie vermeiden wollen, den Unsinn – wenn es einer ist – auszuposaunen. Gewöhnlich denken sich Leute aber nichts dabei, Unsinn zu verbreiten. Da muß ich wohl annehmen, daß Ihr Unsinn ein eher ungewöhnlicher ist.«

P 3: (überrascht) »Woher wissen Sie das? Ich bin nicht sicher, ob ich Ihnen und diesen Leuten hier davon erzählen kann.«

T.: »Erzählen Sie es nicht. Lassen Sie mich raten. Wenn Sie Ihre unsinnigen Gedanken in die Tat umsetzen würden, würden Sie da in einer Irrenanstalt oder im Gefängnis landen?«

P 3: (sehr leise) »Im Gefängnis.«

T.: (wirft einen vielsagenden Blick auf Lydias Figur) »Darf ich vermuten, daß die Untat etwas mit dem Essen zu tun hätte?«

P 3: »Ich möchte jetzt lieber gehen.«

T.: »Schauen Sie, Sie sind eine nette Person, und ich möchte Ihnen helfen. Es wäre schade, wenn Sie gerade jetzt weggehen würden. Im übrigen scheinen Sie zu glauben, daß ich jetzt sowieso über Ihre Gedanken Bescheid weiß; da können Sie dann ja genausogut hierbleiben.«

P 3: (beginnt zu weinen) »Werden Sie mich ins Gefängnis schicken?«

T.: »Sagen Sie ehrlich. Schaue ich so aus, als würde ich das tun? Und nebenbei gibt es kein Gesetz, das jemanden für seine unausgesprochenen Gedanken verurteilen würde.«

P 3: »Und wenn ich sie ausspreche!?«

T.: »Dann würden wir alle erleichtert sein. Sie sehen ja, wie jeder hier gespannt ist, zu hören, was Ihnen im Kopf *herumgeht*. (Ich spiele hier absichtlich auf ihren Wunsch, sich zu profilieren, an. Obwohl sie schon sehr mager ist, macht sie einen äußerst gepflegten Eindruck. Sie muß etliche Mühe darauf verwendet haben, trotz der Umstände so gut auszusehen. Es ist also nicht zu weit gegriffen, davon auszugehen, daß sie recht eitel ist. Damit, daß ich sie auf ihr gespanntes Publikum hingewiesen habe, bringe ich sie in Versuchung, mehr von ihren Gedanken zu erzählen. Wie sich dann zeigt, kann sie dem nicht widerstehen.)

P 3: »Was halten Sie von einer Giftmischerin?«

T.: »Darauf kann ich nicht antworten, bis ich mehr von ihr weiß.«

P 3: »Als ich fünfzehn war, habe ich einen Roman gelesen, der mich sehr merkwürdig bewegt hat. Da war eine Frau, die hat sehr geschickt alle ihre Feinde damit aus dem Weg geschafft, daß sie ihnen Gift ins Essen gemischt hat.«

T.: »Nur eine kleine Frage nebenbei. Hatte sich in der Zeit unmittelbar bevor Sie das gelesen haben, irgend etwas Besonderes abgespielt?«

P 3: (Tränen in den Augen) »Nicht unmittelbar, aber als ich dreizehn war, ist meine Mutter gestorben. Sie hatte Magenkrebs. Ich habe sie sehr geliebt, aber ich konnte nie richtig um sie trauern. Mein Vater und mein kleiner Bruder waren ja da, um die mußte ich mich doch kümmern.«

T.: »Da nehme ich an, daß Sie auch für die beiden gekocht haben.«

P 3: »Ja, natürlich. Pappi – ich meine mein Vater – sagte oft, daß ich genausogut koche wie meine verstorbene Mutter.«

T.: »Woher haben Sie die Zeit genommen, zur Schule zu gehen und gleichzeitig die Hausarbeit zu erledigen?«

P 3: »Oh, es ging schon. Die Oma hat ja mitgeholfen, sie konnte nur wegen ihrer Hüfte nicht mehr so viel herumlaufen.«

T.: »Wenn es da keine Probleme gab, dann muß sich ja in der Zeit zwischen dreizehn und fünfzehn noch etwas anderes für Sie geändert haben.«

P 3: »Ich weiß, worauf Sie hinauswollen, aber es stimmt nicht.« (Sie ist sehr aufgeregt.)

T.: (geht auf ihre Annahme ein) »Na, wenn es nicht stimmt, korrigieren Sie mich.«

P 3: »Mich hat die neue Freundin meines Vaters nicht gestört. Nur ihre *zuckersüße* Art mir gegenüber konnte ich nicht ausstehen.«

T.: »Darüber haben Sie sich sicher viele Gedanken gemacht.«

P 3: »Klar. Sie wollte sich zwischen mich und meinen Vater stellen. Aber sie war nicht die Richtige für ihn. Nachdem sie ihn geheiratet hatte, ist sie ganz anders geworden, war mit allem und jedem unzufrieden. Mich hat das nicht gestört, obwohl es mir schon *wehgetan* hat, als sie der Oma untersagt hat, so oft zu uns ins Haus zu kommen.

Mein Vater war jeden Tag schlechter gelaunt. Wenn sie mal

nicht in der Nähe war, habe ich versucht, ihn aufzuheitern. Ich konnte doch nicht einfach zusehen, wie er immer mürrischer wurde. Aber es hat nichts genützt. Er hat mich sogar schroff abgewiesen; das hätte er früher nie getan. Sie hatte sich wahrscheinlich bei ihm über mich beklagt...« (Pause)

T.: »Und da ist Ihnen dann diese Idee gekommen?«

P 3: »Nein, nicht sofort. Ich habe zuerst nur nachgedacht, wozu es überhaupt Gifte auf der Welt gibt.«

T.: »Haben Sie da eine Antwort gefunden?«

P 3: »Schon, aber ich konnte erst mal nicht glauben, daß das Gift nur da sein sollte, um schlechte Menschen aus dem Weg zu schaffen.«

T.: »Was geschieht denn eigentlich bei Ihnen, wenn Sie glauben, daß etwas so ist, es andererseits aber nicht so sein kann?«

P 3: »Das ist genau die Sache, die ich nicht aus meinem Kopf herausbringen konnte. Die Stella, meine Stiefmutter, ist ja eigentlich nicht so schlecht. Sie hätte nur nie heiraten sollen. Sie hat keine Ahnung, wie man sich um einen Mann oder eine Familie kümmert. Jeder mußte um sie herumhüpfen, wie um ein verwöhntes Kind.«

T.: »Möglicherweise wollten Sie Ihrem Vater aus allem heraushelfen.«

P 3: »Ja, ich konnte von der Idee nicht mehr loskommen. Bücher über Chemie habe ich mir gekauft, habe mich aber nicht getraut, sie zu lesen.«

T.: »Was glauben Sie eigentlich geschieht mit dem Gift, wenn es in den Magen kommt?«

P 3: »Manchmal führt es zu Krebs.« (Sie denkt daran, daß sich das Schicksal der Mutter auch bei der neuen Freundin ihres Vaters wiederholen könnte.)

T.: »Glauben Sie, Ihre Mutter hatte Gift geschluckt?«

P 3: »Nein, das nicht. Aber man muß *vorsichtig* sein, man hört jetzt so viel von *schlechter* Nahrung.«

T.: »Dann geben Sie ganz besonders darauf acht, welche Nahrung Sie zu sich nehmen?«

P 3: »Ja, sehr sogar. Ich habe so eine Liste, da steht drauf, was man essen kann und was zu Krebs führen könnte. Wenn mir mit dem Essen irgend etwas nicht richtig zu sein scheint, lasse ich es lieber stehen.«

T.: »Wenn Stella alles ißt, was auf den Tisch kommt – ich nehme an, sie tut das – könnte sie dann nicht auch Krebs bekommen?«

P 3: »Sie ist ja auch sehr vorsichtig mit dem, was sie ißt. Sie hat Angst, zuzunehmen.«

T.: »Na, dann wird sie ja nicht so leicht krank werden.« (Mit einem Lächeln.) »Müßte man da nicht ein bißchen nachhelfen?«

P 3: (entrüstet) »Wie können Sie so was überhaupt sagen. Wenn ich koche, passe ich ganz besonders gut auf, daß wirklich *niemand schlechte Nahrung* auf den Teller bekommt.« (Dadurch, daß ihre Gedanken konkretisiert werden, erlebt sie in ihrer Entrüstung, daß es sich dabei nur um Fantasien handelt, die sie niemals in die Realität umsetzen würde.)

T.: »Ich bin völlig überzeugt, daß Sie das tun. Mit Ihren Handlungen scheinen Sie dann keine Schwierigkeiten zu haben. Aber die Gedanken...?«

P 3: »Ja, das stimmt. Das Schreckliche sind die Gedanken. Meinen Sie, daß ich sie loswerden kann, wenn jemand mir dabei hilft?«

Das Gespräch wurde noch etwas weitergeführt, wobei Lydia erkannte, wie sehr sie sich mit ihrer Mutter identifiziert hatte und daß sie sich daher von Stella ihres Platzes beraubt fühlen mußte. Die Position der sorgenden Mutter, die sie in der Familie bezogen hatte, zwang ihr aber nicht nur die Gedanken darüber auf, wie die eindringende Rivalin zu bekämpfen wäre, sondern hinderte sie auch daran, sich persönlich weiterzuentwickeln. Sie war emotional wie auch körperlich auf der Stufe der 13jährigen stehengeblieben. Ihre kognitiven Fähigkeiten waren dabei die der erwachsenen Person, so daß sie den Eindruck eines altklugen kleinen Mädchens erweckte.

Nach dem Gespräch erschien sie weitaus entspannter als zuvor. Das war wahrscheinlich weniger auf die Einsichten zurückzuführen, die sich für sie ergeben haben, als auf den kathartischen Effekt der Unterhaltung. Sie hatte endlich jemandem das Geheimnis ihrer Gedanken über das Gift anvertrauen können. Dabei hat sie überdies festgestellt, daß sie nicht nur nicht verurteilt, sondern sogar verstanden worden ist.

In der klassischen Psychoanalyse hätte sich aus der Konstellation, die Lydia beschrieben hat, vermutlich das Bild eines Elektra-Komplexes ergeben. Die Weigerung, zu essen, hätte man als den »ins Unbewußte verdrängte(n) Wunsch nach Schwängerung respektive die Abwehr der erkrankten Person gegen denselben« (Freud, Ges. Werke 8, S. 405, 1913) betrachten können. Die Erfahrungen der Patientin in ihrer Kindheit sind sicher bedeutsam für die Struktur ihrer Persönlichkeit. Ihre akute Symptomatik beruht aber auf der Phobie, die sich um die Gedanken über das Gift herum gebildet hat und die sie am Essen hindert.

Wir sehen bei Lydia bei weitem nicht das typische Bild einer Magersucht, obwohl die äußeren Anzeichen auf eine solche hinweisen. Die Patientin hat sich schon mit dem ersten Satz ihrer Ausführung von der wirklich Magersüchtigen abgehoben, indem sie betont hat, daß sie essen möchte, und daß sie meist hungrig ist. Die Magersüchtige würde beides zunächst einmal entschieden abstreiten. Lydia versucht, indem sie nicht ißt, auch nicht ihre Umwelt und Bezugspersonen strategisch zu manipulieren. Ihr Hungern ist, wenn wir uns in ihre Welt versetzen, vielmehr eine lebensnotwendige Vorsichtsmaßnahme, die sie auf der Basis ihrer sich verselbständigenden Gedanken getroffen hat.

Nach dem Gespräch kam es zu einer angeregten Diskussion mit den Zuhörern.

K 1: »Beginnen Sie das Gespräch immer mit Hinweisen auf die nonverbalen Signale?«

Keine festen Regeln

T.: »Lassen Sie sich bitte nicht verleiten, nach festen Regeln zu suchen. Ich richte mich gänzlich nach dem, was sich zufällig anbietet. Besonders am Anfang der Begegnung ist es oft hilfreich, auf das Nonverbale zu achten. Interpretieren sollte der Patient es allerdings selbst. Ich versuche nur, ihm den Anstoß dazu zu geben. Geht er darauf ein, spinnt sich nahezu von selbst ein Band zwischen uns, bevor ich noch weiß, warum er eigentlich zu mir gekommen ist.«

K 2: »Bevor die Patientin noch ihr Hauptproblem erwähnt hat, hat sie erstaunlich klar die Zwangsgedanken beschrieben. Haben Sie schon vorher gewußt, daß sie zwanghaft sein wird, weil sie auch magersüchtig ist?«

T.: »Ich vermeide es, mir im vorhinein solche Meinungen zu bilden. Wenn Sie geduldig sind, können Sie immer wieder erleben, wie die Patienten ganz von selbst ihre zwanghaften Gedanken schildern. Sie illustrieren meist sogar mit einer rotierenden Bewegung einer Hand oder eines Fingers, wie diese Gedanken sich in geschlossenen Kreisen bewegen.«

K 3: »Sie sind in einer sehr einfachen Sprache bei dieser – meiner Meinung nach schwierigen Patientin – auf den Kern der Probleme gestoßen. Ich habe in Lydias Aussagen alles bestätigt gefunden, was ich bisher in der Psychoanalyse gelernt habe. Das hätte ich natürlich gegenüber der Patientin auch formuliert.«

Tonlagen

T.: »Ich halte es, gelinde gesagt, für überflüssig, die einfache rechtshemisphärische Sprache der Emotionen so zu entstellen, daß zwischen abstrakten und klassifizierenden Begriffen die einfachen, naiven und ursprünglichen Inhalte nicht mehr zu erkennen sind. Gerade bei ›schwierigen‹, infantilen Patienten ist die einfachste Sprache auch die effektivste. Sie entspricht ihrer Eigensprache und kann eine Resonanz hervorrufen, wo komplizierte Erklärungen ergebnislos abprallen würden. Der Patient bestimmt das Sprachniveau, auf das Sie einsteigen. Wenn der Blickkontakt abbricht, seine Stimme tonlos wird, er gelangweilt im Raum umherschaut usw., haben Sie ihn in der falschen ›Tonlage‹ angesprochen.«

K 3: »Wie sind Sie auf die Gegenüberstellung – Irrenanstalt oder Gefängnis – gekommen?«

T.: »Wenn eine Person zwanghaft davon überzeugt ist, eine bestimmte Handlung durchführen zu müssen, sie sich aber davon abhält, indem sie grübelt, dann steckt gewöhnlich etwas Strafbares oder etwas Verrücktes dahinter.«

K 3: »Und etwas Sexuelles?«

T.: »Vor zwei bis drei Generationen standen sexuelle und amoralische Ideen bei Zwanghaften im Vordergrund. Heutzutage sind sie aber die Ausnahme. Ich kann mich irren – jedenfalls hätte ich es bei einer so betont kindlichen jungen Frau für unwahrscheinlich gehalten, daß ihre Vorstellungen sexueller Natur sind. Vermutlich hätte sie mich verständnislos angeschaut, hätte ich sie danach gefragt. Wäre ich nicht sicher gewesen, auf welchem Gebiet ihre Zwangsvorstellungen liegen könnten, hätte ich sie gefragt, ob sie noch einen anderen Ort weiß, an den man sie schicken müßte.«

K 4: »Glauben Sie, daß Lydia schon von Anfang an gewußt hat, wie alles, was sie dann erzählt hat, zusammenhängt?«

T.: »So wie es sich im Gespräch ergeben hat, meine ich, daß sie zwar die einzelnen Mosaiksteine ihrer Schwierigkeiten erkennen, sie aber in kein einheitliches Bild einfügen konnte. Im Laufe des Gespräches hat sich dann das Muster gebildet, in das die Einzelheiten hineinpaßten. Genau wie in einer Detektivgeschichte – das Gespräch erinnerte wohl manchmal an eine – entwirrten sich die Zusammenhänge immer mehr, bis dann alles, alles offenlag.«

K 5: »Die Patientin hatte Sie gefragt, was Sie von einer Giftmischerin halten. Bestand ein Grund, daß Sie auf diese Frage nicht eingegangen sind?«

Nebenkriegsschauplatz

T.: »Wenn der Patient ein brisantes Thema anspricht und dieses mit einem nebensächlichen verbunden ist, gehe ich auf das nebensächliche Gebiet ein. Die Grundschemen des Denkens werden sich bei jedem Thema gleich auswirken. Auf dem ›Nebenkriegsschauplatz‹ können Sie darüber aber viel mehr und leichter etwas erfahren als beim Hauptthema, bei dem oft starke

Gefühle oder festgefahrene Gedanken den Zugang zu den grundlegenden Denk- und Reaktionsmustern verdecken.

Als die Patientin das heikle Thema des Giftmischens aufgeworfen hatte, bin ich auf das erste Nebenthema, das sich bot, eingestiegen und habe sie gebeten, näher auszuführen, was sich besonderes ereignet hatte, als sie fünfzehn war. Wäre ich bei dem von ihr gewünschten Thema geblieben, wäre sie innerhalb kurzer Zeit völlig blockiert gewesen. Anstelle dessen hat sie geschildert, wie sie die Rolle ihrer verstorbenen Mutter übernommen hat und was dabei das Essen bedeutete.«

K 6: »Ich bin beim Gespräch das Gefühl nicht losgeworden, daß Sie immer schon vorher wußten, was die Patientin im nächsten Moment sagen wird. Könnten Sie zu diesem Eindruck Stellung nehmen?«

›Wahrsagende‹ Körpersignale

T.: »Gern. Sie wissen ja, daß beabsichtigte Handlungen sich sehr oft durch nonverbale Signale ankündigen. Bevor Sie z. B. vom Stuhl aufstehen, wird Ihr Vorhaben schon den zuständigen Muskelgruppen signalisiert. Diese spannen sich daraufhin an, so daß Sie die nachfolgende Bewegung umgehend und glatt durchführen können. Sie würden daher bei einem angespannt am Startblock knienden Athleten ohne Schwierigkeiten voraussagen können, daß er im nächsten Augenblick aufspringen wird. Kinder tun ähnliches, wenn sie aus dem Gesicht ihres Vaters ablesen, daß es gleich Ärger geben wird, noch bevor er tatsächlich zu schimpfen beginnt; meist benutzen sie diese Voraussicht, um sich noch in letzter Sekunde aus dem Staub zu machen. Ich mache mir ebenfalls diese ankündigenden Signale zunutze, die ich, mehr intuitiv als bewußt, aus Gestik, Mimik und Körperhaltung meines Gegenübers entnehme.

Sie erinnern sich, daß Lydia anfangs ganz am Rand ihres Stuhles saß. Das ist eine typische Vorbereitung zur Flucht. Ich mußte also davon ausgehen, daß sie mich als bedrohend wahrnimmt. (Zu den Teilnehmern) Worin, meinen Sie, hat meine Bedrohlichkeit bestanden?«

Antworten der Teilnehmer: »Falsche Interpretation Ihrer Persönlichkeit«; »Angst vor einem Angriff«; »sie hat befürchtet, sich lächerlich zu machen«, und ähnliches.

T.: »Es trifft ein wenig von allem zu. Versuchen Sie einfach, es sich vorzustellen: Hier ist eine junge, abgemagerte Frau, die weiß, daß ihre Eßgewohnheiten unvernünftig sind. Sie erwartet buchstäblich schon, daß sie eine ›Predigt‹ oder Vorwürfe zu hören bekommt. Ihre starre Miene hat deutlich angezeigt, daß sie vorbereitet war, diese Zurechtweisung über sich ergehen zu lassen. Ich bin nun aber gar nicht auf das hervorstechende Problem der Magerkeit eingegangen, sondern habe zuerst die trippelnden Schritte besprochen. Offensichtlich war ihre Art zu gehen für sie kein Grund, Schelte zu befürchten. Sie haben beobachten können, wie sich ihr Gesicht entspannte und sie sich – das ist besonders maßgebend – zurücklehnte und mir den Kopf zuwendete. Für mich war das ein Zeichen, daß ich auf dem richtigen Weg bin. Ich konnte meinen Kopf jetzt ebenfalls in ihre Richtung neigen, und Sie sehen auch im Videofilm, daß ich mit meiner Hand die ihre leicht berührt habe, und sie sie nicht zurückgezogen hat. Es hatte sich zu diesem Zeitpunkt schon eine Brücke zwischen uns gebildet, die mir die größtmögliche Mitarbeit der Patientin gewährleistete. Ganz besonders orientiere ich mich am Gesichtsausdruck der Patienten, wenn heikle Themen besprochen werden. Hätte ich bei Lydia beobachtet, daß sich beim Ansprechen ihres wunden Punktes, dem Giftmischen, auf das wir dann doch gestoßen sind, ihr Gesicht verhärtet, würde ich das Thema gewechselt haben. Ich muß dazusagen, daß Lydia mich ebenso genau beobachtet hat, um jedes Zeichen, daß ich sie verurteilen könnte, schon im Ansatz zu entdecken. Das hat sie allerdings nicht bewußt getan, sondern ganz automatisch. Der Therapeut kann sich demnach nicht hinter einer beruflichen Maske verstecken. Ängstlichen und mißtrauischen Patienten kann man genausowenig etwas vormachen wie Kindern.

Wenn ein Therapeut im Gespräch die nonverbalen Signale seiner Patienten, die im Grunde genommen sehr klar sind, aufnimmt, kann es schon vorkommen, daß man den Eindruck gewinnt, er verfüge über irgendwelche seherischen Fähigkeiten.«

K 7: »Ist es nicht sehr überfordernd, auf das alles zu achten?«

T.: »Was ich Ihnen bisher beschrieben habe, sind Reaktionen, die automatisch oder semiautomatisch ablaufen. Sie brauchen, oder besser gesagt, Sie können sich nicht willentlich darum bemühen, daher ist es überhaupt nicht anstrengend. Im Idealfall sollten Sie sich als Therapeut nach solch einer Besprechung fühlen wie nach einem interessanten und angeregten Geplauder.«

Die Wogen glätten – Gespräch mit Kristine

Die nächste Patientin, mit der ich mich unterhielt, war Kristine, eine Frau in den mittleren Jahren. Sie hatte zusammen mit den anderen Personen, die noch interviewt werden sollten, in einer der hinteren Sitzreihen gesessen. Ich hatte die Seminarrunde kaum mit einigen allgemeinen Bemerkungen über Gesprächsstrategien eröffnet, als Kristine ihren Arm übermäßig eifrig in die Luft reckte und sich lautstark bei dem Arzt, der für die Reihenfolge der Patienten verantwortlich war, beschwerte, daß sie schon längst hätte drankommen sollen – offenbar hatte am Vortag die Zeit nicht gereicht. Die meisten Patienten, die sich in die Liste für ein Gespräch eingetragen haben, bewegen sich eher zögernd und zurückhaltend zum Platz neben mir und so war Kristines Verhalten recht ungewöhnlich.

In punktförmigen Rötungen und verschiedenartigen Verfärbungen ihrer Haut im Gesicht und an Armen und Händen ließ sich schon auf den ersten Blick erkennen, warum sie in der Klinik behandelt wurde. Ich erwähnte zu den Teilnehmern gewendet, daß hautkranke Personen sich oft über lange Zeit hinweg ergebnislos den verschiedensten Heilverfahren unterworfen haben, bevor sie sich als letzten Versuch in eine psychosomatische Klinik begeben. Sowohl die Patienten als auch die Ärzte bezweifeln im Grunde meist, daß psychologisch orientierte Therapie im Falle dieses Leidens wirksam sein kann. Da aber bis dorthin alle Versuche, die Symptome zu beseitigen, wirkungslos geblieben sind, meinen sie, die Suche nach eventuellen seelischen Faktoren könne zumindest nicht schaden. Während dieser Bemerkungen hatte sich Kristine schon neben mich gesetzt, hörte zu und nickte bestätigend.

T.: »Ich glaube, Sie wollen zu dem, was ich gesagt habe, noch etwas hinzufügen.«

P 4: (spricht mit einer sehr lebhaften Stimme, die man sonst nur bei hypomanischen Patienten hört und zeigt eine rege Gestik und Mimik. Ihre Worte begleitet sie mit einem häufigen, halb unterdrückten Lachen.) »Sie haben eh schon alles gesagt. Ich habe meinem Hausarzt ganz klar gemacht, daß ich keine Probleme habe. (Sie glättet mit beiden Händen unsichtbare Falten an ihrem Kleid.) Ich habe großes Vertrauen in ihn und wenn er meint, daß mir der Aufenthalt hier helfen könnte, dann werde ich natürlich kooperieren.«

T.: »Ja, das ist verständlich. Wir kommen gleich darauf zurück. (Zu den Teilnehmern) Haben Sie jetzt etwas bemerkt, das uns schon einen Schlüssel zu Kristines innerer Struktur geben könnte?«

Die meisten Kursteilnehmer führten an, daß ihnen Kristine auffallend lebhaft und selbstsicher vorkommt.

T.: »Da haben Sie schon recht. Aber gerade wenn sich jemand, der an einer psychosomatischen Krankheit leidet, so verhält wie die Patientin hier, sollten Sie ganz besonders auf Diskrepanzen in der Selbstdarstellung achten. Kristine erwähnte, daß sie keinerlei Probleme hat. Das ist — nebenbei gesagt — höchst unwahrscheinlich, da jeden von uns die eine oder andere Sorge bedrückt, besonders, wenn wir mit einer Hauterkrankung zu leben haben sollten. Bei dieser Aussage hat sie gleichzeitig ihr Kleid glattgestrichen. (Zu den Teilnehmern) Haben Sie eine Ahnung, was sie damit angedeutet hat?«

P 4: (eingreifend) »Ja, dafür bin ich bekannt. Ich glätte immer die Wogen.«

T.: »Mich würden die Wogen ein wenig interessieren, die Sie da glätten.«

P 4: »Oh, da gibt es wirklich nichts Besonderes darüber zu berichten. Wer hat schon keine Sorgen? Die haben wir doch alle.«

T.: »Sie verwirren mich ein bißchen. Zuerst haben Sie gesagt, daß Sie keine Probleme haben. Jetzt deuten Sie an, daß es da doch Sorgen gibt.«

P 4: (lacht sehr laut) »Sie sind komisch. Sie dürfen nicht alles so wörtlich nehmen.«

T.: »Was würden Sie vorschlagen, wie ich Ihre Äußerungen dann nehmen soll?« (Typische Polarisierung einer Aussage.)

P 4: »Ich sehe schon, ich muß Ihnen reinen Wein einschenken. Aber bitte, denken Sie ja nicht, daß ich etwas Böses über meinen Mann sagen will.« (Wenn jemand einen Umstand unaufgefordert verneint, können wir das als Bejahung auffassen. Es liegt Kristine also wahrscheinlich nicht allzu fern, sich negativ über ihren Mann zu äußern.)

T.: »Wie kommen Sie darauf, daß ich so etwas denken könnte?« (Herausforderung.)

P 4: (überhört absichtlich die herausfordernde Frage) »Sie müssen meinen Mann verstehen. Er ist wirklich ein herzensguter Mensch, aber er verträgt nicht sehr viel. Es ist wegen seines Herzens. Bis jetzt haben die Ärzte – Gott sei es gedankt – noch nichts gefunden, aber seine Familie neigt zu Herzkrankheiten.«

T.: »Da kann ich mir schon vorstellen, daß Sie ihn so gut wie möglich verschonen wollen. Das brauchen Sie aber doch nicht zu verheimlichen.« (Ihr Zögern, über ihren Mann zu sprechen, wird umgedeutet, so daß die Befürchtungen, etwas ›Böses‹ zu sagen, wie Bescheidenheit erscheinen. So wird sie durch das Wort ›verheimlichen‹ in ihrer Position, jegliche Schwierigkeiten abzuleugnen, verunsichert, ohne daß ihr ein direkter Vorwurf gemacht wird.)

P 4: »Er regt sich halt über jede Kleinigkeit gleich auf und dann schlüpfen ihm Worte aus dem Mund... Ich bin mir aber ganz sicher, daß er das nicht absichtlich tut.« (Ein weiterer Versuch, die tatsächliche Situation abzuschwächen.)

T.: »Da müssen Sie ja eine Engelsgeduld haben, um die Schimpfworte über sich ergehen zu lassen.« (Es wird ausgesprochen, was sie sich nur anzudeuten wagt.)

P 4: (beginnt sich, was an diesem Punkt des Gesprächs nicht weiter verwunderlich erscheint, heftig einen Unterarm und den Nacken zu kratzen.)

T.: (beobachtet das Kratzen auffällig).

P 4: »Ich weiß schon, Sie denken, daß mir das Schimpfen unter die Haut geht.«

T.: »Ja, wie kommen Sie darauf, daß ich so was denken könnte?«

(Sie lacht. Gibt man sich an strategisch richtigen Punkten betont naiv, reagiert der Patient darauf gewöhnlich stark gefühlsbetont. Er weiß genau, daß der Therapeut nicht so unwissend ist, wie er tut und verspürt irgendwie, daß es sich hier um ein Spiel handelt. Genauso reagiert ein Kind, wenn sich z. B. der Vater dumm stellt und mit übertreibenden Worten bestaunt, wieviel mehr ein Kind weiß als er selbst. Das Kind findet dieses Spiel äußerst lustig; ein Erwachsener empfindet in der gleichen Situation nicht anders.)

P 4: »Sie sind schlau. Sie lassen mich alles selbst sagen. Da kann ich dann die Suppe, die ich mir einbrocke, auch allein wieder auslöffeln.« (Sie gibt uns hier, nebenbei bemerkt, einen Hinweis darauf, daß in einem idiolektisch geführten Gespräch der Patient die aktive Rolle spielt. Mit dem Bild, das sie anbietet, drückt sie aus, daß sie sich selbst für den Verlauf des Interviews verantwortlich fühlt.)

T.: »Na, schauen Sie mal. Wir wissen jetzt beide, daß Ihr Mann ein etwas schwieriger Mensch ist und daß Sie sich verpflichtet fühlen ihn, koste es was es wolle, zu verschonen. (Sie bemüht sich nicht mehr so strikt, eine heile Familienwelt darzustellen, so daß es jetzt möglich wird, ihr die Realität vorzuführen.) Ich möchte Sie jetzt etwas anderes fragen (nebenbei). Haben Sie Kinder?«

P 4: »Einen Sohn, der ist jetzt fünfzehn, und eine Tochter, die wird bald zwölf.«

T.: »Wie würden Sie mit Ihrem Sohn umgehen, wenn er Sie beschimpfen würde?« (Der Konflikt wird auf ein Nebengebiet verlagert. Über das, was ihr Sohn möglicherweise tun könnte, kann sie unbefangener sprechen als über das, was ihr Mann tatsächlich tut.)

P 4: »Ich würde ihm sagen, daß der liebe Herrgott es gar nicht gern sieht, wenn Kinder sich so benehmen.«

T.: »Dann kann er ja nur noch in Gedanken auf Sie schimpfen und hoffen, daß der liebe Herrgott ihn nicht hört. Können Sie sich vorstellen, was dabei in ihm vorgehen würde?«

P 4: (mit tiefster Überzeugung) »Er hätte trotzdem Angst, bestraft zu werden.« (Kristine deutet damit an, nach welchem Schema sie sich ihrer Familie gegenüber verhält. Sie zieht eine höhere Macht [den ›lieben Herrgott‹] heran, um bei anderen Schuldgefühle auszulösen. Hinter dem, was sie als Willen dieser oberen Instanz ausgibt, kann sie ihre eigenen Machtansprüche verbergen. So kann ihr niemand nachsagen, daß sie versuchen würde, ihre Angehörigen mittels Schuldzuweisungen zu beherrschen. Wir können annehmen, daß sie diese Methode, die sie am Beispiel ihres Sohnes beschrieben hat, auch ihrem Mann gegenüber anwendet.)

T.: »Ist es nicht möglich, daß Ihr Mann eine ähnliche Angst haben könnte?«

P 4: »Der...? Der fürchtet sich doch vor gar nichts.«

T.: »Das kann nicht so ganz stimmen. Er hat doch Angst, daß seinem Herzen etwas passieren könnte.« (Die Widersprüchlichkeit ihrer Empfindungen ist jetzt deutlich geworden. Einerseits sieht sie in ihrem Ehepartner den starken Mann, der nichts fürchtet, andererseits ist er wegen seiner ›Krankheit‹ das ängstliche kleine Kind, das sie schonen und schützen muß und dem gegenüber sie die Übermächtige ist. Zu diesem Bild der Macht, das sie sich von sich selbst entworfen hat, paßt es aber nicht, daß ihr Mann sie beschimpft. So übergeht sie die Beleidigungen, die gegen sie gerichtet werden, einfach. Dies kann ihr aber nur verstandesmäßig gelingen. Auf der gefühlsgelenkten, limbischen Ebene kommt ihre Aggression gegen den Mann ungehemmt zum Ausdruck, indem sie über die Hautnerven abgeleitet wird. Das Kratzen ihrer Haut wird somit zur einzigen Möglichkeit, Ärger und Wut zu äußern, ohne das Ideal der perfekten Ehefrau und Mutter, das ihr beständig vorschwebt, zu zerstören.)

P 4: (nervös lachend) »Da haben Sie natürlich recht. Aber er braucht doch vor *mir* keine Angst zu haben.«

T.: (mit fragendem Blick) »Braucht er nicht?«

P 4: »Angst – ich weiß nicht. Er beklagt sich nur manchmal, daß er meine ›Predigten‹, wie er es nennt, nicht aushalten kann. Er findet sie scheinheilig.«

T.: »Ist es nicht möglich, daß er deshalb auf Sie schimpft?«

P 4: (ihr Gesicht leuchtet auf) »Sie meinen, er schimpft auf mich, weil er die Predigten nicht aushalten kann, und ich halte ihm Predigten, weil er schimpft. (Schweigen... sie reibt sich hinter den Ohren, glättet dazwischen mit den Händen ihr Haar und zupft ihr Kleid zurecht. Anscheinend reagiert sie damit auf das weniger illustre Selbstbild, das sich in diesen Augenblicken vor ihr eröffnet.) Das ist doch schrecklich. Da will ich ihn verschonen und was tue ich? Ich verärgere ihn nur« (schüttelt den Kopf).

T.: »Haben Sie eigentlich schon einmal etwas getan, das Sie später bereut haben?« (Es ist anzunehmen, daß Kristine sich schuldig fühlt, weil sie von ihren idealen Reaktionen abweicht. Diese Schuldgefühle sind eng mit ihren Aggressionen verbunden und wirken sich ebenso vegetativ aus.)

P 4: »Ja, viele Male.«

T.: »Könnten Sie dann beschreiben, was man dabei verspürt?«

P 4: »Ja, das ist ein gräßliches Gefühl.« (Ihre Augen werden naß, aber sie kratzt sich jetzt nicht.) Schweigen... »Es ist dann immer, als ob sich in meinem Hals irgendwas schließt... Ich muß mich ständig räuspern, um noch Luft zu bekommen. (Sie schluckt mehrmals deutlich. Dadurch, daß ihre Schuldgefühle direkt angesprochen werden, kann sie ihnen nicht mehr ausweichen. Der Kurzschluß von starken negativen Gefühlen zum Hautjucken wird damit unterbrochen und sie hat Gelegenheit, die dazwischenliegenden Emotionen, die bisher sofort auf die Ebene vegetativer Reaktionen umgeleitet wurden, jetzt unmittelbar wahrzunehmen.)

T.: (der Patientin wird eine Pause gelassen, in der sie sich von dem für sie ungewohnten Verlust der Kontrolle über sich erholen kann.) ...»Stellen Sie sich einmal vor, daß Ihr Mann genau dasselbe wie Sie im Hals verspürt, wenn er sich schuldig fühlt. Die Anschuldigungen und Vorwürfe blieben ihm buchstäblich im Halse stecken. Nur nützt es bei ihm nichts, wenn er sich räuspert. Er muß schon kräftig schimpfen, um das ausspucken zu können, was bei ihm festsitzt.« (Ich benutze das Bild, das Kristine entworfen hat, und übertrage es auf ihren

Mann, damit sie verspürt, was ihn dazu bewegt, sich ihr gegenüber so zu verhalten, wie er es tut.)

P 4: »Ach so. (Ihr Gesicht hellt sich wieder auf, wie es bei plötzlichen Einsichten geschieht.) Jetzt geht mir ein Licht auf. Kein Wunder, daß er mich immer ›Die Scheinheilige‹ nennt... Na, so was aber auch. Wo war denn bloß mein Kopf?! (Sie hat sich auffälligerweise während der letzten, für sie sicherlich sehr bewegenden Gesprächsminuten nicht mehr gekratzt.) ...Ja, was kann ich denn da tun?«

T.: »Schauen Sie mal. Sie sind ja sonst eine vernünftige Person und wenn Sie ehrlich mit sich selbst sind, müßten Sie sich eingestehen, daß Sie und Ihr Mann sich gegenseitig auf die Nerven gehen. Wenn Sie beide in einer gemeinsamen Therapie offen miteinander reden könnten, würde sich Ihre Haut beruhigen und die Nerven und das Herz Ihres Mannes würden dasselbe tun.«

Im Laufe des Gesprächs ist erkenntlich geworden, daß es sich bei Kristines Hauterscheinungen nicht um die ›Krankheit‹ eines Individuums, sondern um die einer Ehe handelt. Sie äußert sich gleichermaßen bei Mann und Frau, jedoch in unterschiedlichen Symptomen (Haut- und Herzbeschwerden).

In diesem Falle würde bei einer Einzeltherapie der Frau der Zeitaufwand in krassem Mißverhältnis zu den Resultaten stehen, da die pathologische häusliche Situation weiterbestehen und sich auch weiterhin auswirken würde.

Wir sehen bei Kristine und ihrem Mann zwei Menschen, die mit verschiedenen Methoden wie Gleichaltrige im Kinderzimmer um die Vormachtstellung ringen und sich damit gegenseitig das Leben vermiesen. Ehetherapie wäre also zweifellos angeraten. Allerdings nicht um die Ehe zu retten, denn für die besteht keine Gefahr; die Situation, in der sich das Ehepaar befindet, ist zwar für beide Seiten krankmachend, aber im Ganzen äußerst stabil. Sie kämen nie auch nur im Geheimsten auf den Gedanken, sich zu trennen. Die Richtung für eine Therapie wäre daher, den Eheleuten zu helfen, eine andere, ›reifere‹ Art der Beziehung sich entwickeln zu lassen, in der es für den einzelnen nicht mehr notwendig ist, mit seinen Gefühlen in einer für sich selbst und den Partner schädlichen Weise umzugehen. Nach diesem Gespräch hatten sich für die Teilnehmer wieder etliche Fragen ergeben.

K 1: »Das hört sich alles so einfach an. Mich hat es doch sehr erstaunt, daß Sie die Patientin noch nicht einmal danach gefragt haben, ob hinsichtlich der Erkrankung irgendeine familiäre Belastung vorliegt, ob sie als Kind an Asthma gelitten hat, wie lange sie schon an den Symptomen leidet, welche Behandlungen vorgenommen worden sind und ob sie erfolgreich waren.«

Behandlung beginnt an Sprechzimmertür

T.: »Das ergibt schon einen recht ordentlichen Fragebogen. Aber glauben Sie, daß Kristine durch diese Fragen zu so spontanen Einsichten gekommen wäre? Ein Gespräch wie Sie es im Sinn haben, verläuft natürlich völlig anders als eines, wie ich es mit Kristine geführt habe. Hätte ich die Zeit, in der die Patientin hier neben mir saß, dazu benutzt, eine lange Reihe von Daten und Fakten abzufragen, wären die psychischen Wurzeln der Beschwerden höchstwahrscheinlich im Dunkeln geblieben. Die Behandlungsansätze, die sich aus solchen Befragungen ergeben, beziehen sich auf das schematische Konstrukt, in das die Symptome eingepaßt worden sind, um sie für den Behandelnden erfaßbar zu machen. So können Sie nicht den leidenden Menschen selbst erreichen, in dessen Ganzheit sich aus einer einzigartigen physisch-psychischen Konstellation das Krankheitsbild ergibt, das er uns vorführt. Ich will hier nicht bestreiten, daß es aus bürokratischen Gründen und für statistische Zwecke angebracht ist, eine konventionelle Anamnese zu erheben. Für den Patienten ist sie aber von höchstens zufälligem Wert. Mit der Art des Gespräches, die ich Ihnen hier vorführe, habe ich Patienten so auffallend häufiger und effektiver anstoßen können, sich zu ›gesünderen‹ Reaktionen hin zu entwickeln, daß ich zu der Überzeugung gelangt bin, daß die Behandlung einer leidenden Person spätestens beginnt, wenn sie das

Sprechzimmer betritt und nicht etwa erst, nachdem zeitaufwendig alle körperlichen Gegebenheiten abgeklärt worden sind und daraufhin in irgendeiner Weise in die organischen Funktionen eingegriffen wird. Sie werden mir dahin eventuell nicht folgen können, aber meines Erachtens ist für die große Mehrheit aller Patienten, die eine ärztliche Praxis aufsuchen, das Gespräch nicht nur schon ein Teil der Behandlung, sondern selbst die eigentliche und wirksamste Therapie.

Ich könnte mir gut vorstellen, daß es in – allerdings noch ferner – Zukunft geschulten Helfern überlassen werden wird, medizinische Daten aufzunehmen und zu überprüfen, während der Arzt im Gespräch die vielschichtigen Einflüsse, die den Patienten krank machen, beleuchtet und so beginnt, ihn umfassend zu beeinflussen.«

K 2: »Wenn tatsächlich so einem großen Teil der Patienten – ich befürchte, daß Sie darin rechthaben – von den Ärzten, zu denen sie gehen, nicht wirklich geholfen wird, warum wird dieser Teil dann in den medizinischen Curricula kaum erwähnt?«

Machtlose Apparate

T.: »In der modernen Medizin ist man darauf eingestellt, das zu suchen, was vom normalen Zustand abweicht. Mit Hilfe hochentwickelter Labortechniken können organische Abweichungen – und leider nur diese – immer genauer ermittelt werden. Seelische Fehlfunktionen sind, sofern sie nicht psychosomatische Symptome nach sich ziehen, im Labor nicht nachweisbar. Die medizinischen Apparate, auch wenn sie als noch so zukunftsweisend gepriesen werden, sind hier machtlos, um nicht zu sagen äußerst nutzlos. Da an funktionellen Symptomen aber niemand stirbt, meint man, sich in den medizinischen Hochschulen um das Heer von Patienten, die mit konventionellen Methoden nicht zu heilen sind, nicht weiter kümmern zu müssen.

Die Verantwortlichen des Gesundheitswesens und der Krankenversicherungen wissen wohl um die frappierende Diskrepanz zwischen medizinisch-apparativem und medikamentösem Aufwand und Heilungserfolgen in Hinblick auf die breite Bevölkerung. Es wagt sich allerdings niemand so recht, diesen Umstand statistisch darzustellen. Solange die Ärzte die Tatsache, daß sich für die meisten ihrer Patienten keine eigentlich medizinische Diagnose stellen läßt, damit übertünchen, daß sie Etiketten wie psychovegetative Dystonie, Depression, funktionelle Herzbeschwerden usw. austeilen, die zumindest so klingen, als läge eine nachweisbare und konventionell behandelbare Erkrankung vor, wird sich der Status quo kaum ändern. Dabei wird das Leiden der nicht organisch kranken Patienten – sie leiden entgegen verbreiteter Annahmen sehr, da ihre Lebensqualität herabgesetzt und die innere Stabilität gestört ist – genauso beiseite geschoben wie die ökonomische Belastung, die der Allgemeinheit aus unzähligen kostspieligen, zeitraubenden und ergebnislosen Behandlungen entsteht.

Die derzeitige Entwicklung der Medizin geht in gerader Linie zu noch höherer Technisierung und Spezialisierung; für den kranken Menschen bleibt dabei immer weniger Platz. Eine Wende wäre zweifellos wünschenswert, aber abzusehen ist sie noch nicht.«

K 3: »Es ist sehr wichtig, sich Gedanken über das Verhältnis Arzt/Patient in Zukunft zu machen. Mir ist jetzt schon die ganze Zeit ein Thema im Kopf, das sich auf die aktuellsten Schwierigkeiten im therapeutischen Dialog bezieht. Durch die meisten Berichte und Beschwerden der Patienten – auch hier im Seminar – läuft die Zwanghaftigkeit wie ein roter Faden. Können Sie dazu etwas mehr sagen?«

Geschlossene Schaltkreise

T.: »Wenn wir über Zwanghaftigkeit sprechen, müssen wir uns zu Beginn einmal vor Augen halten, daß ein zwanghafter Mensch in einer höchst spezifischen Denkweise gefangen ist, die ihn chronisch verstimmt und aus der er sich nicht mittels Willenskraft befreien kann.

So können wir z. B. einem Mann begegnen, der sehr nachgiebig und zuvorkommend ist, weil er glaubt, daß seine Mitmenschen ihn deshalb lieben und schätzen werden. Im Grunde bewertet er diese Nachgiebigkeit aber als Zeichen von Schwäche. Da er sich aber keine Schwächen zugestehen will und kann, ist er wütend auf sich selbst, daß er so schwach ist. Sobald er aber Wut verspürt, befürchtet er, daß er sich seinen Mitmenschen gegenüber aggressiv verhalten könnte und diese sich deshalb von ihm abwenden würden. Dieser Gefahr muß er entgegenwirken, denn die Anerkennung durch die Umwelt ist ihm wichtiger als alles andere. So gibt er sich jetzt besonders freundlich und entgegenkommend und ist erst recht nachgiebig.

Diese Gedanken verlaufen in geschlossenen Schaltkreisen, in denen die Ursache zur Folge und diese wieder zur Ursache wird. Angetrieben werden sie dadurch, daß man sich unbeantwortbare Fragen stellt, wie z. B.: ›Warum kann gerade ich mich nicht behaupten?‹; ›Werde ich mich wohl jemals ändern können?‹; ›Warum gibt es für mich kein Glück in der Welt?‹, ›Was habe ich nur falsch gemacht?‹ Für den, der sie stellt, gibt es auf diese Fragen keine befriedigenden Antworten. Jeder Erklärung, sei sie auch noch so vernünftig und einsichtig, wird mit dem für zwanghaft Denkende so typischen ›Ja, aber...‹ begegnet.

Überfordernd

So grübelt er ständig entlang der eingefahrenen Kreise über ein und dieselben Probleme nach, was sein Nervensystem permanent überfordert. Diese Überforderung zieht dann die weitverbreiteten Symptome nach sich: Verspannungen, Gereiztheit, Konzentrationsschwäche, Verstimmung, Kopfschmerzen, Völlegefühl im Kopf und die verschiedensten anderen vegetativen Folgeerscheinungen. Menschen, die in derartigen Mustern befangen sind, sind sich nur selten bewußt, daß sie im Kreis denken. Meist vermuten sie nur, daß sie sich ›zu viele Gedanken machen‹, deuten mit zirkulären Bewegungen der Hand oder der Finger aber oft an, daß diese Gedanken nicht gradlinig verlaufen.

Diese Patienten fühlen sich nicht wegen der Inhalte, über die sie nachsinnen, unwohl, sondern weil sie eben so denken, wie sie es tun. Jeder therapeutische Ansatz, der die Denkstruktur unbeachtet läßt, ist daher von vornherein zur Ergebnislosigkeit verurteilt. Solange der Patient sich mit seinen Gedanken um sich selbst dreht, wird jeder Anstoß, jede neue Information des Therapeuten mit in den Kreis gezogen.

Ewig hungrige Fragen

Auf der Ebene der vegetativen Abläufe sind solche geschlossenen Kreise völlig normal. So stehen z. B. Hunger und Sättigung in beständiger rückkoppelnder Wechselwirkung zueinander. Wenn der Blutzuckerspiegel sinkt, verspüren wir Hunger. Wir machen uns also auf die Suche nach etwas Eßbarem. Je mehr wir davon verzehren, desto weniger hungrig fühlen wir uns und desto weniger essen wir noch, bis wir schließlich satt sind und keine Nahrung mehr zu uns nehmen. Wird die Energiezufuhr aber eingestellt, sinkt der Blutzuckerspiegel bald wieder und wir verspüren erneut, daß wir hungrig sind.

Bei der zwanghaften Person hat sich dieser vegetative Mechanismus auch auf kognitive Vorgänge ausgedehnt. Dort läßt er die beschriebenen geschlossenen Gedankenkreise entstehen, die mit der Zeit vollkommen unabhängig von der Außenwelt der betroffenen Person werden. Die immer wieder von neuem aus ihnen auftauchenden Mitteilungen (›Ich tauge zu gar nichts‹; ›Mir wird nie etwas gelingen‹; ›Niemand mag mich‹, usw.) wachsen sich zur einzig überzeugenden Wahrheit aus. Auch wenn der Zwanghafte sieht, daß sie den Tatsachen widersprechen, sind sie für ihn dennoch entscheidender als diese. Die rotierenden Gedanken sind zu einer autonomen Schöpfung geworden, die nur noch über sich selbst informiert.

Diese Form des Grübelns ist aber nur ein Teil dessen, was unter dem Begriff ›Zwanghaftigkeit‹ zusammengefaßt ist. Vom zwanghaften Denken, das im vorhergehenden umrissen wurde, müssen wir das zwanghafte Handeln unterscheiden. Jemand, der ununterbrochen grübelt, fühlt sich zwar nicht wohl, ist sich seiner Denkstörung aber meist nicht bewußt. Beim zwanghaften Handelnden, der beispielsweise mindestens dreimal nachschauen muß, ob er auch tatsächlich die Tür verschlossen hat, als er das Haus verlassen hat, ist es offensichtlich, daß er sich ungewöhnlich verhält.

Im Englischen werden diese beiden Ausprägungen der Zwanghaftigkeit genauer als im Deutschen als ›obsession‹ (zwanghaftes Denken) und ›compulsion‹ (zwanghaftes Handeln) unterschieden.«

Vorbildlich vernünftig

K 4: »Dann kann man als Arzt oder als Bezugsperson die Zwanghaftigkeit im Denken sicher viel weniger eindeutig erkennen als die im Handeln.«

T.: »Wie ich schon erwähnt habe, ist es ja gerade das Heimtückische an einer Obsession, daß weder das Opfer noch seine Mitmenschen sie erkennen. Gewöhnlicherweise findet man im alltäglichen Umgang an obsessiven Personen nichts, das einem unsinnig oder gar neurotisch vorkommen könnte. Ganz im Gegenteil, sie erscheinen sogar vorbildlich konsequent und beherrscht, wenn man nicht darauf kommt, daß sie in ihren Überzeugungen von irrealen Voraussetzungen ausgehen. Wenn wir einen Menschen sagen hören: »Ich mache mir Vorwürfe, weil ich schon wieder so traurig dasitze«, dann entnehmen wir daraus, daß hier jemand besonders streng mit sich selbst ist. Kaum jemand würde diesen Satz als Zeichen einer seelischen Störung deuten wollen.«

K 4: »Ja, für mich klingt der Satz auch völlig normal.«

T.: »Da sehen Sie, wie leicht man in die Falle geht. Was steckt denn eigentlich hinter der erwähnten Bemerkung? Jemand macht sich Vorwürfe, weil er traurig ist. Wenn er sich Vorwürfe macht, kann er natürlich nicht glücklich sein. Also ist er traurig, weil er sich Vorwürfe macht und immer so weiter.«

K 4: »Das kann einen ja wirklich verrückt machen. Kann man das nicht stoppen?«

Taubes Ohr der Gefühle

T.: »Wir leben in einer zwanghaften Kultur, in der der Glaube herrscht, daß die Vernunft ausnahmslos alles steuern kann. Wenn ein Individuum obsessiv denkt, dann versucht es nichts anderes, als auch die Gefühlswelt des limbischen Systems ›logischen‹ und ›vernünftigen‹ Regeln zu unterwerfen. Die Stimme der Vernunft kann aber gefühlsmäßige Reaktionen nun einmal nicht beeinflussen. Ein anschauliches Beispiel dafür finden wir in den Wortgefechten zwischen Müttern und Kindern. Sie haben solche Auseinandersetzungen sicher schon mitanhören können. Da kann in etwa die Mutter zum 8jährigen Steffl sagen: ›Steffl, es ist schon spät. Du mußt jetzt ins Bett, damit du morgen früh gut ausgeschlafen bist und in der Schule richtig aufpassen kannst.‹ Steffl antwortet: ›Aber ich habe keine Lust, jetzt schlafen zu gehen.‹ Eine gefühlsmäßige, limbische Antwort auf die vernünftige Aufforderung der Mutter. Die Mutter versucht es noch einmal: ›Frau Huber hat erzählt, daß ihr Franzi jeden Abend um 9 Uhr im Bett liegt. Schau, wie brav der Franzi ist, warum kannst du nicht so fein zu Bett gehen?‹ Darauf der Sohn: ›Aber ich bin doch nicht der Franzi.‹«

K 5: »Solche Konversationen kenne ich natürlich auch sehr gut von zu Hause. Aber die sind doch mit Kindern ganz normal.«

Ergebnislose Diskussionen

T.: »Wenn man nichts anderes kennengelernt hat, kommen sie einem normal vor. Da die Mutter ihre Position nicht eindeutig behaupten kann, setzt sich beim Steffl schon früh das Muster des Disputes zwischen Gefühl und Vernunft fest. Wenn er als Erwachsener aus irgendeinem Grund unzufrieden mit sich ist, wird er in Gedanken genauso wie früher mit der Mutter ergebnislos debattieren. Die Form, in der wir uns mit unseren Bezugspersonen auseinandergesetzt haben, bleibt als Basis dafür, wie wir später mit uns selbst umgehen, erhalten. Wenn zwischen Erwachsenem und Kind ergebnislose Diskussionen an der Tagesordnung sind, wird damit der Boden für spätere zwanghafte Selbstgespräche bereitet. Die inzwischen Herangewachsenen beginnen ihre Erzählungen dann häufig mit: ›Da habe *ich mir* gesagt...‹. Das *Ich* stellt dabei die von den Eltern übernommene Stimme der Vernunft dar, das *mir* sind die kindlichen Reaktionen und Wünsche, mit denen die Erziehenden nicht zurechtgekommen sind.

Mangelndes Machtgefälle

An diesem Punkt können wir einen raschen Blick auf die Primaten werfen. Von ihnen ist bekannt, daß sie sich nur von ranghöheren Tieren in ihrem Verhalten beeinflussen lassen, nur von ihnen etwas lernen. Mit Gleichrangigen konkurrieren sie bloß und sind nicht bereit, ihnen zu folgen oder sie nachzuahmen. Eine Mutter, die ihrem Kind gegenüber ihren höheren Rang nicht deutlich machen kann, zwingt es förmlich in permanente Konkurrenz mit ihr und macht es ihm so nahezu unmöglich, ihren Anweisungen zu folgen. Dieser Zustand ist für beide Seiten gleichermaßen nervzermürbend.

Hält die Mutter eine stabile Position aufrecht und läßt so ein dem Entwicklungsstand des Kindes angepaßtes Machtgefälle sich bilden, kann es nicht zu den beschriebenen Endlos-Diskussionen zwischen ihr und ihrem Sprößling kommen. Das Kind ›lernt‹ dann nicht, ergebnislos zu disputieren. Gleichzeitig bleibt ihm auch der frühe Anstoß zur Unzufriedenheit mit sich selbst erspart, der in den vernünftigen Erklärungen steckt, die es während der Wortgefechte zu Ohren bekommt.

Wenn..., dann...

Sämtliche Versuche der Erwachsenen, ein Kind ›zur Vernunft‹ zu bringen, gehen vom Prinzip ›wenn,...dann‹ aus. ›Wenn du jetzt deine Hausaufgaben machst, dann wirst du ein guter Schüler sein und später ein schönes Leben haben.‹ Übernimmt das Kind die Mitteilung, die in solchen Aussprüchen enthalten ist, wird es früher oder später überzeugt davon sein, daß es möglich ist, perfekt zu funktionieren, wenn man nur... Sollte eine so erzogene Person im späteren Leben irgendeiner Schwierigkeit begegnen, wird sie die mißliche Situation darauf zurückführen, daß sie an einer wichtigen Stelle etwas falsch gemacht hat. (›Hätte ich doch nur...‹; ›Wie konnte ich bloß...?‹; ›Warum habe ich nur nicht...?‹). Die Möglichkeit, daß obwohl man alles Erdenkliche richtig macht, die Dinge sich anders entwickeln, als man es erwartet oder erwünscht hat, wird dabei völlig außer acht gelassen. So kann es beispielsweise passieren, daß der Steffl in der Schule wegen Unachtsamkeit getadelt wird, obwohl er doch so früh zu Bett gegangen ist. Solange er noch ein Kind ist, wird die Mutter versuchen, ihm klarzumachen, daß er sich eben noch besser ausschlafen muß. Später wird er sich dann, sobald er mit dem Ergebnis einer Bemühung unzufrieden ist, selbst antreiben, alles noch besser, noch länger und von allem noch mehr zu tun, muß sich dann aber gleichzeitig innerlich gegen die ins Unmögliche anwachsenden Anforderungen wehren und liegt so in ständigem Zwiespalt mit sich selbst.«

Kopfmenschen

K 6: »Sie haben jetzt die Gedanken einer Person, die zwanghaft denkt, sehr genau beschrieben. Wie steht es aber mit den Gefühlen? Ist bei dieser Form der Gedankenstörung das limbische System ausgeschaltet?«

T.: »Auf den ersten Blick gewinnt man tatsächlich den Eindruck, daß die zwanghafte Person von ihren Gefühlen vollkommen abgeschlossen ist. Sie wird von den Menschen, denen sie alltäglich begegnet, auch oft als ›Kopfmensch‹ erkannt und bezeichnet. Wenn sie über Emotionen spricht, meint man, daß es sich dabei um meßbare und manövrierbare Objekte handeln müsse. So hört man sie etwa sagen: ›Meine Unsicherheit ist mir im Weg.‹ ›Ich muß dringend an meiner Unentschlossenheit arbeiten.‹ ›Ich bemühe mich wirklich, mir genügend Freude zu verschaffen‹; ›Ich möchte diese unbegründeten Ängste abbauen.‹ usw. Auch eine Feststellung wie: ›Ich kann ja nicht wissen, ob du mich liebst‹, ist typisch zwanghaft. Im Bereich der Empfindungen kann man nichts ›wissen‹. Wem seine Gefühlswelt nicht versperrt ist, der *verspürt,* ob er geliebt wird oder nicht.

Wir können unsere Gemütsbewegungen sprachlich genausowenig exakt erfassen, wie wir Gerüche nachvollziehbar beschreiben können. Der Zwanghafte aber drückt nahezu alle seine Empfindungen entlang der Bahnen logischen Denkens aus und verformt sie so zu pseudogegenständlichen Erscheinungen.

In einem idiolektisch geführten Gespräch kann man diese Verfremdung aber recht einfach wieder zurückverfolgen, indem man, wie schon demonstriert, darauf achtet, wie der Gesprächspartner die Wortbedeutungen individuell verzerrt und wie er sich nonverbal ausdrückt.«

K 7: »Können Sie kurz umreißen, wie man im Gespräch mit zwanghaften Patienten umgeht?«

T.: »Das ist ein sehr weites Gebiet, das ich hier wirklich nur kurz anreißen kann. In den Interviews, die noch vor uns liegen, finden wir sicher Gelegenheit, die Therapie der Zwanghaftigkeit näher in Augenschein zu nehmen.

Wenn ein zwanghafter Patient zu Ihnen kommt, haben Sie als gröbstes Raster erst einmal im Hinterkopf, daß seine Gedanken in einer ganz bestimmten Weise fehlgeschaltet sind.

Natürlich muß er, wie wir alle, in einer Umwelt funktionieren, in der zwanghafte Regeln und Notwendigkeiten herrschen. Diese äußeren Zwänge gestalten sich für eine Hausfrau anders als für eine Studentin, für einen Beamten anders als für einen Arbeitslosen. Wenn diese Menschen obsessiv denken, wird ihnen aber allen gemeinsam, daß sie versuchen, die vernunftgeleiteten Anforderungen, die der alltägliche Umgang mit Objekten an sie stellt, auch auf die Ebene der Gefühle und der zwischenmenschlichen Begegnungen zu übertragen. Das ist aber nun einmal nicht möglich. So kann es dann sein, daß eine dieser Personen Sie aufsucht und sich darüber beklagt, daß sie sich nicht wohl fühlt, Kopfschmerzen hat, sich verspannt fühlt und ähnliches. Wenn Sie genau hinhören, werden Sie recht bald bemerken, daß sie sich mit ihren Gedanken im Kreis dreht.

Sie finden ein geschlossenes System vor, das, obwohl der Patient sich unwohl fühlt, im Gleichgewicht ist. Solchen Gleichgewichtssystemen ist es zu eigen, daß sie keine Anstöße aus der Außenwelt aufnehmen können. Anders herum befinden sie sich, eben weil sie gegenüber Außenreizen abgeschlossen sind, im Gleichgewicht.

Einsteigen und stören

Der erste Schritt in der Therapie solcher Personen ist, das Gleichgewicht zu stören und damit die Abschirmung aufzuheben. Dabei ist es meiner Erfahrung nach günstig, bestimmte Verwirrungstechniken anzuwenden. Um überhaupt einen Zugang zum Patienten zu finden, steigen Sie zunächst in die Gedankenkreise ein und werden so ein Teil seines Systems. Da nichts, was menschlich ist, auch perfekt sein kann, lassen sich auch im zwanghaften System des Patienten Schwachstellen finden. Auf diese weisen Sie ihn hin und geben sich erstaunt, daß ihm derartige Konstruktionsfehler überhaupt unterlaufen konnten. Der Patient erwartet gewöhnlich, daß man versucht, ihm sein obsessives Denken auszureden. Sie tun gerade das Gegenteil davon, indem sie ihm vorhalten, daß er nicht zwanghaft genug ist und daß seine Zwanghaftigkeit sich noch viel weiter ausdehnen ließe. *So* zwanghaft zu sein, wie der Therapeut es ihm vorschlägt, scheint dem Patienten jetzt aber absurd. Er kann nicht umhin, Sie zu korrigieren und korrigiert damit sich selbst.

Ich gebe Ihnen ein paar einfache Beispiele dafür, wie man strategisch in die Zwanghaftigkeit einsteigen kann.

Ein bißchen verrückt

Damit Ihnen etwas anschaulicher wird, was sich dabei zwischen Patient und Therapeut abspielt, können Sie sich eine Szenerie vorstellen, in der sich zwei zwanghafte Individuen begegnen (Z 1 und Z 2). Z 1 erzählt, daß er befürchtet, von den Bakterien, die überall lauern, infiziert zu werden und sich deshalb mindestens zweimal in der Stunde die Hände gründlich wäscht.«

Z 2: »Die Füße waschen Sie sich nicht?«
Z 1: »Nein.«
Z 2: (sehr erstaunt) »Aber die sind doch viel schmutziger.«
Z 1: »So verrückt bin ich nun auch wieder nicht.«

In der letzten Feststellung gesteht Z 1 ein, daß er sich zwar nicht *so*, aber eben doch ein bißchen ›verrückt‹ verhält. Damit wird sein gesamtes System in Frage gestellt, da er bislang vollkommen sicher war, logisch und sachgemäß zu denken und zu handeln.

Nicht absolut verfressen

Ein weiteres Beispiel:

Eine Patientin eröffnet das Gespräch, indem sie etwas herausfordernd hinwirft: »Ich fresse den ganzen Tag.«
  T.: »Wie viele Stunden schlafen Sie gewöhnlich?«
  P.: (überrascht) »So etwa acht Stunden.«
  T.: (mit vorgegebenem Erstaunen) »Wie halten Sie das aus, ohne zu essen?«

Die Patientin lacht und schüttelt ungläubig den Kopf. Wenn es für sie tatsächlich so dringend wäre zu fressen, wie sie es in ihrem ersten Satz andeutet, dann müßte sie es auch nachts tun. Da sie nachts aber schläft, kann sie nicht so absolut ›verfressen‹ sein, wie sie es darstellt. Sie muß ihre globale Feststellung jetzt revidieren und zumindest einen ersten kleinen Teil der realen Gegebenheiten zur Kenntnis nehmen. Der gleichförmige Verlauf ihrer Gedanken ist gestört und sie fühlt sich momentan befreit.

›Ich‹ muß ›mir‹ gehorchen — Gespräch mit Annemarie

Ein drittes Beispiel ist eine Sequenz aus einem Videoband, das in einem früheren Seminar aufgenommen wurde.

P.: »Ich kann nicht von dem Gedanken loskommen, daß ich mich zwingen muß, *vernünftig* zu essen. Ich werde sonst einfach zu dick.« (Typisches obsessives Denken. Sie ist sogar zwanghaft hinsichtlich ihrer Zwanghaftigkeit, muß sich zwingen, sich zu zwingen.)

T.: »Soll ich annehmen, daß Sie ohne den Zwang *unvernünftig* essen würden?« (Ich polarisiere hier genauso, wie es jeder Zwanghafte tut.)

P.: »Ja, das ist doch klar. Ich würde mich vollstopfen, bis ich platze.« (Eine ebenfalls unverkennbar zwanghafte Aussage. Die Patientin hängt einer Fehlvorstellung nach, die dadurch entsteht, daß sie ihre Reaktion übertreibt und das, was tatsächlich oder höchstwahrscheinlich geschehen würde [ohne den selbstauferlegten Zwang würde sich ihr Eßverhalten normalisieren], nicht in ihre Überzeugungen einbeziehen kann.)

T.: »Wie schaffen Sie es, diesen Zwang so systematisch auszuüben? Das muß doch sehr anstrengend sein.« (Ich gehe auf ihre paraverbale Mitteilung ein, daß sie ein außergewöhnlich schweres Schicksal zu tragen hat.)

P.: »*Ich* sage *mir* halt ›Annemarie, diese Mehlspeise solltest du nicht essen.‹ (Sie spricht so zu sich selbst, wie gewöhnlich machtlose Mütter ihre Kinder zu überzeugen versuchen.)

T.: »Das verstehe ich nicht so ganz. Sie erwähnten gerade, ›*ich* sage *mir*‹. Wer ist denn hier das *Ich* und wer ist das *Mir*?«

P.: (irritiert) »Das bin doch beides ich.« (Sie ist sich noch nicht bewußt, daß sie entlang zweier unterschiedlicher Konzepte denkt.)

T.: »Das stimmt nicht so ganz. Das *Ich* befiehlt doch dem *Mir,* was es tun darf und was nicht; das *Mir* muß gehorchen.«

P.: (verärgert) »Ja, wie soll man sich denn sonst vom Fressen abhalten?« (Genauso wie die Mutter irgendwann im Wortgefecht anfängt, auf das Kind zu schimpfen, bricht jetzt auch Annemaries Aggression gegen sich selbst an die Oberfläche durch und richtet sich auf den Therapeuten. Es ist die Wut des *Ichs* auf das unfügsame *Mir*.)

T.: »Ich *verstehe* das nicht so recht. (Eine solche Feststellung fordert den Zwanghaften heraus, seine Reaktionen zu erklären und dabei möglichst bald zu erkennen, wie absurd sie sind.) Wenn Sie es selbst sind, die sich Befehle gibt, dann haben Sie sich ja unter Kontrolle. Wenn Sie sich aber kontrollieren können, brauchen Sie doch keine Angst haben, daß Sie zu fressen beginnen. Wozu müssen Sie sich da noch Befehle geben?« (Eine superpräzise Feststellung, die nahezu alles, was eine zwanghafte Person sagen könnte, überbietet.)

P.: »Jetzt bin ich ganz durcheinander.« (Ein sicheres Zeichen, daß ihr Schaltkreis, sich Befehle geben, ihnen nicht zu gehorchen und sich deshalb noch mehr Befehle geben müssen, denen auch nicht gefolgt wird usw., durchbrochen ist.)

T.: »Na, wenn Sie durcheinander sind, können Sie sich hoffentlich nichts mehr befehlen.«

Belastende Ordnung — Gespräch mit Lise

Auch im folgenden Ausschnitt aus einem Gespräch steht die Zwanghaftigkeit der Patientin im Vordergrund. Lise, von der jetzt die Rede sein soll, befand sich wegen einer ›Herzneurose‹ in der psychosomatischen Klinik. Sie litt außerdem unter diffusen Angstzuständen und zeigte, wie im Gespräch deutlich wird, Anzeichen eines ›Putzfimmels‹. Ich hatte sie zu Beginn unserer Unterhaltung aufgefordert, den typischen Ablauf eines Tages für sie zu schildern. Nachdem sie das gemeinsame Frühstück der Familie beschrieben hatte, fuhr sie fort:

»... und dann habe ich den wirklich *belastenden* Teil des Morgens vor mir, nämlich die Wohnung sauberzumachen.«

T.: »Inwiefern ist es denn *belastender*, die Wohnung sauberzumachen, als das Frühstück vorzubereiten?« (Ich polarisiere das Gesagte.)

P.: »Das kann ein Mann wie Sie nicht verstehen.« (Das Nicht-Verstehen bezieht sich auf ihre zwanghaften Gewohnheiten, die sie selbst nicht versteht.) »Beim Frühstück, wenn alle gegessen haben, wasche ich das Geschirr ab. Es kommt in den Schrank und damit hat es sich *erledigt*.«

T.: »Soll ich dann annehmen, daß es sich beim Saubermachen nicht *erledigt?*« (Schon wieder eine Polarisierung.)

P.: »Nein, da erledigt sich gar nichts. Immer wieder kommt der Staub durch die Fensterritzen und die Kinder putzen nie ihre Schuhe ab...« (Sie zählt noch einiges auf, das beweist, daß das Putzen nie aufhören kann.)

T.: »Ich verstehe das mit dem Saubermachen nicht so ganz. Staub kann man doch nicht besonders gut sehen. Woher wissen Sie, daß genug Staub da ist, um ihn wieder wegzuputzen?« (Ich nehme es mit dem Staub noch genauer als sie.)

P.: (sichtlich verblüfft) »Das habe ich mich noch nie gefragt.«

T.: »Kann es da vorkommen, daß Sie putzen, auch wenn gar kein Staub da ist?«

P.: »Sie halten mich wohl für verrückt. Ich *muß* putzen. Wenn ich es nicht tue, verspüre ich diese Beklemmung, hier (zeigt auf ihr Herz). Wenn ich putze, vergesse ich, daß etwas mit dem Herzen los ist.«

T.: »Ich bin mir nicht ganz im klaren, worüber Sie sich eigentlich beklagen. Sie haben Angst, daß Ihr Herz nicht in Ordnung ist, dann putzen Sie und die Angst geht weg. Das scheint bei Ihnen ja recht gut zu klappen. Meinen Sie, daß man diese Methode auch anderen Herzkranken empfehlen sollte?« (Konkretisierung; Lise wird dadurch bewegt, sich klarzumachen, wie empfehlenswert die Methode, die sie für sich gefunden hat, *tatsächlich* ist.)

P.: (lacht) »Sie machen sich *lustig* über mich.« (Sie lacht über sich selbst. Ihr Verhalten beginnt ihr absurd vorzukommen.)

T.: »Ich habe nur das wiederholt, was Sie mir übers Putzen erzählt haben. Glauben Sie, daß das *lustig* ist?« (Ich spreche das Gegenteil von dem an, was vermutlich der Fall ist, damit veranlasse ich sie, es richtigzustellen.)

P.: (mit Tränen in den Augen) »Es macht mich *kaputt*.«

T.: (kopfschüttelnd) »Sie tun etwas, das Ihrem Herzen hilft und dann sagen Sie, es macht Sie kaputt?«

P.: »Sehen Sie denn nicht, daß dieses ewige Putzen *anstrengend* ist?« (Ein Schritt in Richtung auf die Realität ihrer Situation.)

T.: »Für wen denn?« (Ihr Herz und ihre Persönlichkeit sind austauschbare Begriffe.)

P.: »Für mein Herz.«

T.: »Warten Sie einen Moment. Sie haben im Putzen eine Kur für Ihr Herz gefunden. Wenn Sie putzen, verschwindet die Angst um Ihr Herz. Jetzt putzen Sie also; aber dabei haben Sie Angst, daß es dem Herzen schadet. Stellen Sie sich mal vor, Ihr Herz könnte sprechen. Was würde es sich über eine Besitzerin denken?« (Es ist für sie leichter, über ihr Herz zu sprechen, als über sich selbst.)

P.: »Daß sie verrückt ist.«

T.: »Dann leiden Sie ja weder an einem Putzfimmel noch an einer Herzkrankheit, sondern — ich wiederhole, was Sie gesagt haben — Sie sind verrückt. Ich bin jetzt aber neugierig geworden. Ich habe immer gemeint, daß verrückte Menschen nicht mehr wissen, was die Wirklichkeit ist. Diesen Eindruck habe ich bei Ihnen nicht.«

P.: »Könnte es nicht eine besondere Art von Verrücktheit sein?« (›Verrückt‹ bedeutet für sie dem allgemeinen Sprachgebrauch nach ›neurotisch‹; würde sie von einer Psychose sprechen, läge ihr wahrscheinlich das Wort ›geisteskrank‹ näher.)

T.: »Mir scheint, Sie wollen auf etwas Spezielles hinaus.«

P.: »Ich habe Ihnen das noch nicht gesagt. Ich habe Angst zu sterben, daß mein Herz versagt. Aber was tue ich? Rackere mich ab wie ein Schwerarbeiter; gerade das Gegenteil davon, das Herz zu schonen.«

T.: »Ja, das ist schon verwirrend.«

P.: »Was ist denn los mit mir?«

T.: »Es scheint, daß Sie zwei Herrscherinnen in Ihrem Kopf haben, die beständig miteinander streiten.« (Bildhafte Darstellung.)

P.: »Ja, ganz genauso waren meine Eltern. Wenn Vater gesagt hat, daß ich doch auf den Spielplatz gehen soll, hat Mutter gesagt, ich würde mich nur überhitzen. Wenn ich dann zu Hause geblieben bin, war ich wütend auf sie und wenn ich trotzdem spielen – später tanzen – gegangen bin, habe ich mich um sie gesorgt, weil sie sich ja meinetwegen elend fühlen mußte.«

Diese Patientin hat, wie wir dem Gespräch entnehmen konnten, beständig mit sich selbst die widersprüchlichen Mitteilungen ihrer Eltern wiederholt. Während der Besprechung ist ihr die absurde Situation, in die sie sich dadurch gebracht hat, durchsichtiger geworden. Die weitere Therapie würde ähnlich wie dieses Erstgespräch verlaufen.

Wenn schon, denn schon

In einem vierten Beispiel möchte ich darauf hinweisen, daß diese Methode auch bei hysterischen Personen wirksam ist, deren Zwanghaftigkeit sich nicht in ihren Gedanken und Handlungen, sondern in körperlichen Symptomen offenbart: Eine Mutter kann, nachdem sie ihr Kind mit der rechten Hand geschlagen hat, den Arm nicht mehr bewegen. Es läßt sich keine neurologische Störung feststellen.

T.: »Bin ich richtig informiert, daß Sie damals Ihr Kind mit der rechten Hand geschlagen haben?«

P.: »Ja, aber das hat nichts mit der Lähmung zu tun.«

T.: »Na gut. Die rechte Hand kann Ihnen jetzt nicht mehr ausrutschen. Welche Garantie haben Sie aber, daß Ihnen das nicht auch einmal mit der linken passiert. Wenn Sie wirklich so vorsichtig sind, sollten Sie auch die linke Hand lahmlegen.«

Die beschriebene Technik ist höchst effektiv, verlangt aber vom Therapeuten, daß er sich absichtlich und bewußt in die kreisenden Bewegungen des Patienten hineinbegibt, und nicht etwa unfreiwillig von ihnen gefangen wird. Geschieht letzteres, ist er nicht mehr frei, das geschlossene System zu unterminieren und dreht sich endlos mit dem Patienten zusammen im Kreis. Strategisch herbeigeführte Wendungen des Gespräches gestalten sich für die Zuhörer oft spektakulär, denn der Patient reagiert sehr stark gefühlsmäßig mit lautem Lachen, momentaner Verärgerung, lebendigen Gesten usw. Dabei regen sich häufig bei den Seminarteilnehmern – besonders bei denen, die selbst mehr oder weniger zwanghaft denken – heftige Widersprüche, daß man ›so etwas‹ doch mit dem Patienten nicht machen kann. Sie sehen, wie an den Fundamenten des zwanghaften Gedankensystems gerüttelt wird und fühlen sich dadurch persönlich angegriffen, da sie befürchten, daß, sobald man die obsessiven Überzeugungen in Frage stellt, jede Weltanschauung, auch die ihre, erschütterbar ist. Im alltäglichen Umgang vermeidet man es normalerweise, seinen Gesprächspartner zu verwirren oder zu verunsichern. Bei obsessiv denkenden Personen ist es aber ein erster, wichtiger Schritt, sie in ihren rigiden Denkmustern aufzulockern und sie so einer Therapie überhaupt erst zugänglich zu machen.

Tausend Kreisel im Kopf – Gespräch mit Sigrid

Die nächste Patientin, die neben mir Platz nahm, war die 23-jährige Sigrid. Sie bot, wie sich im folgenden zeigen wird, ein sehr interessantes Beispiel dafür, wie sich neurophysiologische Prozesse, ein Zustand emotionaler Unreife und eine spezifische Störung zu einem geschlossenen psychischen Ganzen zusammenfinden können, dem alle Behandelnden und Beteiligten im Falle Sigrids verständnislos gegenüberstanden. Sigrid zögerte nach der üblichen Eröffnungsfrage mit der Antwort. Sie öffnete mehrmals den Mund, schloß ihn aber wieder, woraus sich entnehmen ließ, daß etwas sie daran hinderte, ihre Gedanken freien Lauf zu lassen.

T.: (nachhelfend) »Es ist *nicht leicht,* den Anfang zu finden, wenn ein Problem *vielschichtig* ist.« (Ihre noch unbekannten Schwierigkeiten werden unverfänglich definiert, um zunächst einmal das Eis zu brechen.)

P 5: »Ja, das stimmt. (Längere Pause.) Das schlimmste ist meine Scham, einzugestehen, was mit mir los ist.«

T.: »Wenn ich Sie dann richtig verstehe, möchten Sie einerseits gern über das Problem sprechen, haben andererseits aber Angst, daß Sie, gerade wenn Sie es uns erzählen, abgewertet werden würden.«

P 5: »Wenn Sie mich dafür verachten, kann ich dagegen ja sowieso nichts tun.«

T.: (Es wäre jetzt fehl am Platze, sie zu beschwichtigen, da sie dem mißtrauen würde.) »Dann stehen Sie jetzt allem Anschein nach vor der schweren Entscheidung zu sprechen, oder es lieber bleiben zu lassen.«

Daraufhin berichtet Sigrid in einem wahren Wortschwall darüber, wie sie oft ein unbändiger Drang nach Essen daran gehindert hat, ein normales Leben zu führen. Ich frage die Kursteilnehmer, ob sie irgend etwas Signifikantes aus den Ausführungen der Patientin entnehmen konnten. Ihre Antworten beziehen sich hauptsächlich auf den Inhalt von Sigrids Bericht.

T.: (zu den Teilnehmern) »Wenn man derart dramatische Darstellungen hört, läßt man sich gewöhnlich vom Inhalt gefangennehmen. Das, was entscheidend ist, um Sigrid zu verstehen, ist aber nicht, *was* sie gesagt hat, sondern *wie* es geklungen hat. Die Hektik, mit der sie gesprochen hat, stand sehr deutlich im Vordergrund des Erzählten.

P 5: (unterbricht) »Jaja, ich weiß, daß ich hektisch bin. Das habe ich schon immer gewußt. Komischerweise hat es noch niemand richtig bemerkt – höchstens vielleicht meine Mutter, weil die auch hektisch ist. ›Kind, tue um Himmels willen nicht alles auf einmal‹ hat sie mir oft gesagt und auch, daß sie drei Paar Hände bräuchte, um mit uns Kindern zurechtzukommen.«

T.: »Die Teilnehmer hier wären Ihnen sehr verbunden, wenn Sie ihnen erklären könnten, wie es sich lebt, wenn man hektisch ist.«

P 5.: »Ach, herrje. Ich glaube, Sie könnten das nicht aushalten.«

T.: »Ist es wirklich so schlimm?«

P 5: »Ja, schon. Hektik ist nämlich irgendwie ansteckend. Mein früherer Freund hat mir mal gesagt, daß er sich an manchen Tagen einfach aus meiner Nähe verziehen mußte, um keine Kopfschmerzen zu bekommen.«

T.: »Ist es möglich, daß Sie dann am Anfang gezögert haben, um mich zu verschonen?«

P 5: »Schon ein wenig, aber ich habe mich auch geschämt, eine Fresserin zu sein. Ich sehe da immer so ein Bild von einem Schwein vor mir, das sich grunzend und schmatzend durch einen ganzen Berg von Essen durchfrißt. Ein wenig hatte ich auch Angst, daß ich Ihnen auf die Nerven gehe. Zwei Therapeuten haben mich schon nach den ersten paar Besprechungen entlassen; ich bin der Therapie nicht zugänglich, haben sie gesagt. Wahrscheinlich, weil ich nicht alles geschluckt hab', was sie mir aufgetischt haben. Wenn es mir nicht so mies zumute gewesen wäre, hätte ich denen laut ins Gesicht gelacht; das können Sie mir glauben. Aber jetzt bin ich schon wieder hektisch.«

T.: »Schön und gut. Sie haben uns Ihre Hektik jetzt sehr überzeugend vorgeführt. Ich hätte aber gern von Ihnen gehört, was eigentlich bei Ihnen vorgeht, wenn Sie hektisch werden.«

P 5: »Puh, wenn ich daran denk' — da drehen sich tausend Kreisel im Kopf. Die Zeitung möchte ich lesen, aber eigentlich sollte ich mein Bett machen und der Brief an meine Freundin hätte schon längst abgeschickt sein sollen und dabei ist so schönes Wetter und man könnte spazieren gehen, aber dann bleibt die Arbeit liegen und so weiter und so fort. Am Ende sitze ich dann verzweifelt da und mache überhaupt nichts, und dann fühle ich mich schlecht, weil ich zu nichts fähig bin und muß anfangen zu fressen. Ich weiß auch nicht warum, aber es läßt sich einfach nicht aufhalten.«

T.: »Ich glaube, wir verstehen jetzt alle ein wenig besser, was es heißt, hektisch zu sein. Sie waren uns da sehr hilfreich. Ich würde mich morgen gern noch etwas näher mit Ihnen unterhalten. (Zu den Teilnehmern) Wie Sie sicher bemerkt haben, bin ich bei Sigrid nicht in die tiefenpsychologische Problematik eingestiegen. Ich wollte Ihnen Gelegenheit geben, möglichst viel über die Hektik zu erfahren, die ich für ein eigenständiges Psychosyndrom halte, und sich auch in die Gedanken einer hektischen Person hineinzuhören. Daher habe ich Sigrid sprechen lassen, ohne sie zu unterbrechen. Was haben Sie verspürt, während sie geredet hat?« (Die meisten Teilnehmer bestätigen Sigrids Befürchtungen, daß die Hektik ansteckend ist.)

Milch, Nüsse oder Schokolade?

T.: »Die Frage ist jetzt, was hinter dieser Hektik steckt. Vom psychologischen Standpunkt aus ist eine Antwort hierauf zunächst einmal nicht in Sicht. Wenn wir aber eine neurophysiologische Warte beziehen, wird das Phänomen etwas durchsichtiger und es lassen sich sogar die Umrisse eines therapeutischen Ansatzes ausmachen.

Diese Hektik entspringt einer Form des Informationsflusses vom Reiz zur Handlung, der für ein Kind charakteristisch ist. Nehmen wir ein Kind an, das Nüsse, Schokolade und Milch gleichermaßen gern mag. Wir fragen es, welches von den drei Leckerbissen es jetzt am liebsten haben möchte und beobachten, wie es reagiert. Dabei stellen wir fest, daß es wider Erwarten keine freudige Miene zeigt, sondern eher frustriert dreinschaut und, was für unsere Betrachtungen wichtig ist, motorisch sehr unruhig ist. Es tritt von einem Bein auf das andere, gestikuliert fahrig und ist nicht imstande, sich in einem geordneten Satz auszudrücken.

Manche Tiere verhalten sich ähnlich. Eine Katze z. B., die weiß, daß ihr Futter auf dem Schrank steht und die ihre Herrin danach greifen sieht, wird die gleiche motorische Unruhe zeigen, die auch das Kind überkommt.

Letzteres möchte sofort alle drei zur Wahl stehenden Dinge für sich bekommen; die Katze möchte sich sofort über ihr Futter hermachen. Beide können bzw. dürfen diese dringenden Impulse momentan aber nicht in Handlungen umsetzen und zeigen daher die für sie in derartigen Situationen typische Unruhe.

Im Laufe der Entwicklung zum Erwachsenen bilden sich Filter- und Hemmungsmechanismen, die es dem Menschen ermöglichen, gewisse Handlungen und Gedanken in den Vordergrund zu rücken, andere hingegen in Schwebe zu halten. So stürmen nicht mehr alle Reize gleichermaßen drängend auf das Nervensystem ein. Wird diese Entwicklung gestört oder unterbrochen, bleibt folglich auch die kindliche Art und Wcisc, gleichzeitige Reize aufzunehmen, mehr oder weniger deutlich erhalten.

Hunger wie ein Holzhacker

Um jetzt die erläuterte Hektik mit dem Symptom des Fressens, das bei Sigrid aufgetreten ist, zu verbinden, können wir eine Hypothese aufstellen. Bei einem Kind führt ein Gedanke, ohne aufgehalten zu werden, zu einer Handlung, entweder zu der beabsichtigten oder zu einer Übersprungshandlung. Das bedeutet, daß schon während des Denkens die metabolische Aktivität gesteigert werden muß, damit die nötige Energie für die nachfolgende Aktion verfügbar ist. So ist bei hektischen Personen schon eine Vorstellung allein in der Lage, ein entsprechendes Maß an Energie zu mobilisieren. Sigrid könnte demnach ihrem Zentralnervensystem mit ihrer Gedankenhektik vortäuschen, daß ihr eine Arbeit etwa vom Ausmaß der eines Holzhackers bevorsteht, woraufhin dieses ihr signalisieren wird, daß sie dafür genügend Nahrung zu sich nehmen muß. Sie sehen, wie hier ein physiologischer Verarbeitungsmodus, der beim Kind völlig normal ist, beim Erwachsenen zu Verhaltenspathologien führen kann. In der Therapie von Personen mit ähnlichen Schwierigkeiten wie Sigrid ist es angebracht, sie mit der Tatsache vertraut zu machen, daß es nicht möglich ist, jeder Idee sofort eine Handlung folgen zu lassen.

Diese Art der Hektik kann, nebenbei bemerkt, in den verschiedensten seelischen und psychosomatischen Störungen als Dreh- und Angelpunkt der Problematik aufscheinen, nicht etwa nur bei Bulimia.«

P 5: »Aber was soll ich denn jetzt machen?«

T.: Fahren Sie ein Auto?«

P 5: »Ja, schon.«

T.: »Wenn Sie auf der Autobahn fahren, mit etwa 130 Kilometern pro Stunde und zu einer Baustelle kommen wo ein Schild steht: 60 Kilometer pro Stunde. Was tun Sie da?«

P 5: »Ich bremse und schalte herunter.«

T.: »Na sehen Sie. Halten Sie sich dieses Schild mit 60 Kilometer pro Stunde hin und wieder vor Augen.«

P 5: (lacht sehr laut) »Ich brauche nur einfach die Bremse ziehen. Das ist ja toll.«

Die metaphorische Darstellung, die ich Sigrid angeboten

habe, entspricht den hypothetischen Vorgängen im ZNS. Das Verständnis, auf das sie bei der Patientin gestoßen ist, zeigt, daß es sich möglicherweise um mehr als nur eine Hypothese gehandelt hat.

Sigrid verabschiedete sich, indem sie sich mit einer Flut von Worten bei mir bedankte, dann aber lachend innehielt und bemerkte: »Jetzt fahr' ich schon wieder 130.«

Gleich darauf meldeten sich mindestens zehn Zuhörer recht ungeduldig zu Wort.

T.: »Sie sehen, wie ansteckend Hektik ist; jetzt wollen Sie alle auf einmal was sagen.«

K 1: »Ich muß gestehen, daß mich die Artikulation der Patientin etwas kribbelig gemacht hat. Wenn sie zu mir käme, weiß ich nicht, ob ich die nötige Distanz halten könnte, ohne mich abzuschirmen. Im nachhinein würde ich jetzt gern wissen, ob es erstens neben der auffälligen Sprechweise noch ein anderes Anzeichen für Hektik gibt; und welche therapeutischen Eingriffe zweitens notwendig sind, um mit solch einer Flut von Informationen zurechtzukommen und drittens (unterbricht sich auflachend)... Ja, jetzt bin ich selbst ganz hektisch geworden; das steckt tatsächlich an.«

Gespanntes Unbehagen

T.: »Hektik kann sich außer in der Sprache auch noch in Gestik und Mimik äußern, die bei einer hektischen Person häufig nicht mit dem Gesagten übereinstimmen. Das verläßlichste Anzeichen, daß man es mit einem hektischen Individuum zu tun hat, ist jedoch ein gespanntes Unbehagen des Therapeuten, das er mit der Mehrzahl all jener teilt, die sich mit Hektikern auseinandersetzen müssen. Jeder Versuch seinerseits, etwas zu sagen, wird spätestens nach dem dritten oder vierten Wort unterbrochen. Er kommt einfach nicht zum Zug. Die Energie der unausgesprochenen Gedanken staut sich bei ihm an und wirkt ähnlich unangenehm wie eine volle Blase, wenn keine Gelegenheit in Sicht ist, sie zu entleeren. Als Therapeut werden Sie unter solchen Umständen Ihren Unmut gewöhnlich verbal oder nonverbal äußern, was die Hektik des Patienten noch steigern kann oder aber ihn veranlaßt, in trotziges Schweigen zu versinken.

Jede Frage lebenswichtig

Es gibt auch hektische Patienten, die nicht auffällig sprechen. Fragt man eigensprachlich genauer nach, berichten sie aber, daß ihre Gedanken genauso rasen, wie Sigrid es uns beschrieben hat. Dies äußert sich bei ihnen nicht in offensichtlichem hektischem Verhalten, sondern in muskulären Verspannungen. Bei solchen Patienten bemerkt man oft, daß sie jede Feststellung mit der gleichen Betonung der Wichtigkeit unterlegen. Man kann aus den manchmal zahlreichen Themen, die sie anbieten, keine Hierarchie der Bedeutsamkeit heraushören – ein weiteres Zeichen für ungebremste Gedanken. So kann eine Frau z. B. im gleichen Tonfall erzählen, daß sie sich in wenigen Tagen einer komplizierten Operation unterziehen muß und daß sie sich am Nachmittag Schuhe gekauft hat, die leider gar nicht passen. Ein weiteres Beispiel für das Fehlen jeder hierarchischen Abstufung in den Gedanken solcher Menschen bietet die Bürokraft, die ihren Chef fragt, ob man einen bestimmten Fachausdruck im Englischen lassen oder besser in der deutschen Version tippen sollte. Der Vorgesetzte reagiert ungeduldig: ›Um Gottes willen, tippen Sie was Sie wollen, das macht doch keinen Unterschied.‹ Daraufhin bricht sie in Tränen aus. Ihr war die Frage wichtig, nahezu lebenswichtig und dem Chef scheint sie ›scheißegal‹ zu sein. Diesen Umstand faßt sie nicht nur als Abwertung ihrer Arbeit, sondern ihrer gesamten Persönlichkeit auf. Hätte sie die Bedeutung ihrer Frage realistischer eingestuft, hätte sie sich, ohne überhaupt zu fragen, spätestens nachdem sie zur Kenntnis nehmen konnte, daß ihr Chef dem Problem keine Wichtigkeit beimißt, für die Form des Wortes entschieden, die ihr angepaßt erscheint oder einfach besser gefällt.«

K 2: »Dann muß man bei hektischen Patienten wohl ganz besonders vorsichtig mit dem sein, was man sagt.«

T.: »Es geht hier nicht um Vorsicht. Wenn Sie vorsichtig sein wollen, schränken Sie sich zu sehr in Ihrer Spontaneität ein. Sie kommen viel weiter, wenn Sie es mit Humor versuchen, den Hektiker viel besser vertragen als z. B. depressive Personen. Sie müssen sich aber hüten, den Patienten dabei, wenn vielleicht auch nur verhüllt, abzuwerten.

›Warten Sie mal...‹

Nun aber noch zur Frage, was man mit der ungeheuren Fülle von Material anfängt, die ein hektischer Patient über dem Therapeuten ausschüttet. Meiner Erfahrung nach ist es im Gespräch günstig, nachdem der Patient eine Weile geredet hat, auf das zuerst erwähnte Faktum zurückzugreifen, egal wie trivial dieses auch erscheinen mag. Das grundlegende Gedankenschema des Hektikers manifestiert sich ohnehin gleichermaßen in allen seinen Aussagen. Das Zurückgreifen können Sie in etwa so formulieren: ›Warten Sie mal. Sie haben am Anfang gesagt... Das habe ich noch nicht ganz verstanden.‹ Der Patient fühlt sich dadurch veranlaßt, Ihnen das früher Gesagte näher zu erklären und ist damit in seinem Wortschwall unterbrochen.

Bilder anbieten

Therapeutisch bietet es sich auch beim Syndrom der Hektik an, das, was sich wahrscheinlich im Geiste des Patienten abspielt, metaphorisch ins Gespräch zu bringen. Sie haben das vorhin am Beispiel der Geschwindigkeitsbegrenzung auf der Autobahn schon mitvollziehen können. Ebenso können Sie der Person, mit der Sie sprechen, auch folgendes Bild anbieten: ›Stellen Sie sich vor, daß es Ihre Aufgabe ist, eine Telefonzentrale zu betreuen. Vor Ihnen befindet sich ein breites Schaltbrett und Sie wurden angewiesen, ein äußerst wichtiges Telefonat entgegenzunehmen, das um 10 Uhr ankommen soll. Gerade zu der angegebenen Zeit leuchten aber fünf Lämpchen gleichzeitig auf. Was würde in diesem Augenblick bei Ihnen vorgehen?‹ Schon die Aufforderung, ein solches Geschehen bloß zu visualisieren, genügt zumeist, um eine latente Hektik aufflackern zu lassen. Die Mienen und die Gesten des Patienten, während er sich die Situation vorstellt, sind in diesem Fall aufschlußreicher als alles, was er Ihnen sagen könnte.«

Zwang gegen Gedankenstürme

K 3: »Wie schafft es ein hektischer Mensch, im Alltag zurechtzukommen? Die meisten von ihnen funktionieren wohl doch hinreichend?«

T.: »Das ist nicht so leicht. Oft wird die aufquellende Gedankenflut mit zwanghaft klingenden Selbstbefehlen niedergehalten: ›Schaue jetzt nur auf das Buch vor dir. Nicht darüber nachdenken, was sonst noch alles zu tun ist...‹ usw. Die Zwanghaftigkeit soll hier den tobenden Stürmen von Gedanken entgegenwirken, eine Aufgabe, der sie nur selten gerecht werden kann. Allerdings ist ja niemand rund um die Uhr hektisch. Auch das Kind in dem Beispiel, das ich Ihnen vorhin gegeben habe, ist nicht permanent zappelig und die Katze liegt oft stundenlang ruhig und behaglich in der Sonne. Erst unter bestimmten Umständen wird die Hektik ausgelöst und spult sich dann mehr oder weniger unaufhaltsam ab. Sind nicht Symptome wie z. B. Überessen, Appetitverlust oder psychosomatische Störungen damit verbunden, läßt die betroffene Person das hektische Geschehen seinen Gang nehmen, bis das Nervensystem aus sich selbst heraus ermüdet und die rasenden Gedanken und die damit verbundenen Impulse sich legen. Das kann natürlich bei verschiedenen Menschen unterschiedlich lange dauern.«

K 3: »Gibt es eine bestimmte Psychopathologie, die gewöhnlich von der Hektik verdeckt wird?«

T.: »Wenn Sie emotionale Unreife als pathologisch betrachten wollen, dann schon. Sie läßt sich bei allen hektischen Patienten beobachten. Nicht nur die davonstürmenden Gedanken einer solchen Person entsprechen denen eines 8- bis 13jährigen

Kindes; auch ihr Körperbau fügt sich oft in dieses Bild. So sind die jungen Frauen nicht selten von androgyner Gestalt und ähneln präpubertären Jungen. Die sekundären Geschlechtsmerkmale sind bei ihnen kaum ausgebildet und ein gewisser Babyspeck hat sich noch nicht verloren. Ihre soziale Scheu und Zurückhaltung entspricht ebenfalls der von ängstlichen Kindern dieses Alters.«

K 4: »Wollen Sie damit sagen, daß bei hektischen Personen möglicherweise ein organischer Faktor mit im Spiel ist?«

T.: »Das ist eine heikle Frage. Letzten Endes ist jedes psychische Symptom auch organisch. Man macht es sich sicher zu leicht, wenn man, sobald sich keine Veränderungen in den Geweben des Nervensystems nachweisen lassen, von ausschließlich seelischen Störungen spricht.«

K 4: »Ich bin heute nicht zum ersten Mal in einem Seminar von Ihnen und möchte Sie etwas fragen, das mich auch heute wieder beschäftigt hat. Sie betonen immer wieder, daß Sie sich weder nach fertigen Meinungen noch nach irgendwelchen allgemeingültigen Lehrsätzen richten, wenn Sie mit den Patienten sprechen.

Es scheint mir aber doch, daß hinter Ihrer Art zu fragen und auf den Patienten einzugehen noch etwas anderes stecken muß als pure Intuition. Sie können vermutlich ja auf ein ungeheures Wissen außerhalb der Psychologie und der Medizin zurückgreifen und auf eine lange Erfahrung, was uns allen hier wohl nicht so ohne weiteres möglich sein dürfte. Können Sie uns darüber etwas mehr verraten?«

D. B. Connors von der Stanford University School of Medicine entdeckte ungewöhnliche Gehirnzellen. Es handelt sich dabei um sogenannte ›bursting cells‹, die mittels einer Salve elektrischer Impulse epileptische Anfälle auslösen können. Normalerweise kommt es aber nur hin und wieder zu vereinzelten Entladungen, über deren Bedeutung sich die Forscher noch nicht klar sind. Es ist sehr wohl möglich, daß diese ›bursting cells‹, wenn sie normal feuern, Sprünge im Denken einer Person verursachen. Feuern sie etwas übernormal, wird das NS überreizt. Es könnte so zur Hektik und in extremen Fällen zu Epilepsie kommen. Man kann also annehmen, daß Gedankensprünge, Hektik und Epilepsie verschiedene Punkte eines Kontinuums bilden. Hinreichend bekannt ist, daß etliche der Genies, die sich ja gerade durch ihre ungewöhnlichen Gedankensprünge auszeichnen, auch an milden (›subiktalen‹) Formen psychomotorischer Epilepsie gelitten haben und leiden. Ich führe diese Zusammenhänge näher in dem demnächst erscheinenden Buch ›Der funkensprühende Geist‹ (Arbeitstitel) aus.

Sich einfach darauf verlassen

T.: »Nun, das ist weiter kein Geheimnis. Ich habe mich bisher darauf verlassen, daß Sie schon zwischen den Zeilen mitbekommen werden, warum ich einer Idee nachgehe und der anderen nicht. Ein wenig verhalte ich mich da wie ein Maler, der sich darauf konzentriert, den Gegenstand seiner Betrachtung möglichst nuanciert herauszubringen und dabei nicht auch noch berichtet, was ihn innerlich bewegt und ganz bestimmte Farben, Formen, Strukturen auszuwählen und andere beiseite zu lassen. Er macht sich keine Gedanken über das Malen; er malt einfach und verläßt sich darauf, daß sich die Sinneseindrücke, die auf ihn eindringen, in irgendeiner Weise strukturieren werden.

Auch im Bereich der Intuition gibt es selbstverständlich Präferenzen. Sicher kennen Sie die Geschichte von Einstein, der einmal gefragt wurde, was ihn veranlaßt hat, eine neue mathematische Formel der früheren vorzuziehen und daraufhin knapp erwiderte, die neue gefiele ihm einfach besser. Der Maler, den ich hier vereinfacht zu Demonstrationszwecken heranziehe, geht ebenfalls nicht jedem seiner Einfälle nach, sondern nur denen, die ihm am treffendsten erscheinen. So kann es ihm beispielsweise gerade einmal behagen, einen Baum als grünen Klecks auf die Leinwand zu setzen. Als Betrachter nehmen wir in diesem Bild dann, vorausgesetzt, daß es eine wie auch immer geartete Resonanz in uns auslöst, etwas von einem Baum wahr und sind dabei oft recht verwundert, wieso dies geschieht. Wir haben das, was der Maler aus der Sicht seiner Gefühle dem Baum entnommen und auf die Malfläche übertragen hat und was daher etwas ›Baumhaftes‹ sein muß, ebenso gefühlsgelenkt als solches wiedererkannt, obwohl unser Verstand uns sagt, daß es sich um einen Farbklecks handelt, der genaugenommen nichts Bestimmtes und mit etwas Fantasie betrachtet alles mögliche darstellt.

Auf das therapeutische Gespräch übertragen bedeutet das, daß der Therapeut den Patienten genauso wie der Maler den Baum in der Ganzheit seiner Mitteilungen auf sich einwirken läßt. So wird er sich aller Schwingungen, die vom Gegenüber ausgehen, bewußt, und erfaßt gefühlsmäßig die dynamischen Prozesse, von denen sie erzeugt werden. Aus dem, was er in dieser Weise ›limbisch‹ wahrnimmt, läßt er die Äußerungen sich formen, die er seinem Gesprächspartner entgegenbringt. So läßt er im Grunde vor dem Patienten ein Spiegelbild von diesem selbst entstehen, in dem nur noch die ›limbischen‹ Strukturen enthalten sind. Der Patient erkennt sich in diesem Bild seiner Innenwelt wieder und wird angestoßen, sich damit auseinanderzusetzen und es für sich selbst zu verarbeiten. Dieses Erkennen entspricht dem Aha-Erlebnis, das sich einstellt, wenn uns etwa ein Name entfallen ist und er uns plötzlich wieder gegenwärtig wird, wenn jemand ihn beiläufig erwähnt. Für ein gut verlaufenes Therapiegespräch ist es daher auch bezeichnend, daß die Patienten am Schluß sagen, sie hätten das, was besprochen wurde, ›eh' schon gewußt‹.

Untertöne

Um Ihnen den Unterschied zwischen einer logisch-kausalen und der ›limbischen‹ Einstellung im Gespräch etwas deutlicher werden zu lassen, möchte ich Ihnen ein kurzes Beispiel geben. Vor einiger Zeit suchte mich ein Abteilungsleiter einer Versicherungsgesellschaft, ein Mann mittleren Alters auf, um eines Eheproblems ›Herr zu werden‹. Seine hauptsächliche Klage bestand darin, daß seine Bemühungen, es seiner Familie an nichts fehlen zu lassen, von seiner Frau nicht im geringsten gewürdigt werden. Es erschien ihm als ›das Mindeste‹, daß sie ihn, wenn er ›abgekämpft‹ aus dem Büro zurückkäme, freundlich und aufmerksam begrüße. Statt dessen, so gab er an, bekomme er nur Klagen und Vorwürfe von ihr zu hören. Die häufigen Streitereien, die sich so ergaben, beeinträchtigten ihn seines Empfindens nach in seiner ›Arbeitsleistung‹, da seine Mitarbeiter ihm ein harmonisches Familienleben voraushätten. Je weiter er in seiner Beschreibung fortfuhr, desto öfter schlug er mit geballten Fäusten in die Luft. Ganz offensichtlich standen seine aggressive Gestik und Mimik und seine skandierende Stimme nicht im Einklang mit dem Bild des unter seiner Frau leidenden

Opfers, das er mir verbal-inhaltlich vermittelte; auch wies seine Eigensprache auf kritisch-selbstzerstörerische Tendenzen hin. Ich bin nicht auf den Inhalt seiner Klagen eingegangen, sondern auf die ›limbischen‹ Untertöne seines Berichts und habe an einer Stelle des Gespräches eingeworfen: ›So wie Sie jetzt sprechen, bleibt einem ja nichts anderes übrig, als entweder zu verstummen oder mit gleichen Waffen zurückzuschlagen.‹

Hätte ich mich von den inhaltlichen Feststellungen des Patienten leiten lassen, wäre es naheliegend gewesen, mit ihm zu besprechen, wie er seiner Frau gegenüber seine Bedürfnisse und Ansprüche durchsetzen kann. Dies versucht er aber ohnehin schon viel zu vehement, so daß eine Bestärkung darin seine häuslichen Probleme nur verschärfen würde. Indem ich ihm jetzt ein Bild von ihm vorhalte, das ihn als Aggressor und nicht als Opfer zeigt, wird ihm auf lange Sicht der Weg zu neuen, angemesseneren Reaktionen geöffnet, die von den tatsächlichen Geschehnissen (er provoziert durch sein aggressives Auftreten seine Frau und sie wehrt sich) und nicht von seinen Vorstellungen (›Ich bin das Opfer einer streitsüchtigen Frau‹) ausgehen. Im weiteren Gespräch ließ sich auch erkennen, warum ihm so sehr daran gelegen war, sich als Opfer hinzustellen. Er war nicht nur aggressiv gegen seine Frau, sondern versuchte auch, ihr Schuldgefühle einzuflößen, sobald sie sich zu behaupten bemühte, indem er dann vor ihr und der Welt die Rolle des bedauernswerten Opfers einer böswilligen Frau spielte. Jeder Ansatz, ihn dazu bringen zu wollen, seine Wünsche und Vorstellungen in der Ehe deutlicher zur Geltung zu bringen, ist demnach von vornherein wie Wasser auf die Mühlen, die die bestehenden Auseinandersetzungen antreiben.

Sie sehen, daß es nicht effektiv und manchmal sogar gegenproduktiv ist, auf die objektiven Informationen des Patienten einzugehen. Es sollte Ihnen auch klargeworden sein, daß es keiner außergewöhnlichen Fähigkeiten bedarf, die ›limbischen‹ Signale des Gegenübers aufzunehmen. Wir alle tun das in jeder menschlichen Begegnung. Nur getrauen sich manche Menschen – und dabei besonders die Therapeuten unter ihnen – nicht, ihren gefühlsmäßigen Reaktionen und Erkenntnissen zu folgen. Sie verlassen sich nicht mehr auf ihre ›innere Weisheit‹, die ich schon im Vorangegangenen in bezug auf die Patienten erwähnt habe und die Sie, wenn Ihnen an charakteristischen Begriffen für die idiolektische Gesprächsführung gelegen ist, also solchen auffassen können.«

Als ob

Mit dem Konzept der ›inneren Weisheit‹ ist sehr eng ein weiteres verbunden, das des adaptiven Wertes jeder körperlichen und seelischen Reaktion. Betrachten wir die Evolution der Lebewesen, sehen wir, daß es vom Nutzwert jeder Reaktion abhängt, ob der reagierende Organismus sich in Richtung darauf weiterbewegt, zu überleben oder ausselektiert zu werden. Das heißt auch, daß ein Lebewesen sich einen Verhaltensmechanismus, eine anatomische Struktur oder der Mensch sich ein Denk- oder Handlungsschema aneignen kann, das unter bestimmten Umständen nutzbringend und lebenserhaltend ist, sich unter anderen, neueren Bedingungen aber als weniger angebracht oder sogar behindernd erweist. Kann eine Spezies sich veränderten Gegebenheiten nicht anpassen, wird sie auf lange Sicht höchstwahrscheinlich nicht weiterbestehen. Für den Einzelmenschen gilt ähnliches, jedoch mit wesentlichen Unterschieden. Eine heute in der westlichen Welt lebende Person ist kaum je tatsächlicher Lebensgefahr ausgesetzt. Mittels ihrer ausgeprägten, typisch menschlichen, kognitiven Fähigkeiten, kann sie sich aber Situationen so vorstellen, *als ob* sie bedrohlich und gefährlich wären. Das limbische System (Althirn) kann nicht zwischen wirklicher und vorgestellter Gefahr unterscheiden. Es reagiert auf beide in gleicher Weise, indem es körperliche Abwehr- oder Fluchtmechanismen aktiviert. Ein Mensch, der sich eine Gefahr vorstellt, wird so auf sie reagieren, als sei sie real. Entspräche seine Vorstellung den Tatsachen, wäre die Reaktion, die ausgelöst wird, adaptiv, das heißt angepaßt und lebensrettend. Erkennt man aber als Beobachter die zugrundeliegenden Ideen nicht, erscheint das von ihnen herbeigebrachte Verhalten neurotisch. Nehmen wir eine junge Person an, die unter ihrer sozialen Unsicherheit leidet. Im Gespräch mit ihr ergibt sich, daß sie befürchtet, von anderen herabgesetzt, verspottet oder ausgelacht zu werden. Das Lachen oder die abfälligen Bemerkungen ihrer Mitmenschen sind für sie gleichbedeutend mit einem Todesurteil und so versucht sie ihnen wo immer möglich zu entgehen, indem sie sich in die hinterste Ecke ihres Zimmers verkriecht. Solange man übersieht, daß für sie jede soziale Begegnung ein Spiel um Leben oder Tod ist, wird man es zumindest für seltsam halten, wie sehr sie sich isoliert und wird ihr klarmachen, daß sie doch als junge, nette, attraktive Person mehr unter die Leute gehen sollte, daß ihr etwas Ablenkung sicher guttun würde oder einfach, daß sie sich nicht ›so anstellen‹ solle. Derartige Versuche, auf sie einzureden, lassen ihre tiefgehende Angst völlig unberührt. Es ist für sie lebenswichtig, sich den anderen Menschen fernzuhalten. Ist man sich dessen bewußt, wird es verständlich, daß sie ihr neurotisches Verhalten weder aufgeben will noch kann. Sie handelt ihrer Angst durchaus angepaßt, aber diese ist nur eine Antwort auf ihre Fantasie.

Archaische Reflexe

Zum eben beschriebenen adaptiven Verhalten sollte noch erwähnt werden, daß es entlang entwicklungsgeschichtlich sehr primitiver Bahnen verläuft. Damit sind wir bei einem weiteren äußeren Pfeiler idiolektischer Gesprächsführung angelangt, dem Wissen um die ›archaischen Reflexe‹. Unsere vegetativen und auch unsere zwischenmenschlichen Reaktionen sind seit Jahrmillionen unverändert geblieben. Daher ist jeder Mensch mit einer ganzen Reihe archaischer Reflexe ausgerüstet, die unter bestimmten Umständen mobilisiert werden können. Diese Reflexe werden vom Althirn gesteuert und verlaufen so nach Mustern, die sich vor Urzeiten gebildet haben. Es ist schon gesagt worden, daß das limbische System vorgestellte Drohungen und Bedrängnisse genauso auffaßt, als seien sie real. So kann etwa der verbale Angriff einer sozial höherstehenden Person empfunden werden, als handele es sich dabei um die körperliche Attacke eines Raubtieres, wodurch der Angegriffene veranlaßt wird, entsprechend zu reagieren, indem er sich vegetativ auf Flucht oder Abwehr vorbereitet. Ein anderes Beispiel für einen solchen Reflex bietet sich, wenn jemand eine unerwartete Nachricht als ›harten Brocken‹ ansieht und sie auch demgemäß verarbeitet, bzw. ›verdaut‹, indem er ungewöhnlich häufig und heftig schluckt, sein Magen vermehrt Säure produziert usw. Als Psychologen vergessen wir oft, daß psychische Reaktionen nicht im luftleeren Raum entstehen, sondern in körperlichen Abläufen fußen. Auf der anderen Seite denken aber ja auch die Mediziner selten daran, daß körperliche Störungen psychische Komponenten haben könnten. Ein Beispiel soll diese Zusammenhänge nochmals etwas näher beleuchten.

Kleineres Übel

Vor uns sitzt eine Patientin, die Schmerzen im Magen verspürt. Die zahlreichen Ärzte, die sie schon konsultiert hat, haben abwechselnd funktionelle Magenbeschwerden, chronische Gastritis und vegetative Dystonie bei ihr diagnostiziert. Mit gleichbleibendem Tonfall schildert sie ihre äußeren Lebensumstände, die nicht weiter auffällig sind, ändert jedoch merklich ihre Stimme, als sie ihren Ehepartner erwähnt. Er ist, ihren Worten nach, äußerst kritisch mit ihr und stellt hohe Anforderungen an sie, dabei attackiert er sie beständig mit ›ätzenden‹ Bemerkungen, die sie ›zutiefst verletzen‹ und die sie als ›Stiche‹ verspürt, die sie ›an den Rand der Verzweiflung‹ treiben. Sie zeichnet damit das typische Bild eines überforderten Nervensystems. Anscheinend kann sie aber im Alltag einigermaßen funktionieren, so daß wir annehmen müssen, daß sie auf kompensatorische Reaktionen zurückgreift, um zu verhindern, daß ihr dauernd überlastetes Nervensystem kollabiert.

Am naheliegendsten wäre es für sie natürlich, sich zu wehren. Sie befürchtet aber, von ihrem Partner verlassen zu werden, wenn sie das täte und da es für sie das größte erdenkliche Übel wäre, wenn ihr Mann sich von ihr trennen würde, steht ihr dieser Weg nicht offen. So hat sie dann eine andere, ihrer

Lage angepaßte Form gefunden, mit den ›ätzenden‹ Bemerkungen zurechtzukommen – sie ›schluckt‹ sie einfach. Dabei werden bei ihr dieselben vegetativen Prozesse in Gang gesetzt, die stattfänden, wenn sie toxische Nahrung zu sich zu nehmen hätte. Der Magen reagiert auf die Information, die ihm das Mittelhirn sendet (›Bereite dich auf ätzende Nahrung vor‹) damit, daß er vermehrt Sekrete produziert, um das zu erwartende Gift zu verdünnen und sich stärker verkrampft, um die schädlichen Stoffe so rasch wie möglich herauszubefördern. Dies ist für die Patientin zwar schmerzhaft, aber da sie sich diese Reaktion ›ausgesucht‹ hat, müssen wir annehmen, daß sie für sie das ›kleinere Übel‹ darstellt. Bei ihren Kalkulationen, welchen Schmerz sie aushalten kann (den im Magen) und welcher nicht zu ertragen wäre (der des Verlassenwerdens), geht sie allerdings nicht von der gegebenen Realität aus, sondern von ihren inneren Überzeugungen. Aller Wahrscheinlichkeit nach würde sie es überleben, wenn ihr Mann sie verließe; auch ist es nicht sicher, daß er überhaupt auf die Idee käme, dies zu tun. Rein verstandesmäßig ist sie sich dessen zwar bewußt, ihre Gefühle geben ihr aber eine völlig andere Version ihrer Lage wieder, die sich verbalisiert etwa wie folgt anhören könnte: »Ich bin ein schwaches, hilfloses Wesen. Ohne meinen Mann kann ich nicht überleben; wenn er mich verläßt, werde ich zugrundegehen. Er ist stark und kann mich beschützen und am Leben halten.« Da der Mann, der sie beschützt, sie aber gleichzeitig auch verletzt, bedarf es einer besonderen Einstellung, um das System, das ihr das einzige zu sein scheint, in dem sie bestehen kann, aufrechtzuerhalten.

So ist sie zu dem Schluß gekommen: »Solange mein Magen dafür herhält, die ätzenden Bemerkungen aufzunehmen, bleibt meine Persönlichkeit (ihr Nervensystem) verschont. Ich lasse einfach meinen Körper all das verarbeiten, was ich nicht ertragen kann. In dieser Weise kann ich mich noch mehr oder weniger ausgeglichen unter Menschen bewegen, mir hier und da etwas Zerstreuung suchen, mich mit Bücherlesen oder ähnlichem ablenken.

Der Handel, den ich gemacht habe, ist also nicht so schlecht. Unter der Voraussetzung, daß ich ihn einhalte, kann er mir auf lange Zeit mein Leben sichern.«

Wenn sie jetzt wegen ihrer Magenschmerzen einen Arzt aufsucht, geschieht dies mit der, freilich unausgesprochenen, Forderung: »Gib mir ein Wässerchen, das meinen Magen *ein wenig* beruhigt, aber laß um Himmels willen das Verhältnis zwischen mir und meinem Mann so wie es ist.«

Paläophysiologisch gesehen, begegnen wir hier einer Frau, die meint, allein nicht lebensfähig zu sein und daher die Verhaltensmerkmale eines hilflosen Jungtieres mobilisiert. Die ihrem tatsächlichen Alter entsprechenden Verteidigungs- und Angriffsmechanismen muß sie dabei zugunsten bedingungsloser Folgsamkeit und Anhänglichkeit hemmen.

Zu den archaischen Reflexen möchte ich Ihnen, wenn Sie sich gedulden können, bis meine Mitarbeiter das Band vorbereitet haben, ein kurzes Gespräch aus dem letzten Seminar zeigen.

Einer der Teilnehmer, ein Zahnarzt, hatte einen Patienten mitgebracht, der seiner eigenen Aussage nach unter übermäßigem Speichelfluß litt und dies als höchst lästig und unangenehm empfand. Zahnbehandlungen blieben ohne Einfluß auf das Symptom und neurologische Störungen waren nicht festzustellen.

Die Wunden lecken — Gespräch mit Berthold

Berthold (B.) ist ein 23jähriger Student. Als er neben mir sitzt, fallen zunächst seine hängenden Schultern und seine gebeugte Haltung auf; auch macht es ihn offensichtlich sehr verlegen, sich vor so vielen ihm unbekannten Menschen darstellen zu müssen.

In seinem Gesicht erkennt man zahlreiche Aknepusteln; in der Hand hält er ein Taschentuch, mit dem er von Zeit zu Zeit seine Mundwinkel trocknet.

T.: (ich spreche seine Ängste in dieser Situation an) »Es ist sicher nicht leicht, vor so vielen Fremden über sich selbst zu sprechen.«

B.: (nickt, schluckt mehrmals).

T.: »Haben Sie irgendwelche Vorschläge, wie man Ihnen diese Besprechung erleichtern könnte?«

B.: »Sie könnten Fragen an mich stellen.«

T.: »Wissen Sie, das ist nicht so einfach. Ich könnte Sie, ohne es zu ahnen, etwas fragen, das Sie in Verlegenheit bringen würde.« (Eine typische verdeckte Herausforderung an ihn, mir das Gegenteil zu beweisen.)

B.: (lächelt verzerrt) »So *empfindlich* bin ich nicht.«

T.: »Wie würden Sie mir das Wort ›empfindlich‹ genauer erklären?« (Damit bereite ich den Einstieg in seine Eigensprache vor.)

B.: (zögert, zupft an seinem Taschentuch herum) »Empfindlich... – das ist, wenn man *nichts vertragen* kann.«

T.: (strategisch ablenkend) »Was trinken Sie gewöhnlich zum Frühstück?«

B.: »Kakao.«

T.: »Wenn Sie überhaupt *nichts* vertragen können; soll ich da annehmen, daß das auch für den Kakao gilt?« (konkretisierend).

B.: (zeigt wieder eine verzerrte Miene) »Nein, für Kakao natürlich nicht. Nur Menschen kann ich einfach nicht ertragen.«

T.: »Ach so. Stellen Sie sich dann einmal vor, da liegt vor Ihnen ein Mensch in tiefstem Schlaf; würden Sie den auch nicht ertragen?« (wieder konkretisierend).

B.: (mit einem leichten Anflug von Ärger, begleitet von wiederholtem Schlucken) »Doch, den schon.«

T.: »Dann müßten ja die Menschen im Wachzustand bestimmte Eigenschaften besitzen, die für Sie nicht erträglich sind.« (Noch weiter konkret gemacht.)

B.: »Ja, die besitzen sie auch... Ich bin immer gehänselt worden; solange ich mich erinnern kann.«

T.: »Wenn man eine solche Erfahrung macht, ist es schon erklärlich, daß man Menschen nicht verträgt.« (Ich schreibe seinen psychischen Schwierigkeiten einen adaptiven Wert zu.) »Es würde mich noch näher interessieren, was ein Junge verspürt, wenn er gehänselt wird.«

B.: »Das können Sie sowieso nicht verstehen. Ich weiß noch

nicht einmal, wie ich es Ihnen sagen könnte.« (Vermutlich um Verletzungen zuvorzukommen, hat er seine Gefühle weitgehendst abgeschaltet, so daß ihm jetzt die zutreffenden Worte für derart schmerzhafte Erlebnisse fehlen.)

T.: »Ich würde trotzdem gern einmal versuchen zu verstehen, wie das ist, wenn man gehänselt wird. Vielleicht können Sie mir da helfen. Meines Wissens benutzt man beim Hänseln Worte, um jemanden damit zu treffen. Könnten Sie sich anstelle von Worten etwas anderes ausdenken, das genauso treffen könnte.« (Ich biete ihm an, das für ihn Unaussprechliche bildlich darzustellen, da ihm dies leichterfallen dürfte.)

B.: (schaut nach unten; nähme er jetzt seine Fantasie in Anspruch, würde der Blick sich nach oben richten; wahrscheinlich sucht er also nach einer logischen Antwort. Im letzten Moment blickt er aber doch noch hoch und sagt mit kaum verhüllter Bewegtheit) »*Tausend glühende Nadeln;* und man muß *stillhalten* und zeigen, daß sie einem nicht wehtun.« (Damit weist er auf einen Aspekt seiner Akne hin. Betrachtete man dieses Symptom neurophysiologisch, kann man jetzt annehmen, daß bei ihm die hitzeempfindlichen Sensoren der Haut übermäßig aktiviert werden.)

T.: »Es läuft Ihnen also, in anderen Worten, nicht heiß und kalt über den Rücken, sondern nur *heiß*.«

B.: (lächelt leicht) »So kann man's sagen. Es ist wie ein *höllisches Feuer*.« (Er ist jetzt entspannter und erscheint nicht mehr so verschlossen wie zu Beginn des Gespräches.)

T.: »Versuchen Sie sich einmal vorzustellen, daß man Sie tatsächlich mit solchen *glühenden Nadeln* verletzt. Was würden Sie gegen diesen Schmerz tun?«

B.: »Ich würde die Stellen irgendwie befeuchten.«

T.: »Womit?«

B.: »Ich weiß nicht recht. Mit Wasser... Eigentlich mit jeder Flüssigkeit, die erreichbar ist.«

T.: »Wie wäre es mit Speichel?«

B.: (erstaunt) »Ja, das wäre natürlich das Beste.«

T.: (zu den Seminarteilnehmern) »Sie sehen, wie Berthold sehr klar seine Problematik selbst dargestellt hat. Er ist ungewöhnlich empfindlich gegenüber persönlichen Attacken. Sie gehen ihm buchstäblich ›unter die Haut‹ und reizen seine Thermosensoren. Daraufhin mobilisiert er einen archaischen Reflex, der auch bei Tieren wirksam wird, wenn sie ihre Wunden mit Speichel bedecken. Dieses Verhalten hat Eingang in die Alltagssprache vieler Nationen gefunden. So sagt man z. B.: ›Seine Wunden lecken‹; ›to lick his wounds‹ oder ›lecher ses blessures‹. Wenn unsere Hypothese korrekt ist, können wir also schließen, daß bei Berthold der verstärkte Speichelfluß dann auftritt, wenn er heikle zwischenmenschliche Situationen zu bewältigen hat, in denen er möglicherweise verspottet werden könnte. Dazu befrage ich am besten Berthold selbst: (zu Berthold) Wenn Sie allein zu Hause sind und ein Buch lesen, haben Sie auch ein Taschentuch in der Hand, um den Speichel wegzuwischen?«

B.: »Sie haben recht. Daheim benütze ich keine Taschentücher.«

T.: (zu den Teilnehmern) »Die Zusammenhänge sind jetzt recht durchschaubar. Schon wenn Berthold nur allein befürchtet, eventuell verspottet zu werden, setzt der starke Speichelfluß ein, um die zu erwartenden, zwar nur vorgestellten aber nichtsdestoweniger schmerzenden Wunden befeuchten und damit den Schmerz lindern zu können.

In der psychotherapeutischen Weiterbehandlung müßten wir zunächst einmal davon ausgehen, daß Bertholds emotionale Entwicklung nicht ungestört verlaufen ist und die Methoden, die seine Erziehung bestimmt haben, identifizieren. Ich würde annehmen, daß er massiven Einschüchterungen ausgesetzt war.«

B.: (unterbricht) »Mein Vater hat mich, etwa bis ich sieben war, ständig beschimpft und auch geschlagen. Er ist dann in eine Anstalt gekommen. Mein Stiefvater war streng, aber er war auch gerecht. Von ihm habe ich mitbekommen, daß man es in dieser Welt nur zu etwas bringen kann, wenn man lernt und sich unablässig bemüht. Ich habe seitdem immer hinter den Büchern gesteckt.«

T.: »Ihnen sind jetzt die Verbindungen zwischen Ihrer Persönlichkeitsstruktur, dem Speichelfluß und der Akne sicher etwas durchsichtiger geworden. Das Weitere können Sie dann mit Ihrem Arzt besprechen. Wenn Sie sich in psychologische Behandlung begeben wollen, wird er Sie beraten.«

Worte als Attrappen

K 5: »Sie haben vorhin den Begriff ›Gefühl‹ gebraucht. Er kommt in allen psychologischen Diskussionen vor und jeder weiß, was es ist...« (zögert).

T.: (unterbrechend) »Sie wollen wahrscheinlich sagen, daß andererseits auch wieder niemand ›weiß‹, was es ist.«

K 5: »Ja, richtig. Woher wissen Sie das?«

T.: »Bei der ersten, der positiven Aussage haben Sie die Stimme gehoben. Ihr Zögern hat gezeigt, daß Ihre Stimme sogleich abfallen wird und Sie demnach zur Kehrseite dessen, was Sie zuerst gesagt haben, übergehen werden. Nun aber zu Ihrer Frage, die zeigt, wie wenig eindeutig es um unser Wissen steht. Ich habe Ihnen schon erklärt, daß limbische Informationen in die kognitiven Zentren vordringen und dort Wortbilder auslösen, die lexikalisch klar umrissen sind. Das, womit wir dann über Gefühl sprechen, ist aber nur eine Attrappe für das nonverbale seelische Ereignis, das es darstellen soll. Genauso wie eine Puppe nur eine Attrappe für ein Kind ist, dem sie allerdings zu einem gewissen Grad ähnelt. Beschreiben wir die Puppe, läßt sich daraus in etwa entnehmen, wie das Original, das Kind aussieht. Hantieren wir mit tiefenpsychologischen Begriffen, kann uns das in gleicher Weise Aufschluß darüber geben, wie es sich mit dem Original, den limbischen Gefühlen, verhält. Beide, die Puppe wie auch die Begriffe, sind gleichermaßen leblos.

Offen für alles Mögliche

Wenn Psychologen sich nun in Spekulationen über die Attrappe verlieren, kommt ihnen sehr bald die Verbindung zum Original abhanden, zum bewegten, funktionierenden Geist, der auf der

Basis des neuronalen Gewebes eine vierdimensionale, sich in ständigen Wandlungen befindliche Einheit formt. In die komplexen, vernetzten Vorgänge innerhalb dieser Einheit lassen sich folgerichtig Abläufe nur rückbezüglich, nachdem alles schon geschehen ist, hineinkonstruieren. Findet man überhaupt eine Arbeits›philosophie‹ in dem Ganzen, ist es die, pragmatisch vorzugehen. Die Zahl der Möglichkeiten dessen, was sich auf der Ebene der Emotionen und ihrer funktionellen Wirkungen bzw. Auslöser abspielen kann, ist so unendlich groß, daß man das, was bei einem Menschen tatsächlich manifest wird, wohl nicht anders als als einzigartig und unwiederholbar ansehen kann. Wollen wir diese so individuellen und speziellen Ausformungen des Gegebenen auch nur annäherungsweise verstehen, können wir nicht umhin, höchst unvoreingenommen und offen für, im wahrsten Sinne des Wortes, ›alles Mögliche‹ die ganz persönliche Verarbeitungsweise des Menschen vor uns zu erkunden, oder besser gesagt, sie ihn erkunden zu lassen, denn das, was in ihm geschieht, liegt im Bereich seines und nicht etwa unseres ›Wissens‹. Um eben diesen zuletzt beschriebenen Vorgang vonstatten gehen zu lassen, hat sich die Eigensprache als Schlüssel bestens bewährt.«

K 5: »Die angeborenen Reflexe und die Eigensprache bilden, so wie ich es jetzt sehe, ja zwei der Grundsteine Ihrer Gesprächsführung. Könnten Sie an dieser Stelle noch mal kurz erwähnen, wie diese beiden Phänomene zusammenhängen?«

Nach bunten Gedanken greifen

T.: »Schauen Sie sich dazu am besten einmal einen Säugling an. Er streckt die Hände nach Gegenständen aus, die sich in seinem Gesichtsfeld bewegen, greift nach ihnen. Wir benützen als Erwachsene das gleiche Wort ›begreifen‹ aber auch, um auszudrücken, daß wir uns eines Sachverhaltes oder Zusammenhanges gewahrwerden. Wenn wir es objektiv betrachten – das ist nicht ganz einfach, da wir an dieses Wort dermaßen gewöhnt sind, daß wir nichts Besonderes mehr an ihm finden können – dann hat das Greifen mit den Händen nach Objekten nichts mit dem gedanklichen ›Begreifen‹ abstrakter Konzepte zu tun. Nichtsdestoweniger gilt aber für beide Vorgänge ein und dasselbe Wort. Wir müssen also annehmen, daß der Reflex des Säuglings, der wie alle genetisch bestimmten und nicht willentlich steuerbaren Aktionen vom Althirn ausgeht, mit zunehmenden kognitiven Fähigkeiten ins Neuhirn weitergeleitet wird. Seine ursprüngliche Bedeutung behält er bei. So ›erfassen‹ wir unsere Gedanken genauso, wie der Säugling die Dinge, die er sieht. Diese Verlängerung des frühkindlichen Reflexes spiegelt sich in den entstandenen Wortbildern wider. Mütter schaffen ihren Nachkömmlingen, meist mittels allerhand bunten und formenreichen Spielzeugs, eine möglichst reizhaltige Umgebung, weil sie ›wissen‹, daß sie dadurch die spätere Sprach- und Denkgewandtheit des Kindes günstig beeinflussen können. Auch ist es bekannt, daß Kinder, die diese Stimulierung entbehrt haben, ihren Altersgenossen in bezug auf die Sprache zurückstehen.

Noch bevor ein Säugling beginnt, nach Gegenständen zu greifen, kann er optische Gestalten wahrnehmen. Auch das hat seinen Weg in Verben, die wir benutzen, gefunden. ›Jetzt blicke ich durch‹; ›Ich kann das durchschauen‹; ›Es ist ersichtlich, was vor sich gegangen ist‹ usw. Ein weiterer Reflex des Neugeborenen besteht darin, daß es, wird es an der Wange berührt, dem Reizauslöser den Kopf zuwendet. Dieser Mechanismus ermöglicht ihm, die Brustwarze der Mutter zu finden. Wäre dieses Verhalten nicht angeboren, hätten wir höchstwahrscheinlich für das Geschehen, das wir ganz selbstverständlich als ›Zuwendung‹, ›sich jemandem zuwenden‹ oder auch als ›Hinwendung‹ bzw. ›sich hinwenden‹ bezeichnen, völlig andere Begriffe geprägt.

Um sich diese Annahme zu veranschaulichen, können Sie sich vorstellen, daß z. B. Hunde sich in Intelligenz und Sprache so weit wie der Mensch entwickelt hätten. Die Sinneswahrnehmungen, die bei ihnen im Säuglingsalter am ausgeprägtesten und Träger etlicher genetisch fixierter Reflexe sind, sind die des Riechens und des Schmeckens. So würden diese Hunde, dort wo wir von ›begreifen‹ sprechen, etwa sagen: ›Ich schnuppere eindeutig, wie alles zusammenhängt‹; ›Dieser Sachverhalt ist schwer zu erriechen‹; ›Das Problem geht mir nicht in die Nase‹ usw.; anstatt ›Ich will mir die Frage einmal anschauen‹ könnten sie feststellen: ›Von der Problematik muß ich erst einmal kosten.‹«

Unschuldige Themen? – Gespräch mit Günter

K 6: »Dann müßte doch das Limbische immer in der Eigensprache durchkommen und nicht nur, wenn es um Probleme geht.«

T.: »Ja, ganz richtig. Ich möchte einen der Teilnehmer bitten, hier den Patienten zu spielen und ein möglichst unkompliziertes Thema zu wählen. Sie werden daran sehen können, wie sich auch in sachlichen Informationen die Eigensprache bemerkbar macht.«

Es meldet sich Günter, ein junger Rechtsanwalt, der, vielseitig interessiert, am Seminar teilnimmt, um die idiolektische Gesprächsführung kennenzulernen.

T.: »Wählen Sie sich bitte ein möglichst unschuldiges Thema aus.«

K.: »Ja, ich könnte von einem Klienten erzählen. Er hat mich beauftragt, ein Grundstück für ihn zu kaufen; aber seine Frau sollte nichts davon erfahren. (Er schüttelt den Kopf und legt die Stirn in Falten.) Natürlich werde ich den Auftrag ausführen... (zögert) ...allerdings habe ich Bedenken, ohne diese klar ausdrücken zu können. Rechtlich stellt das Ganze kein Problem dar.«

T.: (zu den Zuhörern) »Lassen wir den Inhalt seiner Mitteilung weg. Welche eigensprachlichen Informationen hat er uns gegeben?«

K.: »Man kann doch den Inhalt nicht einfach weglassen.«

T.: »Man kann schon. Das ist ja gerade der springende Punkt, Herr Kollege. (Zu K.) Aus Ihrer Darstellung entnehme ich (dem Kopfschütteln, Zögern, Stirnrunzeln), daß etwas bei Ihnen aufsteigt, das Ihnen Sorge bereitet. Oder irre ich mich?« (Wichtiger Nachsatz, um Günter die Möglichkeit zu geben, mich, falls notwendig, zu korrigieren.)

K.: »Sorge ist schon das *richtige* Wort (runzelt die Stirn noch tiefer), aber meine Sorge ist in diesem Fall lächerlich.«

T.: »Wenn es eine *richtige* Sorge ist, dann verstehe ich nicht, warum Sie sie als *lächerlich* abwerten.«

K 7: »Ich habe ein *merkwürdiges* Empfinden, daß ich mir halt nicht erklären kann.« (Das *Merkwürdige* ist ein präverbaler Vorgang, der logisch-kausal nicht erklärbar ist und ihm daher *lächerlich* vorkommt.)

T.: »Möglicherweise könnten Sie uns Ihre Definition von ›lächerlich‹ geben. (Solche Definitionen bringen die eigensprachliche Bedeutung der Worte an den Tag.)«

K.: »Man macht sich lächerlich; oder steht dumm da; lächerlich führt dazu, daß man ausgelacht wird.«

T.: »Ich nehme an, daß es Sie *besonders* unangenehm *berührt,* ausgelacht zu werden. (Ich konkretisiere das, was hinter der Definition steckt und betone es, um ihn etwas herauszufordern.) Könnten Sie uns dieses Gefühl so beschreiben, wie Sie es erleben?«

K.: (nachdenklich, die Furchen auf seiner Stirn haben sich noch weiter vertieft; er lehnt sich nach vorn und stützt sein Kinn mit der linken Hand, dann beginnt er langsam und in tiefem Ton zu sprechen.) »Wie... erlebe... ich... dieses Gefühl? (Seine Augen bewegen sich suchend und sind nach *oben* gerichtet. Ein wichtiger Hinweis, daß er jetzt in dem Speicher sucht, in dem sich Fantasien, Ideale und Vorstellungen befinden.) Wenn ich an etwas ernstlich glaube und dafür ausgelacht werde... das ist unbeschreiblich.«

(Derartig verwundbar sind hauptsächlich Kinder, die ihre erwachsenen Bezugspersonen mit Erkenntnissen konfrontieren, die stören, weil sie wahr sind. Die Erwachsenen fühlen sich momentan verlegen und machtlos und greifen so zum Mittel, das Kind lächerlich zu machen.)

T.: »Stellen Sie sich einfach einmal vor, wie ein Kind reagieren würde, das den Erwachsenen eine ernsthafte Äußerung anbietet, die völlig der Wahrheit entspricht und das dann dafür *lächerlich* gemacht wird.«

K.: (lehnt sich zurück; seine Augen werden naß, er schluckt ein paarmal und sagt dann mit verhaltener Stimme) »Da würde jedes Kind den Glauben an seinen *Vater* verlieren... Ich möchte nicht weiter darüber sprechen. Ich habe seine Heimlichtuerei durchschaut – meine Mutter war zu naiv, um es wahrzunehmen – und ich habe es ihm auch gesagt. Er hat mich total *lächerlich* gemacht. Ein paar Monate später haben sie sich dann scheiden lassen... Jetzt wird mir alles klar. Kann ich jetzt gehen?« (Günter verläßt den Raum, offensichtlich um seine Emotionen zu verbergen.)

T.: (zu den Teilnehmern) »Sie sehen, wie auch ein alltägliches Thema schon von Anfang an von limbischen Anteilen mitbestimmt ist. Es ist unmöglich, ein wirklich ›unschuldiges‹ Gebiet, über das man völlig frei von Gemütsregungen sprechen könnte, zu finden.«

K 8: »Der dramatische Wendepunkt in diesem Gespräch lag bei der bildhaften Einführung des Kindes. Diese Idee kam doch wohl von Ihnen und nicht vom Patienten.«

T.: »Das Bild lag im Sinne der Reaktion des Patienten. Bei Kindern sind die Empfindungen, die Günter beschrieben hat, völlig normal; bei manchen Erwachsenen sind sie erhalten geblieben. Aus dem, was Günter mitgeteilt hat, habe ich entnehmen können, daß er auf dem Boden dieses im Grunde kindlichen Musters reagiert. So habe ich ihm ein Bild angeboten, an dem er das, was er ohnehin verspürt, konkret machen konnte. Das Bild kam für ihn nicht von außen, da er selbst mir den Anstoß gegeben hat, es ins Gespräch zu bringen. Von der ungeschriebenen Regel, daß alles vom Patienten ausgeht und nichts vom Therapeuten, gibt es zwar einige Ausnahmen, hier ist sie aber konsequent eingehalten worden.«

K 1: »Sie haben sich mit Günter auf einer sehr konkreten Ebene unterhalten. Mir passiert es oft, daß ich im Gespräch sozusagen den Boden des Tatsächlichen unter den Füßen verliere und mich zu eher abstrakten Erörterungen verleiten lasse. Können Sie zu diesem Problem noch etwas sagen?«

Abstrakte Worthülsen konkretisieren

T.: »»Konkret‹ ist ebenfalls ein abstrakter Begriff und daher nicht so unmittelbar zu erfassen. Das Wort ›Sessel‹ beispielsweise ist eine Abstraktion, aber der unbequeme Sessel, auf dem ich gerade sitze, ist konkret für mich, weil ich gefühlsmäßig mit ihm verknüpft bin.

Um diese persönliche, emotionale Bedeutung der Begriffe und Objekte geht es ja in allen Gesprächen, die Sie hier hören.

Die Fähigkeit, abstrakte Konzepte zu formulieren, ist charakteristisch für das kognitive System des Menschen. So kann jeder Einzelne ›limbische‹ Begriffe mit einer Worthülse umgeben, die die ursprünglichen Emotionen völlig überdeckt. Wenn z. B. jemand in einer Konversation das Wort ›Angst‹ erwähnt, braucht er dabei nicht notwendigerweise auch die mit diesem Gefühl einhergehenden physiologischen Reaktionen zeigen. Angst kann in dieser Weise zum abstrakten, verstandesgesteuerten Konzept werden.

Oft lassen wir uns aber, wenn ein Mensch uns sagt, er habe Angst, täuschen und nehmen an, daß er uns mit diesem Begriff in seine Gefühlswelt blicken läßt. Dabei erzählt er uns einzig, wie er das, was er empfindet, kognitiv auffaßt. Diese Wahrnehmung ist logisch faßbar und definierbar, vom limbischen Erlebnis z. B. der Angst trennt sie jedoch eine breite Kluft. Versteht man das abstrakte Gefüge einer Emotion, heißt das noch lange nicht, daß man sie auch im Erleben, auf der Stufe des vegetativen Geschehens, erfaßt.

Es ist möglich, jemanden, der dazu tendiert, Gefühle abstrahiert darzustellen, zu bewegen, sich direkt in die Welt seines inneren Erlebens zu vertiefen.

Es liegt in dem Fall beim Therapeuten oder sonstigen Gesprächspartner, jede abstrakte Äußerung zu konkretisieren oder den Sprechenden zu bewegen, dies zu tun.

Sie könnten ihn z. B. fragen: ›Es ist mir nicht ganz klar, was *Sie* mit Angst meinen. Können Sie mir das näher erklären?‹; ›Wie würden Sie einem aufgeweckten 6jährigen Jungen erklären, was Angst ist?‹; ›Ich kann mir nicht genau vorstellen, wie Sie dieses Gefühl verspüren‹, usw. Im folgenden Gespräch läßt sich diese Art des Konkretisierens, die oft aufschlußreiches eigensprachliches Material an die Oberfläche bringt, recht klar erkennen:

Eingesperrt im Kasten — Gespräch mit Kathryn

(Es folgt ein weiterer Ausschnitt eines früheren Gespräches.) Kathryn (K.) arbeitet in einem Hochhaus im 10. Stock. Mehrere Male am Tag muß sie unnötigerweise die Treppe benützen, da sie Angst hat, im Aufzug zu fahren.

T.: »Nehmen Sie an, ich habe noch nie einen Aufzug gesehen. Wie würden Sie ihn mir beschreiben?« (typische Konkretisierung).

K.: »Ein *Kasten*, in den man für *unterschiedlich lange Zeit eingesperrt* ist.« (Sie reagiert prompt mit eigensprachlichen Informationen.)

T.: »Soll ich annehmen, daß es Ihnen *in der ersten Sekunde* noch keine Angst einjagt, im Aufzug zu sein?« (polarisierend).

K.: »Nein, da noch nicht.«

T.: »Wann fängt es dann an?«

K.: »Nach drei, vier Atemzügen habe ich das Gefühl, daß mir die Luft wegbleibt, daß irgendwie nicht mehr genug Luft zum Atmen da ist.«

T.: »Schließen Sie eigentlich Ihre Wohnung ab, bevor Sie schlafengehen?« (ein Beispiel, das das Verbum ›einschließen‹ beinhaltet.)

K.: »Natürlich. Da bin ich sehr vorsichtig.«

T.: »Um wieviele Male ist Ihr Schlafzimmer in etwa größer als der Aufzug?« (Das konkretisierende Nachfragen hört sich hier nahezu zwanghaft an, dient aber dazu, sie mit ihren tatsächlich verspürten Gefühlen in Verbindung zu bringen.)

K.: (etwas erstaunt) »Ich schätze, etwa zehnmal.«

T.: »Wieviele Stunden schlafen Sie gewöhnlich in diesem Zimmer?«

K.: »So acht oder neun.«

T.: »Wenn Ihr Zimmer zehnmal so groß ist wie ein Aufzug, dann müßte Ihnen doch die Luft nach ungefähr zehnmal drei bis vier Atemzügen ausgehen, also etwa nach zehn Minuten. Jetzt möchte ich eine ganz naive Frage an Sie stellen. Wie schaffen Sie es, sich soviel länger in dem einen Kasten als in dem anderen Kasten aufzuhalten? Da scheint doch ein Geheimnis dahinterzuliegen.«

K.: »Ja, ich sehe schon auch, daß es dumm ist, solche Ängste überhaupt zu haben. Wahrscheinlich halten Sie mich auch für dumm.« (Eine logisch-kausale Bewertung, die das Gespräch nicht weiterbringt; deshalb wieder eine Konkretisierung).

T.: »Können Sie mir einen Grund nennen, warum ich Sie für dumm halten sollte?«

K.: »Es stimmt schon, daß ich in meinem Schlafzimmer keine Erstickungsanfälle bekomme. Das sollte mich eigentlich überzeugen.«

T.: »Anscheinend ist dieses Argument aber nicht sehr überzeugend für Sie.«

K.: »Nein, im Aufzug sind ja noch andere Menschen; in meinem Schlafzimmer bin ich allein.«

T.: »Dann hat ja Ihre Angst nichts mit dem Aufzug zu tun, sondern mit den Menschen, die ihn zusammen mit Ihnen benutzen.« (Es ist für sie leichter, ihre Angst auf ein Objekt, den Aufzug, zu verlagern, als sie Menschen gegenüber zu ertragen.)

K.: »Habe ich das nicht klargemacht?«

T.: »Nein, ganz und gar nicht. Ich kann mir auch nicht so ganz vorstellen, warum mir die Luft wegbleiben sollte, wenn ich mit Menschen zusammen bin.« (Konkretisieren).

K.: »Mir bleibt die Luft weg, weil sich in solch einem Moment meine Brust ganz zusammenschnürt.«

T.: »Ach so. Jetzt geht mir das Licht auf. Sie brauchen sich nur in geringem Abstand zu Menschen zu befinden und schon halten Sie den Atem an.«

K.: »Ja, das stimmt. So habe ich es noch gar nicht gesehen.« (Sie beginnt, gefühlsmäßig die vegetativen Prozesse, die sich in ihr abspielen, zu erfassen.)

T.: »Ich würde Ihre Reaktion gern nachvollziehen können. Was meinen Sie, könnte mich bewegen, in einer Situation wie im Aufzug den Atem anzuhalten?«

K.: »Das ist doch nicht so schwer vorzustellen. Sie würden das tun, um nicht die Aufmerksamkeit auf sich zu lenken.«

T.: »Lassen wir den Grund, aus dem Sie es vermeiden wollen, aufzufallen, einmal beiseite.
Stellen Sie sich eine Statue vor, die atmet ja auch nicht.

Glauben Sie, Ihre Mitmenschen würden diese Statue im Aufzug nicht beachten?«

K.: (lachend) »Sie sind komisch. Ich kann mir ganz gut vorstellen, wie meine Kollegen reagieren würden, wenn da plötzlich eine Statue im Aufzug stehen würde.«

T.: »Na sehen Sie. Sie würden dann im Aufzug ja viel weniger Aufmerksamkeit erregen, wenn Sie frei atmen würden.«

K.: »Ja, das leuchtet mir ein. Aber glauben Sie nicht, daß eine solche Angst nicht normal ist. Andere Menschen fahren täglich im Aufzug, ohne darüber nachzudenken.«

T.: »Na, das wissen Sie nicht, Sie können ja keine Gedanken lesen. Ich kann mir schon denken, daß es doch irgendeine Situation geben könnte, in der eine Frau wie Sie Angst vor dem Aufzug hätte.« (Ich argumentiere auf ihrer Seite.)

K.: »Nein, da fällt mir keine ein.«

T.: »Lassen Sie ein wenig Ihre Fantasie spielen. Da sind Sie mit einem ganzen Haufen von Männern in einem engen Raum eingeschlossen. Stellen Sie sich einmal vor, jeder von denen oder alle zusammen hätten unlautere Absichten und Sie können sich dagegen nicht wehren.« (Ich teste hier eine naheliegende Möglichkeit. Falls ich auf dem falschen Weg sein sollte, wird mich die Patientin korrigieren.)

K.: (stutzend) »Was *Ihnen* alles einfällt. Aber ich glaube, es hat wirklich so angefangen. Ich kann mich genau erinnern, wie mich jemand – ich war gerade eine Woche in dem Job – im Aufzug in den Hintern gezwickt hat. Ich hab' mich umgedreht und zu dem Mann hinter mir gesagt: ›Sie sind unverschämt‹, und er hat gesagt: ›Versuchen Sie nicht, mit mir anzubandeln.‹ Ich wär' am liebsten im Boden versunken, der ganze Aufzug hat gelacht. Später ist mir das noch ein paarmal passiert, aber ich hab' mich nicht gerührt, um die Aufmerksamkeit nicht auf mich zu lenken. Und dann konnte ich ja nicht mehr mit dem Aufzug fahren. Das habe ich aber alles schon gewußt, was ich Ihnen hier erzähle. Trotzdem war ich immer der festen Meinung, daß ich im Aufzug einfach nicht genug Luft bekomme. Ich versteh' nicht.«

T.: »Das ist nicht so schwer zu verstehen, Sie haben sich mit der Zeit darauf eingestellt, gezwickt zu werden und Aufsehen vermeiden zu müssen, noch bevor es tatsächlich geschehen ist. So halten Sie schon den Atem an, ehe sie den Aufzug noch betreten.«

K.: »Ja, ich erinnere mich an dieses ungute Gefühl. Sie haben mir sehr geholfen.« (Das Lob ist ein Hinweis, daß sie ihre Situation nicht weiter explorieren will. Da sie aber schon so weit gegangen ist, wäre es schade, hier zu unterbrechen.)

T.: »Moment. Ich denke, das mit dem Zwicken ist so manchen Frauen schon passiert. Die meisten haben aber keine Atembeschwerden.«

K.: »Für mich ist es der Tod, ausgelacht zu werden.«

T.: »Das würde bedeuten, daß nicht der Aufzug und die Menschen und auch nicht Ihre Schwierigkeiten beim Atmen die Ursache für die Angst sind, sondern Sie Angst haben, ausgelacht zu werden.«

K.: »Ja, das ist das Schlimmste für mich. Ich hab' mich schon als Kind immer am liebsten verkrochen, wenn ich dachte, irgendwer könnte mich verspotten.«

T.: »Dann hat sich ja seit Ihrer Kindheit nicht viel verändert.«

K.: »Wollen Sie damit sagen, daß ich noch ein kleines Kind bin?«

T.: »Eigentlich nicht, aber die Idee scheint ja recht treffend zu sein.«

K.: »Mein Freund hat mir schon oft gesagt, daß ich mich doch wie eine Erwachsene benehmen soll. Ich weine immer so schnell, schon beim geringsten Anlaß und manchmal schmolle ich auch vor mich hin, wenn ich mir verletzt vorkomme. Das ist doch wirklich schrecklich. Was kann ich denn da tun?«

T.: »Im Sinne einer Leistung können Sie gar nichts tun. Es geht dabei um eine Entwicklung, die irgendwo ins Stocken geraten ist, so daß Sie im Gebiet ihrer Gefühle noch ein kleines Kind sind; Ihrem Verstand nach sind Sie eine Erwachsene. Das kann zu solchen Verwirrungen führen...«

In diesem Falle sind der Patientin durch das konsequente Konkretisieren ihre Schwierigkeiten sowohl auf der kognitiven als auch auf der emotionalen Ebene einsichtig geworden. Sie verspürt jetzt, daß es im Verlauf einer weiteren Therapie weniger um ihre akute Angst zu gehen hätte, als vielmehr darum, eine noch nicht stattgefundene Entwicklung zu unterstützen.

K 2: »Bei einer einfachen, durchschnittlichen Person wird man mit dieser Methode wohl keine Schwierigkeiten haben. Ich hab' da aber jetzt gerade einen Patienten, der ständig philosophiert und kaum einen Satz zustande bringt, ohne auf Ideale und höhere Werte zu sprechen zu kommen. Ich kann ihn wirklich nicht dazu bewegen, sich auch nur im entferntesten ›limbisch‹ auszudrücken.«

T.: »Sie können auch in solch einem Fall die abstrakten Ausdrücke des Patienten verdinglichen und dann müssen Sie genau hinhören, wie er mit den Pseudo-Objekten, die Sie ihm anbieten, umgeht. Das, was er über die Objekte sagt, fassen Sie als Parallele zum Zusammenspiel der entsprechenden seelischen Faktoren auf. Dabei bleiben Sie so lange wie möglich im konkreten Bild und nutzen alle Informationen, die Sie daraus gewinnen können. Sie denken gewissermaßen auf zwei Ebenen gleichzeitig, der der Objekte und der ihrer vermutlichen Bedeutungen.

Im folgenden Videobeispiel wird dies an einigen Stellen deutlich. Sie können dort auch noch einmal verfolgen, wie man abstrakte Aussagen konkret machen kann:

Höchster Grad der Vollkommenheit – Gespräch mit Anton

Der Patient, Anton (A.), ist ein Mathematikstudent, der wegen Depressionen zur Behandlung in die Klinik eingewiesen worden war.

T.: »Würden Sie mir bitte in Ihren eigenen Worten sagen, was Sie hier in die Klinik gebracht hat.«

A.: »Ja, wenn hier eine *klare Antwort* zutreffend sein könnte, gäbe es keine Probleme.« (Er vermeidet das ›ich‹; das zeigt schon jetzt, daß er es umgehen möchte, den emotionalen Teil seiner Persönlichkeit anzusprechen.)

T.: »Ich bin nicht ganz sicher, ob ich richtig verstehe, was Sie mit ›klaren Antworten‹ meinen.«

A.: »Klare Antworten sollten das *Bestreben* der Menschheit sein, es gäbe dann keine Probleme.« (Indem er ›Bestreben‹ benützt, deutet er an, daß er unter Leistungsdruck steht, dem er wahrscheinlich nicht gerecht werden kann; daher die Flucht in die Philosophie.)

T.: »Wenn ein *Bestreben* kein *definierbares* Ziel vor sich hat, kann es ja nicht erfolgreich sein.« (Ich bringe den ›Erfolg‹ als vermutlich wichtiges Konzept ins Gespräch. Mit dem ›definierbar‹ wird er herausgefordert, die Bedeutung der ›klaren Antworten‹ konkreter zu fassen.)

A.: (nachdenklich) »Sie wollen, daß ich den Begriff ›klare Antworten‹ definiere... (Die Herausforderung war erfolgreich; er spricht jetzt das ›ich‹ aus)... (er macht eine Pause)... Ja, wenn die *Menschheit* eine Definition für klare Antworten hätte, dann würde sich Leben anders gestalten.« (Er weicht wieder aus.)

T.: (polarisierend) »Wenn die Menschheit sie nicht hat, wer sollte sie dann haben?«

A.: (geht in die Falle) »Die Götter« (die idealen Eltern? Personen, die sich in philosophische Gedanken flüchten, sind oft von den Eltern so distanziert behandelt worden, daß sie sich in Fantasien versteigen und sich in der Welt der Helden und Götter andere Eltern geschaffen haben.)

T.: »Was würden für die Götter ›klare Antworten‹ sein?«

A.: »Antworten, die eindeutig sind, und keine Zweifel zulassen.« (Demnach war die Kommunikation zwischen ihm und seinen Eltern zwei- oder vieldeutig.)

T.: »Dann bleibt einem gewöhnlichen Sterblichen, der klare und unzweideutige Antworten für sich beansprucht, wohl nichts anderes übrig, als sich an die Götter zu wenden.« (Die Erklärung für sein Philosophieren.)

A.: (lächelt) »In einer Weise tue ich dasselbe, indem ich von mir selbst klare Antworten verlange... (ernsthaft) aber das gelingt mir nicht.« (Jetzt bringt er seine Persönlichkeit ein.)

T.: »Wenn Ihnen das gelänge, dann wären Sie ja eine gottähnliche Figur.« (Anspielung auf seinen narzißtischen Größenwahn, der aus seiner überheblichen Einstellung und Sprechweise hervorscheint.)

A.: »Sollte man nicht nach Idealen streben?« (Er korrigiert meine vorhergegangene Feststellung nicht, was den Größenwahn bestätigt.)

T.: »Ist das nicht ein wenig anstrengend?« (Konkretisierend).

A.: (mit einem tiefen Seufzer) »Ja, die Frage, wie ich mich vervollkommnen könnte, hat mich oft bis spät in die Nacht geplagt.«

T.: »Kann ein Mensch wissen, daß er den höchsten Grad der Vollkommenheit erreicht hat?« (Konkretisierend.)

A.: »Darüber habe ich ausgiebig nachgedacht. So, wie ich bin, werde ich dieses Ziel nie erreichen.«

T.: »Es scheint, daß Sie das einfach als Tatsache hingenommen haben.« (Herausfordernd.)

A.: »Nein, keineswegs. Es hat mich sehr traurig gestimmt.« (Er gesteht zum erstenmal menschliche Gefühle ein.)

T.: »Haben Sie jemandem von dieser Traurigkeit erzählt?«

A.: »Wem denn? Meine Mitmenschen (die Eltern) würden mir nur nahelegen, mich zusammenzureißen.«

T.: »War das schon immer so?« (Ich spreche seine Vergangenheit an.)

A.: (bitter) »Ich war immer allein. Meine Erzeuger (die höchstmögliche Abwertung seiner Eltern) hatten ihre eigenen Interessen. (Wie ich im nachhinein erfuhr, lebten beide Elternteile in erster Linie für ihre akademischen Berufe.)«

T.: »Es muß Sie aber doch jemand in Ihrer Kindheit betreut haben.«

A.: (verächtlich) »Eine ganze Reihe von Kindermädchen.«

T.: »Sie haben nicht sehr viel von ihnen gehalten?«

A.: »Sie waren alle dumm. (Jetzt spricht er, wie der kleine altkluge Junge.) Ich habe mich schon sehr früh mit Büchern befaßt, die ihnen unverständlich waren.«

T.: »Und den Eltern waren die Bücher ebenso unverständlich?«

A.: »Ganz und gar nicht, die Bücher waren ja aus ihrer Bibliothek. Mein Vater sagte allerdings, ich solle mich doch mehr mit dem Schulmaterial befassen.«

T.: (konkretisierend) »Wenn ich Sie richtig verstehe, lasen Ihre Eltern diese Bücher, hielten es für den Jungen aber für unpassend, dies auch zu tun. Einerseits wollten Ihre Eltern, daß Sie in der Schule gut zurechtkommen – wenn ich es so sagen darf – gescheit sein sollten; andererseits war Ihr Vater ungehalten, wenn sich abzuzeichnen begann, daß Sie genauso gescheit wurden wie er. (Ich spreche hier das Verwirrende des doublebinds an, in dem das Kind mit der Information: ›Tu, was ich sage, aber tu nicht, was ich tue‹, zurechtkommen muß.) Ich frage mich nur, was sich unter solchen Umständen im Kopf des Jungen abspielt.«

A.: »Man wird sich unverstanden fühlen und allein in der Welt. Die Bücher werden zu den einzigen Vertrauten.«

Im weiteren Gespräch schilderte Anton Stück für Stück, wie er sich zunehmend von seiner Umwelt isoliert und in philosophisches Denken geflüchtet hat. Mehrere Aufenthalte in Sanatorien haben seine Menschenfeindlichkeit noch verstärkt, weil ihn dort nahezu jeder, genauso wie sein Vater, davon abbringen wollte, seinen philosophischen Überlegungen nachzuhängen.

K 1: »Glauben Sie tatsächlich, daß Anton an Depressionen leidet?«

T.: »Nicht einmal dem Anschein nach. Ich würde ihn, wenn es Ihnen um das Etikett geht, als schizoide Persönlichkeit bezeichnen, die mit ihrer lebensfremden Einstellung und in einer rein intellektuellen Beschäftigung, ohne mit Menschen in Berührung kommen zu müssen, eine Art Gleichgewicht aufrechterhalten kann.«

K 2: »Wie groß ist die Gefahr der Schizophrenie für Anton?«

T.: »Die sehe ich schon. Wenn ein anderer Mensch ihm trotz seiner Abwehrmechanismen sehr nahe kommen und Gefühle bei ihm erwecken würde, die er nicht bewältigen kann, könnte es zu einem Zusammenbruch kommen. Seine innere Weisheit sorgt aber schon dafür, daß er sich in einer ideellen Sphäre von seinen Mitmenschen isoliert. Außerdem habe ich während des Gesprächs mit ihm den Eindruck gehabt, daß er über genügend

Ich-Stärke verfügt, um einer ihm angepaßten Psychotherapie zugänglich zu sein, von der aber nur bescheidene Erfolge zu erwarten wären.«

K 3: »Was glauben Sie, hat Anton das Gespräch bis hierher gebracht. Er schien Einsichten nicht sonderlich zugänglich.«

T.: »Irgend etwas wird in Bewegung geraten sein. Dadurch, daß ich seine Sprache gesprochen habe, hat eine menschliche Resonanz stattgefunden. Ob und wie diese sich auswirkt, läßt sich noch nicht absehen. Sie dürfen bei Menschen, die der Realität so verschlossen sind, nicht mit spektakulären Ergebnissen eines Gespräches rechnen.«

K 4: »Sie haben neben dem Konkretisieren auch noch das Polarisieren angesprochen. Darüber hätte ich gern noch mehr erfahren.«

Verpackte Widersprüche – Polarisieren

T.: »Es ist verständlich, daß Sie sich an den greifbaren Aspekten der Gesprächsführung festhalten. Ich gebe Ihnen natürlich gern noch weitere Beispiele für einzelne Formen der Fragestellung, aber vergessen Sie dabei bitte nicht, daß das Gespräch spontan und damit unüberlegt vonstatten geht. Was ich Ihnen hier vorführe und erkläre, hat sich aus einer Vielzahl von Interviews als grobes Muster ergeben. Sie werden selbst bemerken, daß es nicht sehr hilfreich ist, wenn Sie es im Sinne von Regeln oder gar Vorschriften auffassen.

Nun aber doch zu Ihrer Frage nach dem Polarisieren. Es ist immer wieder erstaunlich, daß Menschen in der Lage sind, ihre ganze Widersprüchlichkeit in einem einzigen Satz zu reproduzieren. Noch erstaunlicher ist das unglaubliche Geschick, das wir aufbringen, um die in der Umgangssprache verborgenen präverbalen Informationen zu enthüllen.

Wir können uns als Beispiel Gusti anschauen, die unter Kopfschmerzen leidet. Sie sagt im Laufe des therapeutischen Gespräches:

G: »Im *großen und ganzen* habe ich mit meinem Mann keine Schwierigkeiten.«

T.: »Soll ich annehmen, daß Sie in *Kleinigkeiten* mit ihm Schwierigkeiten haben?

G.: »Na ja, in Kleinigkeiten schon. Aber ich will bei Ihnen nicht den Eindruck erwecken, daß ich mich beklage.«

T.: »Und wenn ich diesen Eindruck hätte?«

G.: »Dann würden Sie sagen, daß ich eine Nörglerin bin.«

T.: »Darf ich vermuten, daß Ihr Mann derselben Meinung ist?«

G.: »Wenn's nur das wäre; er läßt kein gutes Haar an mir.«

Mit diesem letzten Satz hat Gusti eine komplette Kehrtwendung gegenüber ihrer ersten Aussage vollzogen. Das war sicherlich nicht ihre Absicht. Sobald man sich aber auf das Gebiet der Eigensprache begibt, wird deren eigene Dynamik wirksam, die eine Person nahezu unter Druck setzt, das, was sie unausgesprochen bewegt, laut und ohne Vorbehalte zu proklamieren.

Zähneknirschen – Gespräch mit Heinz

Zum Polarisieren noch ein anderes Beispiel aus dem Gespräch mit Heinz, der an nächtlichem Zähneknirschen (Bruxismus) leidet, wodurch seine Zahnoberflächen schon stark abgeschliffen sind und der Schlaf seiner Frau häufig und unangenehm gestört wird.

Gewöhnlich sind Menschen, die diese Störung zeigen, in ihren Aggressionen überdurchschnittlich gehemmt und besessen von der Angst, die Kontrolle über sich selbst zu verlieren und dann möglicherweise sogar eine strafbare oder verachtenswerte Handlung zu begehen.

Der Zahnarzt, der Heinz behandelte, hatte vermutet, daß seelische Umstände für das Zähneknirschen verantwortlich sein könnten.

Da er in den Röntgenbildern auch Zeichen einer Arthrose des Kaugelenkes fand, drängte er Heinz, der der Psychotherapie gegenüber höchst skeptisch eingestellt war, förmlich zu einem psychologischen Interview.

H.: »Ich weiß überhaupt nicht, wie *Sie* mir helfen können.«

T.: »Glauben Sie, daß *jemand anderer* Ihnen helfen könnte?«

H.: (verlegen) »Das wollte ich nicht sagen. (Es ist ihm dennoch unfreiwillig entschlüpft.) Ich meine nur, ich kann nicht verstehen, wie *reden* mir mit meinem Zähneknirschen weiterhelfen kann.«

T.: »Glauben Sie, daß *etwas anderes* als reden Ihnen weiterhelfen könnte?«

H.: »Ja, man *muß* etwas tun.«

T.: »Soll ich annehmen, daß das, was Sie tun müßten, noch *nicht stattgefunden* hat?«

H.: »Sie sind genau wie meine Frau. Sie meint, daß ich meine Arbeitsstelle wechseln sollte, weil sie glaubt, daß ich dort nicht glücklich bin.«

T.: »Aus dem, was Sie sagen, muß ich entnehmen, daß Ihre Frau im Unrecht ist.«

H.: »Na, einen Moment mal. Unrecht hat sie nicht. Aber sie *übertreibt* die Tatsachen.«

T.: »Könnte es sein, daß *Sie* die Tatsachen *untertreiben*?«

H.: (etwas verblüfft) »Ja, schon. Das stimmt. Ich versuche immer, alles besser hinzustellen, als es wirklich ist.«

Indem er sich gegen ein psychologisches Gespräch sträubte, hat Hans versucht, das rosige Bild, daß er sich und anderen von seiner Arbeit gemalt hat, aufrechtzuerhalten. Später stellte sich heraus, daß er unter seinem Onkel als Vorgesetztem arbeitete und dieser ihn vor den anderen Angestellten behandelte, als wäre er immer noch der kleine Junge. Hans fühlte sich dadurch zutiefst verletzt, kontrollierte aber seine aufkommende Aggression und bagatellisierte die Situation im nachhinein. Nachts, wenn seine bewußten Kontrollen ausgeschaltet waren, kam seine innere Wut in Form von Zähneknirschen an die Oberfläche. In einer Sequenz aus der Unterhaltung mit Karen erkennen wir einen ähnlichen Gesprächsverlauf. Wir sehen noch einmal, wie es das Gespräch voranbringt, auf die Aussagen des Gegenübers genauestens einzugehen. Karen wird von unspezifischen Angstzuständen geplagt, die von Beklemmungen und

Atemnot begleitet sind. In zahlreichen Untersuchungen ließ sich keine Ursache für ihre Symptome finden. Nachdem sie etwas komprimiert ihren Leidensweg wiedergegeben hatte, bemerkte sie:

»Obwohl meine Symptome es mir schwer machen, morgens aufzustehen, sehe ich zu, daß die Wohnung stets *rein* ist.« (Man könnte hier sagen, daß Karen einfach betont, wie pflichtbewußt sie ist. Die Tatsache aber, daß sie das Rein-sein unaufgefordert anspricht, obwohl es sich nicht zwingend aus dem ersten Satzteil ergibt, macht es wahrscheinlich, daß dieser Begriff eine individuelle, eigensprachliche Bedeutung für sie besitzt.)

T.: »Ist es dann so, daß es *etwas Bestimmtes* bei Ihnen hervorrufen würde, wenn Ihre Wohnung einmal nicht *rein* wäre?«

K.: »So etwas kann ich mir noch nicht einmal ausdenken.«

T.: »Dann muß es ja sehr schlimm für Sie sein, nicht *rein* zu sein.«

K.: »Da haben Sie ganz recht. Ich habe schon als Kind einen regelrechten Horror vor Schmutz gehabt. Ich hab' wohl mindestens doppelt so viel Seife verbraucht wie mein kleiner Bruder.«

T.: »Sie müssen sich ja irgend etwas vorgestellt haben, um so einen Horror vor Schmutz zu bekommen.«

K.: »Was ich mir als Kind vorgestellt habe, daran kann ich mich nicht mehr erinnern. Heute kann ich aber sehen, daß Schmutz der Nährboden für alle möglichen Krankheiten ist.«

T.: »Dann bewahren Sie ja die Gesundheit Ihrer Familie, wenn Sie die Wohnung immer rein halten.«

K.: (seufzt tief) »Das ist gar nicht so leicht. Mein Mann macht sich andauernd lustig über meine Besorgnis. Manchmal kommt er extra mit schmutzigen Schuhen nach Hause. Ich würde dann am liebsten schreien, aber etwas *schnürt mir die Kehle zu*.«

Hier sehen Sie, wie wir über die eigensprachliche Bedeutung eines Wortes an den Kern der Problematik gelangen können. Es ist dabei äußerst hilfreich, auf triviale Ausdrücke zu achten, die sich nicht harmonisch in das Satzgefüge einreihen. Nachdem wir jetzt das Polarisieren und das Konkretisieren so genau betrachtet haben, möchte ich mich mit dem nächsten Patienten unterhalten, damit Sie wieder einen umfassenderen Blick auf die Vorgänge während eines ›limbischen‹ Gespräches werfen können.

Mordswut auf die ganze Welt – Gespräch mit Oskar

Es setzt sich Oskar (O.) zu mir, ein 35jähriger, geschiedener Ingenieur, der wegen diffuser körperlicher Beschwerden und nicht genau beschriebener sozialer Schwierigkeiten, die ihn mehrere Jobs gekostet haben, in die psychosomatische Klinik eingewiesen worden ist. Er hat sich dem für die Patienten vorgesehenen Stuhl mit unverhüllt verächtlicher Miene genähert und reagiert jetzt auf meine Begrüßung mit einem undeutlichen Brummeln.

T.: (Ich deute seine negative Einstellung, die offensichtlich ist, positiv um.) »Soll ich annehmen, daß Sie heute *lieber* woanders sein *möchten*?«

O.: »Ist mir scheißegal, wo ich bin.« (Seine negative Haltung zwingt ihn, sich auch einem negativen Angebot gegenüber negativ zu verhalten und sich somit unfreiwillig zumindest schwach positiv zu äußern.)

T.: »Soll ich daraus entnehmen, daß Sie sich nicht entscheiden können, oder daß Sie es nicht wollen?«

O.: »Ich kann mich entscheiden und weiß sehr genau, was ich will.« (Jetzt drückt er sich positiv aus, was er sonst wohl kaum tut.)

T.: »Das ist ja sehr lobenswert.« (Er muß dieses Lob abwerten.)

O.: »Ich sehe keine besondere Tugend in dem, was ich tue.«

T.: »Da mögen Sie recht haben. Aber erklären Sie doch: Wenn es Ihnen egal ist, wo Sie sind, warum haben Sie sich ausgerechnet für eine Klinik entschieden?« (Ich fordere seinen Pessimismus heraus.)

O.: »Wenn es Ihnen so schlecht ginge wie mir, dann würden Sie ja auch nicht auf der Kirmes tanzen gehen.«

T.: »Wenn es mir sowieso egal wäre, würde ich das schon.«

O.: (lacht) »Was sind denn Sie für ein Mensch?« (Aus seinem Mund ist diese Frage ein Kompliment.)

T.: »Das ist doch nicht so schwer zu erraten. Wenn Sie ›weiß‹ sagen, sage ich auch ›weiß‹; das gleiche gilt für schwarz. Ich drehe die Dinge nicht um.« (Damit biete ich ihm ein Bild, das ungefähr das Gegenteil des Eindruckes zeigt, den er erweckt. Wie wird er darauf reagieren?)

O.: »Da tun Sie mir leid. Da kann ja jeder mit Ihnen machen, was er will.« (Er bewahrt sich also dadurch, daß er sich negativ einstellt, seine Individualität.)

T.: »Das verstehe ich nicht so ganz. Glauben Sie wirklich, daß ich nichts als ein Jasager wäre, wenn ich mit Ihnen übereinstimmen würde?« (Ich spreche die Ängste an, die sich vermutlich hinter seinem Negativismus verbergen.)

O.: »Sind Sie es etwa nicht?« (Er dreht meine Herausforderung um.)

T.: »Wenn Sie auf eine weiße Wand zeigen und sagen, daß sie weiß ist, was verliere ich da, wenn ich mit Ihnen übereinstimme?« (Ich argumentiere jetzt genauso gleichgültig wie er.)

O.: »Versuchen Sie nicht, mich zu überrumpeln.« (Das Thema wird ihm zu brenzlig.)

T.: »Sie brauchen doch nur das Gegenteil von dem zu behaupten, was ich sage, und schon sind Sie nicht mehr zu überrumpeln.« (Ich empfehle ihm, das zu tun, was er ohnehin tut und nehme ihm damit den Wind aus den Segeln seiner Methode.)

O.: »Das tue ich doch gar nicht.«

T.: »Sie haben es gerade getan.«

O.: (lacht) »Mit Ihnen würd' ich nicht gern Schach spielen.«

T.: »Ja, warum denn nicht?«

O.: »Sie würden ja meine Züge schon sehen, ehe ich noch einen Finger rühre.«

T.: »Soll ich glauben, Sie mögen es nicht, durchschaut zu werden?«

O.: »Würden Sie das etwa mögen?«

T.: »Wenn ich nichts zu verheimlichen hätte...«

O.: »Jetzt schieben Sie mir zu, daß ich etwas zu verbergen habe.« (Jetzt sind wir an einem heiklen Punkt angelangt. Die

Negativität, die er als Maske nach außen hin zeigt, soll verbergen, daß er im Grunde sehr verletzlich ist und es daher nahezu vernichtend für ihn wäre, von den Menschen, deren Liebe er sucht, zurückgewiesen zu werden. Die negative Einstellung, die er sich zueigen gemacht hat, stützt seine Persönlichkeit und ermöglicht ihm, im Alltag und unter Menschen zwar eher schlecht als recht, aber dennoch zurechtzukommen. Er befürchtet, daß, sobald er diesen Schutz aufgibt, seine verborgene Natur eines um Liebe bettelnden Kindes durchbrechen würde. Diese Befürchtung ist ein Merkmal vieler ›Menschenfeinde‹.

T.: (Ich gehe auf das ein, was hinter seiner Feststellung steckt.) »Ich habe den Eindruck, daß Sie mich unbedingt davon überzeugen wollen, daß Sie ein Bösewicht sind. Wahrscheinlich bin ich nicht der Einzige, bei dem Sie das tun.«

O.: (mit gewissem Stolz) »Ich war immer überall unbeliebt, auf jedem Arbeitsplatz. Solange ich nützlich war, mußten sie mich behalten, aber lange ausgehalten haben sie mich nicht.«

T.: »Das klingt, als sei es Ihnen egal, ob Sie beliebt sind oder nicht.«

O.: »Ich kann die Menschen nicht ausstehen; warum sollten sie mich dann ausstehen können?«

T.: »Da müssen Sie es ja besonders schwer haben. Man hat mir erzählt, daß Sie verschiedene Symptome von Krankheiten haben; da sind Sie ja auf Menschen, auf die Ärzte, angewiesen.«

T.: »Ja. Wohl oder übel. Aber ich sorge schon dafür, daß die mich nicht etwa zu ihrem Liebling machen. Drei von denen hab' ich das Leben schon so schwer gemacht, daß sie mich rausgeworfen haben.«

T.: »Das hat Sie sicher mit besonderer Genugtuung erfüllt. Aber ich weiß schon, daß Sie das jetzt Ihrem Schema gemäß ableugnen müssen.«

O.: »Den Gefallen tue ich Ihnen nicht. Ich sag's ja ganz gerade heraus. Wenn ich einem eingebildeten Besserwisser (damit meint er auch sich selbst) begegne, macht es mir den größten Spaß, ihn um einen Kopf kleiner zu machen.«

T.: »Ist das nicht ein teurer Sieg? Ihre Leiden können dann ja nicht behandelt werden.«

O.: »Die Ärzte können mir sowieso nicht helfen.«

T.: »Und wenn Sie Ihnen helfen könnten... ?«

O.: »Mir kann niemand helfen.«

T.: »Das klingt ja beinahe so wie: ›Mich kann niemand lieben‹.«

O.: »Das stimmt ja auch.«

T.: »Schließt das auch das ein, was Sie von sich selber halten?«

O.: »Ich kann mich selbst noch weniger ausstehen als die restliche Menschheit.«

T.: »Es muß wohl irgend etwas Spezielles geben, das Sie dazu bringt, sich selbst nicht ausstehen zu können.«

O.: »Mein Gott, all die Dinge, die ich hätte erreichen können, wenn ich nur nicht so verdammt bequem wäre.«

T.: »Um diese Bequemlichkeit zu beseitigen, müssen Sie sich wahrscheinlich unter Druck setzen.«

O.: »Das kann man wohl sagen. Druck wie in einem Dampfkessel.«

T.: »Kein Wunder, daß Sie Symptome haben.«

O.: »Ja, in der Tat, die hab' ich. Kopfschmerzen, und verspannt bin ich, knirsche Tag und Nacht mit den Zähnen und wenn ich nur ein bißchen zuviel esse, bekomme ich sofort Sodbrennen; aber das Schlimmste ist, daß ich so wütend auf mich selbst bin. Die anderen vergnügen sich mit lauter so dummem Zeug; wenn ich das sehe, würd' ich denen am liebsten eines in die Fresse hauen.«

T.: »Und wie würden Sie sich einem Menschen gegenüber verhalten, der genauso meckert und unausstehlich ist wie Sie?«

O.: »Verachtung. Nur die tiefste Verachtung.«

T.: »Das müssen Sie mir erklären.«

O.: »So ein Mensch ist nur ein Schlechtmacher, ein Spaßverderber, an dem ist nichts wertvolles dran. Ein unausstehlicher Charakter, den man am besten auf eine Insel verbannen sollte.«

(Diese Selbstverdammung hat zum Ziel, sich von der eigenen ›Schlechtigkeit‹ zu befreien. Er wagt es nicht, dicses Bestreben offen auszusprechen. Möglicherweise hilft ein metaphorisches Beispiel in Form eines Märchens, die Kruste seines Menschenhasses an dieser Stelle ein wenig schmelzen zu lassen. Gerade nach außen so verhärtet erscheinende Personen sind oft besonders empfänglich für etwas sentimentale Darstellungen.)

T.: »Sie beschreiben das recht interessant, aber es klingt sehr logisch. Lassen Sie es uns einmal mit einem Märchen versuchen. Es beginnt folgendermaßen: Da war eine üble Hexe, die es nicht duldete, daß jemand in ihr Reich eindringt. Eines Tages verirrte sich aber ein Schäferjunge auf der Suche nach einem Schaf in den Wald, in dem die Hexe lebte. Sie haßte die Menschen abgrundtief und zögerte nicht, den unschuldigen Jungen in ein gräßliches Monster zu verwandeln. Er konnte sich den Menschen, die alle vor ihm erschraken, jetzt nicht mehr zeigen und lebte ganz allein und nur noch für seine Schafe. Aber wie der Zufall es wollte, kam ein fremdes Mädchen an seiner einsamen Hütte vorbei und fand ihn in Tränen aufgelöst. Er beweinte sein Schicksal. Sie war so von Mitleid ergriffen, daß sie gar nicht bemerkte, wie häßlich er war und sie umarmte ihn mit tröstenden Worten. Können Sie mir jetzt erzählen, wie es wohl weiterging?«

O.: (sichtlich bewegt) »Hören Sie doch mit diesem sentimentalen Mist auf... (er sucht umständlich nach einem Taschentuch. Pause für eine Weile)... Sie sind ein Ungeheuer. Sie wissen genau, wo meine Schwachstellen sind. (Mit sehr leiser Stimme, der die bisher zur Schau gestellte Aggression fehlt). Wer würde denn ein solches Scheusal wie mich überhaupt anschauen... Im Märchen gibt es das vielleicht. Meine Ehe hat genau drei Wochen lang gehalten. So ist es.«

T.: »War das schon immer so?« (Die Tür zu seiner Vergangenheit könnte sich an dieser Stelle öffnen.)

O.: »Ich war ein elender Bastard, das wußte jedes Kind in der Nachbarschaft; meine Mutter wußte noch nicht einmal, wer mein Vater war und hat keine Gelegenheit ausgelassen, mir klarzumachen, daß ich eine Strafe Gottes für sie bin.« (Er spricht jetzt wieder aggressiv.)

T.: »Tja, wie haben Sie es dann nach all dem später geschafft, das schwierige Ingenieurstudium zu beginnen, durchzustehen und Ihren Beruf auszuüben?«

O.: »Da war nichts besonderes dabei. Ich hatte eine Mordswut auf die ganze Welt, die hat mir die Energie gegeben. ›Denen werde ich's zeigen‹, hab' ich mir gedacht. Ich hab' mir auch oft so vorgestellt, daß ich einmal eine große Erfindung machen werde und mir der Bürgermeister vor allen Leuten des Ortes eine Ehrenurkunde überreicht. Ich würde sie vor allen, die es damals auf mich abgesehen hatten, zerreißen und dem Bürgermeister ins Gesicht spucken.«

T.: »Glauben Sie, daß Ihr Rachedurst damit gelöscht wäre?«

O.: »Das wäre ja nur der Anfang.«

T.: »Ich habe den Verdacht, daß hinter Ihrem Menschenhaß etwas für Sie viel Bedeutsameres steckt.«

O.: »Darauf bin ich nicht neugierig.«

T.: »Das kann ich Ihnen nicht abnehmen. Sie haben es ja schon selbst gesagt. Ihre Wut ist die einzige Energie, die Sie im Leben vorantreibt. Was wären Sie ohne Wut?«

O.: »Ein jämmerlicher Schwächling...«

T.: »... der um Liebe bettelt.«

O.: »Hören Sie bloß mit dem Wort ›Liebe‹ auf. Das ist eine Erfindung von sentimentalen Schwachköpfen.«

T.: »Glauben Sie das wirklich? Ich will Sie in keinem Fall dazu bewegen, sich der Menschheit anzuschließen. Es könnte bei Ihnen Gefühle aufsteigen lassen, von denen Sie bisher nur ahnen können, was sie einem Menschen bedeuten. Aber zum Abschluß werde ich Ihnen noch etwas sagen, wofür Sie mich hassen werden. Ganz tief da drinnen steckt bei Ihnen eine warme Person, die genauso wie in dem Märchen darauf wartet, daß jemand kommt, der Ihrer feindseligen Kruste nicht glaubt.«

O.: (lächelt) »Ich sollte Sie tatsächlich hassen, aber...« (er macht einen aufgelösten Eindruck.)

T.: »Möchten Sie das noch weiter besprechen?«

Oskar schüttelt den Kopf und verläßt den Platz.

K 1: »Das Interview hat mich sehr bewegt. Ich habe in vielem, was der Oskar ausgedrückt hat, meine eigene Adoleszenz erkannt. Ich mußte damals auch immer widersprechen, egal ob ich es wollte oder nicht. Dadurch habe ich mich natürlich sehr unbeliebt gemacht. Und mit dem Märchen hatten Sie ganz recht. Bei mir hat das Verhältnis zu einer sehr toleranten Frau eine Veränderung bewirkt. In manchen Momenten falle ich allerdings noch in das alte schwarzmalerische Muster zurück. Deshalb kann ich gut verstehen, was Oskar durchzustehen hat.«

T.: »Da geben Sie uns ein Beispiel dafür, daß eine offensichtliche Verhaltensstörung, wenn sie in geringer Intensität auftritt, schon nicht mehr als solche anzusehen ist und im Alltag kaum auffällt.«

K 2: »Das Gespräch ist so schnell vorangegangen, daß ich manche Zusammenhänge nicht ganz mitbekommen habe. Könnten Sie noch einmal kurz wiederholen, mit welcher Methode Sie eigentlich an den Negativismus des Patienten herangegangen sind?«

Lust am Neinsagen

T.: »Dazu müssen wir zunächst die negative Einstellung an sich genauer anschauen. Jedes Kind lernt schon in den frühesten Phasen seiner Entwicklung, wie bedeutsam das Neinsagen ist. Es kann damit beweisen, daß es ein Individuum mit einem eigenen Willen ist. Das ist eine so freudige Erfahrung, daß Kinder manchmal schon aus Prinzip negativ reagieren, selbst wenn sie dabei eine andere Annehmlichkeit verspielen. Ein derart ausgeprägter Negativismus, wie wir ihn bei Oskar beobachten konnten, weist also auf eine Störung zu einem sehr frühen Zeitpunkt seiner Entwicklung hin. Wie kindlich er in diesem Bereich geblieben ist, hat sich darin gezeigt, daß er sich förmlich damit gebrüstet hat, wie gut er neinsagen kann. Ich habe dabei auf dem Boden seiner Eigensprache mitgespielt. Wenn Sie dem Patienten allerdings, so wie ich es einige Male getan habe, vorhersagen, daß er Ihnen widersprechen wird, werden Sie schnell zum Spielverderber und machen ihm damit einen Strich durch seine gewohnte, negativistische Rechnung. Er muß dann betonen, daß er nicht widersprechen wird und hat es eben in diesem Augenblick wieder getan. Wenn Sie ihm ein paarmal zeigen, wie leicht er in diese Falle geht, ist er in seinem rigiden Muster verwirrt. Es ist dabei wie überhaupt im Gespräch mit solchen Patienten wesentlich, daß Sie mit einem gewissen, manchmal vielleicht etwas düsteren Humor auf sie eingehen. Die Konversation verläuft dann recht flüssig. Wenn Sie zu gewichtig sprechen, kann es dazu kommen, daß der Patient in trotziges Schweigen verfällt.«

K 3: »Was meinen Sie, hat sich für Oskar aus diesem Gespräch ergeben?«

T.: »Schon einiges. Zunächst einmal hat er etwas klarer erkennen können, was seine Wut und die Notwendigkeit, andere Menschen vor den Kopf zu stoßen, für ihn bedeuten. Gleichzeitig ist er aber auch dem Kind, das er zum Teil noch ist, ein wenig nähergekommen. Er hat verspürt, daß dieses Kind geliebt werden möchte – ein Wunsch, der ihm als ›Bastard‹ in einer kleinen Gemeinde nicht ausreichend erfüllt werden konnte. In weiteren Gesprächen würde ihm wahrscheinlich aufgehen, daß er den Kampf seiner Kindheit bis in die erwachsenen Jahre fortgesetzt hat und jetzt statt gegen die Bürger seines Heimatortes gegen die ganze Welt kämpft. Diese Erkenntnis könnte ihn die Schwäche in seiner äußersten Grobheit sehen lassen und so sein fixiertes Gefühls- und Verhaltensschema auflockern, wodurch dann eine Nachreifung möglich werden würde.«

K 4: »Mich hat bei der Vorstellung dieses Falles jetzt irgendwie etwas gestört. Ich glaube, es war in erste Linie die Treffsicherheit, mit der Sie die Aussagen des Patienten fast vorausgesehen haben. Das hat mich etwas an die Konversation zwischen einem Therapeuten und einem Patienten unter Hypnose erinnert. Was meinen Sie dazu?«

Verstand einschläfern

T.: »Sie haben das sehr gut beobachtet. Wenn man einen hypnotisierten Menschen enzephalographisch untersucht, zeigt sich verblüffenderweise, daß seine linke Gehirnhemisphäre, die die logischen Operationen des Verstandes steuert, sich in relativer Ruhe befindet. Die rechte Hemisphäre aber, die unter anderem die Emotionen, die aus dem Mittelhirn aufsteigen, ganzheitlich verarbeitet, ist äußerst aktiv. In der Einleitungsphase zielt der Hypnotiseur darauf hin, den Verstand, die linke Hemisphäre des Klienten auszuschalten. Im eigensprachlichen Austausch stehen die Mitteilungen des Mittelhirns und damit auch der rechten Hemisphäre im Mittelpunkt. Dadurch, daß ständig entlang des paralogischen Gesprächsinhaltes kommuniziert wird, wird die Logik, das heißt die linke Hemisphäre buchstäblich eingeschläfert. Verwirrende Fragen oder Aussagen des Therapeuten verstärken und beschleunigen das.

Patient und Therapeut verständigen sich mit der Zeit nur noch auf dem Wege von gefühlsgeleiteten Aussagen, die vom Verstand unzensiert aufeinander und auseinander folgen. Deshalb ergeben sich in derartigen Gesprächen, wenn sie richtig geführt werden, oft Sequenzen, in denen der Austausch mit nahezu schlafwandlerischer Sicherheit und Selbstverständlichkeit verläuft. Das ist das, was den Kollegen, der die Frage gestellt hat, so verwirrt und gestört hat.«

K 4: »Das klingt etwas mysteriös. Bedeutet das, daß mit dieser Methode ein Mensch einem anderen hilflos ausgeliefert ist?«

T.: »Es ist genauso wenig mysteriös wie die Hypnose. Obwohl man in Hypnose hochgradig suggestibel ist, kann ja der Therapeut seinem Patienten selbst dann nichts vorschlagen, was seinen Prinzipien widerspricht. Im übrigen ist auch mein limbisches System nicht absolut genau auf das meines Gegenübers eingestellt. Es gibt immer wieder Augenblicke, wo ich ihn verliere, weil ich nicht mehr auf seiner Wellenlänge bin. Auf die Signale, die das anzeigen, gebe ich besonders acht und korrigiere dann sofort oder besser lasse den Patienten mich korrigieren. Diese permanenten Korrekturen tragen sehr viel dazu bei, daß die Gespräche nach außen hin so glatt verlaufen und daß sie so effektiv sind.«

K 5: »Ich zweifle immer mehr daran, daß die Technik, die Sie beschreiben, erlernbar ist.«

T.: »Das kommt darauf an, wie Sie ›erlernbar‹ meinen. Wenn Sie es beispielsweise erlernen wollen, ein Instrument zu spielen, müssen sie gewisse Regeln und Methoden beherrschen, die Ihnen gezeigt werden. Das eigentliche Spielen aber, die Koordination und Interpretation, kommt allein aus Ihnen heraus. Das läßt sich nicht ›lernen‹, aber es steckt in Ihnen als Potential, das Sie spontan aktivieren. Jedes Vorschulkind vollzieht die Art der Kommunikation, die Sie hier mitverfolgen können, sozusagen im Schlafe, ohne auch nur einen Gedanken daran zu verschwenden. Wir erlernen diese Sprache im Laufe unserer Ausbildung zum logischen Denken, aber sie ist nichtsdestoweniger vorhanden und wiederbelebbar.«

Stich der dicken Nadel – Gespräch mit Dietmar

Der nächste Patient ist Dietmar, ein 34jähriger verheirateter Geschäftsleiter, der wegen eines bislang therapieresistenten Zwölffingerdarmgeschwürs zur Behandlung in die psychosomatische Klinik gekommen war. Sein behandelnder Arzt hatte ihm dies angeraten, da ansonsten ein chirurgischer Eingriff der nächstliegende Schritt war. Dietmar war erst wenige Tage in der Klinik, als das Seminar stattfand und er sich bereiterklärte, sich vor den Teilnehmern interviewen zu lassen.

Er kommt raschen Schrittes auf mich zu und stellt sich höflich und mit nachdrücklicher Stimme vor; gleichzeitig schüttelt er meine Hand, wobei ich bemerke, daß die seine klebrig von kaltem Schweiß ist. Aus dieser auffallenden Diskrepanz zwischen seinem forschen Auftreten und seinen feuchten Händen läßt sich schon im vorhinein erkennen, daß bei ihm eine Widersprüchlichkeit vorhanden ist, die ihrem Wesen nach das Zentralnervensystem belasten muß. Auf der einen Seite gibt er sich kampflustig und aggressiv, auf der anderen Seite erscheint er fluchtbereit und ängstlich. Als Geschäftsleiter betrachtet ihn eine ganze Gruppe Angestellter als das Alpha-Männchen und es läßt sich schon ermessen, daß er weite Teile seiner Persönlichkeit hinter dieser Rolle wie hinter einer Maske verbergen muß.

Er beginnt weit ausholend seine Krankengeschichte zu erzählen, die von Mißerfolgen bei der Behandlung geprägt ist. Ich unterbreche ihn nach kurzer Zeit:

T: »Sie haben diese Geschichte wohl schon sehr oft erzählt (Dietmar nickt mit einem tiefen Seufzer.) Es wird voraussichtlich nicht viel bringen, wenn Sie sie noch einmal aufrollen. Es würde mich auch viel mehr interessieren, wie Sie ihr Leiden verspüren.« (Wenn jemand seine Symptome beschreibt, wird unwillkürlich die Eigensprache besonders deutlich.)

P 7: (Er sucht mit dem Zeigefinger nach einer Stelle am Bauch und zielt dann bohrend in die Region des Zwölffingerdarmes). »Ich verspüre da einen *stechenden* Schmerz.«

T.: (nimmt das Schlüsselwort auf) »Ich würde mir gern vorstellen, wie so ein *stechender* Schmerz zustande kommt.« (Er wird veranlaßt, den Ausdruck jetzt zu konkretisieren. Dazu gebe ich ihm noch eine Hilfestellung.) »Was für ein Instrument müßte ich da an meine Bauchdecke setzen, um dasselbe zu verspüren wie Sie?«

P 7: (nachdenklich) »Ein Messer darf es nicht sein, das würde durch die Haut dringen... Eine Nadel, eine *Nadel,* die *dick genug* ist, um diesen Schmerz auszulösen, ohne dabei die Haut zu verletzen.« (In dieser metaphorisch-eigensprachlichen Darstellung hat Dietmar sehr genau das psychische Trauma beschrieben, das zu seinen Symptomen führt. Es ist für ihn wahrscheinlich so schmerzhaft, daß er vermeiden wird, es anzusprechen. Damit er sich seines ›Wissens‹ um die Ursachen seiner Erkrankung, das sich schon deutlich zeigt, gewahr wird, biete ich ihm Gelegenheit zu weiteren eigensprachlichen Aussagen. Um die für ihn traumatischen Themen zu entschärfen, bleibe ich in dem Bild, das er schon entworfen hat und bewege ihn, es noch weiter auszubauen.)

T.: »Ich möchte versuchen, mir die Bauchhaut, auf die diese Nadel trifft, aus einem künstlichen Material vorzustellen. Wie müßte dieses Material Ihrem Empfinden nach beschaffen sein?«

P 7: (runzelt die Stirn und bewegt die Augen hin und her, offensichtlich, um sich das zutreffende Bild vor Augen zu führen; seine Hände nehmen richtig mit formenden Bewegungen in der Luft an diesen Gedanken teil.) ... »... Es müßte eine elastische Wand sein (er macht eine kreisende Handbewegung), eine Wand, die dem Druck dieser dicken Nadel *nachgibt*... Die

Nadel würde die Wand nicht durchdringen, aber es würde *rot werden,* dort wo sie *angreift.*« (Man kann daraus entnehmen, daß die psychische Belastung, der er ausgesetzt ist, nicht darauf gerichtet ist, ihn zu verletzen, aber höchstwahrscheinlich dennoch Spuren bei ihm hinterläßt. Er ist während des Sprechens von der Metapher in die Realität umgestiegen. Die Rötung der Haut ist eine Drohgeste und ein Signal der Wut. Später erzählt Dietmar mir noch, daß er häufig rot wird, was ihm besonders in Betriebsversammlungen außerordentlich peinlich ist. Er gibt Angriffen gegenüber also äußerlich nach – ›riding with the punch‹ ist ein Ausdruck der Boxer dafür – ; innerlich steigt jedoch nichtsdestoweniger Wut in ihm auf.

Da das Gespräch nicht nur unter therapeutischen, sondern auch unter didaktischen Gesichtspunkten geführt wird, wende ich mich mit der folgenden Erklärung an die Kursteilnehmer, dabei besonders an die Ärzte unter ihnen, da sie ja die ersten sind, die solche Patienten wie Dietmar zu sehen bekommen. Für praktizierende Ärzte ist es wichtig, in kurzer Zeit an den Kern der Problematik des Patienten zu kommen. Dazu ist es immens hilfreich, wenn sie ein gutes Ohr für die Eigensprache und ihr neurophysiologisches Wissen kombinieren können.)

T.: (zum Patienten) »Ich werde den Zuhörern hier jetzt die Prozesse, die Ihrer Krankheit zugrunde liegen, etwas genauer erklären. Wenn Ihnen irgendwas unklar sein sollte, unterbrechen Sie mich bitte. Sie werden aus der Erklärung ein wenig deutlicher erkennen können, wie Ihre seelischen Reaktionen auf zwischenmenschliche Reibungen und die körperliche Reaktion, die darauf folgt, zusammenhängen. (Zu den Seminarteilnehmern) Sie haben gehört, wie der Patient in seiner Eigensprache schon selbst seine Diagnose gestellt hat. Wir wollen dieser Einsicht jetzt einen neurophysiologischen Rahmen geben.

Wofür die dicke Nadel konkret steht, ist augenblicklich nicht relevant. Das wird später noch mit Dietmar besprochen werden. Aus dem, was er bis hierher beschrieben hat, geht hervor, daß das Eindringen eines Gegenstandes auf ihn als lebensbedrohlicher Angriff interpretiert wird. Er vermeidet den drohenden Tod, indem er nachgibt. Nur ein stechender Schmerz und eine Rötung der Druckstelle weisen auf das Trauma hin.

Vegetativer Sturm

Sein Mittelhirn bewertet den psychischen Angriff genauso als Bedrohung wie einen tatsächlichen Angriff mit einem stechenden Gegenstand und reagiert darauf mit höchstem Alarm: Das vegetative System wird mobilisiert. Sowohl Vagus als auch Sympathicus wirken auf das Zielorgan ein, das im Bereich des Dermatomes liegt, an dem die vermeintliche Verletzung stattfindet. Höchstwahrscheinlich ist für die Wahl gerade dieses Organes und des dazugehörigen Hautabschnittes ein paläophysiologischer Reflex, etwa der der Exenteration (Abstoßung des Darmes) verantwortlich. (Als ein Überbleibsel der uns vorausgegangenen wirbellosen Tiere, die in einzelne Segmente unterteilt waren, entsprechen verschiedene Hautabschnitte unseres Körperstammes auch unterschiedlichen Teilen des Vegetativums, dem Herzen, dem Dickdarm, der Lunge usw.) Das Dermatom, auf das Dietmar mit seinem Finger hingewiesen hat, entspricht dem Zwölffingerdarm, der jetzt das Ziel eines vegetativen Sturmes wird, was sich in Hypersekretion, Verkrampfung der Muskulatur und der versorgenden Gefäße ausdrückt. So kann die unterernährte Darmschleimhaut sich nur ungenügend gegen ihre eigenen verdauenden Enzyme schützen. Das Resultat sind blutende Geschwüre. Nun aber zurück zu Dietmar.«

T.: »Haben Sie etwas aus dieser Erklärung gewinnen können?«

P 7: »Ja, sehr viel sogar. Ich habe schon geahnt, daß ich sehr verwundbar bin, wenn es um Bedrohungen geht. So etwas geht mir immer *durch und durch*.«

T.: »Sie sprechen von ›so etwas‹. Verstehe ich Sie da richtig, daß Ihnen die Bedrohung nicht bekannt ist?« (Wahrscheinlich weiß er, was ihn bedroht, hat aber Schwierigkeiten, es sich einzugestehen.)

P 7: »Das ›So etwas‹ ist nicht der Routinestreß, den ein Manager aushalten muß; obwohl man daran wohl zuerst denken würde. Dieser Streß schafft mir keine Probleme. Es ist eher etwas sehr komplexes Persönliches. Ich kann mich nicht beklagen. Ich bekomme ein ausgezeichnetes Gehalt; mein Chef könnte ohne mich nicht mehr auskommen. Aber und da liegt das *große Aber* – im Laufe der Zeit ist ihm der Erfolg zu Kopf gestiegen. Er kann es nicht ertragen, daß jemand neben ihm genauso gescheit oder, Gott behüte, noch gescheiter ist als er. Natürlich ist er mir dankbar für jede erfolgreiche Innovation im Betrieb, besonders im Außenhandel, der der Firma in den letzten Jahren einen beachtlichen Gewinn gebracht hat. Er zeigt diese Dankbarkeit in großzügigen Gehaltserhöhungen und macht unserer Familie kostspielige Geschenke. So weit so gut. In den Betriebsversammlungen und den Besprechungen zeigt er aber ein ganz anderes Gesicht. Er gibt alles daran, mich vor den Kollegen kleinzumachen; wenn ich versuche, mich zu rechtfertigen, ernte ich nur noch mehr *Sticheleien*...«

T.: (unterbrechend) »Wie dick ist die Nadel, die er dazu benutzt?«

P 7: (etwas überrascht) »Er ist nicht besonders geschickt. Seine Sticheleien sind meistens grobschlächtig. Meinen Angestellten kann ich danach aber nicht mehr ins Gesicht sehen.«

T.: »Wohl weil Sie fühlen, daß Sie Ihr Gesicht verloren haben.«

P 7: »Ja, das ist überhaupt das Schmerzhafteste. Nach einem solchen Meeting frage ich mich immer, ob der Luxus, in dem ich jetzt leben kann, es tatsächlich wert ist, daß ich mich kaputt machen lasse.«

Im weiteren Gespräch kam noch zum Vorschein, daß er eine sehr religiöse Erziehung hinter sich hatte, in der alles polarisiert wurde. Etwas war entweder richtig oder falsch. Kompromisse gab es für ihn nicht. Deshalb war es ihm vermutlich auch in seiner akuten Situation unmöglich, das Dilemma, in dem er sich befand, zu bewältigen. Wann immer er ein wenig Zeit für sich hatte, grübelte er über eine Lösung nach, die es seinem schwarzweißen Schema nach für ihn nicht geben konnte. Auf der einen Seite war er vom Pflichtgefühl seiner Familie gegenüber geleitet, auf der anderen Seite meldete sich sein Selbstrespekt und verspürte er die chronischen Sticheleien und die Verletzung seines Stolzes. Medikamentös oder gar chirurgisch lassen sich derartige Konflikte nicht beseitigen. In einer Psychotherapie, während der er sich von seinen festgelegten Vorstellungen des Entweder-Oder lösen könnte, würden sich Verhaltensalternativen für ihn ergeben, in denen nicht mehr das Vegetativum die Spannungen verarbeiten muß.

Sorge um das Herz — Gespräch mit Lothar

Der nächste Patient, der zum Interview an der Reihe ist, ist Lothar (P 8), ein kräftig aussehender Mann in den Vierzigern.

T.: »Würden Sie so freundlich sein und mir in Ihren *eigenen* Worten erzählen, was Sie als Ihre Beschwerde empfinden.«

P 8: (richtet sich auf und berichtet in präzise betonten Worten) »Ich leide seit mehreren Jahren an präkordialem Druck, der sich von der vierten Rippe links bis zum Rückenbogen erstreckt und auch ein wenig nach hinten strahlt.« (Eine derart exakte Darstellung weist darauf hin, daß Lothar sich über die Details der Störung, an der er leidet, schon sorgfältig informiert und wahrscheinlich schon etliche Bücher darüber studiert hat. Da er medizinische Termini benutzt, scheint ihm daran gelegen zu sein, als organisch erkrankter Fall angesehen zu werden. Er übernimmt dabei gleichzeitig die Rolle des Patienten und die des Arztes. Diese Krankheitseinstellung ist charakteristisch für Personen, die ihre Gefühle zum Großteil unterdrücken und durch logisches Denken ersetzen. Fragen nach möglichen psychischen Faktoren seiner Erkrankung würde Lothar daher von Anfang an beiseite schieben.)

T.: »Aus Ihrer Feststellung entnehme ich, daß Sie sich schon ein genaues Bild über Ihr Leiden gemacht haben. Oder irre ich mich da?« (Hier ist die Frage ›oder irre ich mich?‹ besonders wichtig. Es ist nicht schwer zu erraten, daß Lothar recht zwanghaft ist und es daher nicht dulden wird, vom Therapeuten in welcher Weise auch immer festgenagelt zu werden. Er ahnt schon, daß dann eventuell seine emotionalen Schwächen aufgedeckt werden können. Wenn der Therapeut womöglich im Konjunktiv spricht und Adverbien wie ›möglicherweise‹, ›eventuell‹, ›vielleicht‹ usw. benutzt, trägt das dazu bei, daß das Gespräch mit zwanghaften psychosomatisch erkrankten

Patienten harmonisch verläuft und die therapeutische Zusammenarbeit erleichtert wird.)

P 8: »Nein, das ist schon richtig. Ich habe mir sogar ein sehr genaues Bild gemacht. Um zu einem übereinstimmenden Urteil der Ärzte zu kommen, habe ich einiges an Fachliteratur über die Funktionsstörungen des Herzens durchgearbeitet.«

T.: »Da müssen Sie sich ja sehr viele Mühe gegeben haben. Wahrscheinlich würden nicht viele Menschen eine solche Arbeit in Angriff nehmen.« (Ich lobe ihn, deute aber gleichzeitig an, wie ungewöhnlich er sich verhält.) »Dann kann ich Sie jetzt fragen: Nehmen Sie an, ich wäre ein Laie, wie würden Sie mir Ihr Leid beschreiben?« (Ich versuche, ihn zu verleiten, seine Fantasien über Herzkrankheiten zu konkretisieren.)

P 8: »Da, hier.« (Er benützt den Zeigefinger für eine bohrende Bewegung ungefähr in der Höhe des Herzens.) »Da beginnt der Schmerz und dann breitet er sich aus.« (Er sagt dies mit einer Überzeugung, die jeden Widerspruch von vornherein ausschaltet. Ich greife diese eigensprachliche Mitteilung im nächsten Satz auf.)

T.: »Dann haben Sie *keinerlei Zweifel,* daß Sie an einer Herzkrankheit leiden.«

P 8: »Ich nicht, (mit verächtlicher Miene) aber die Ärzte.«

T.: »Das verstehe ich nicht. Können Sie mir diesen *merkwürdigen Widerspruch* erklären?« (Ich lasse offen, wer den Widerspruch initiiert, er oder die Ärzte. Mit jeder weiteren Erklärung wird er die Fantasien über sein Herz konkreter werden lassen und damit ihre beängstigenden Auswirkungen abbauen.)

P 8: »Die Ärzte halten mir ihr Stethoskop auf die Brust — ob sie tatsächlich hinhören, weiß ich nicht — und dann werden EKGs genommen. Neunmal schon in den letzten achtzehn Monaten und einmal hat die Maschine nicht funktioniert. (Wenn es um sein Herz geht, wird nicht das kleinste Detail ausgelassen.)

T.: »Dann muß ich wohl annehmen, daß Sie eine Herzkrankheit haben, die klinisch *nicht nachweisbar* ist.« (Ein weiterer Schritt zur Konkretisierung seiner Fantasien. Es wird ihm eine Krankheit zugebilligt. Ich widerspreche ihm nirgends. Das Absurde seiner Besorgnis taucht aber allmählich zwischen den

Zeilen auf. Langsam wird ihm klarwerden, wie verworren das ist, was er sich über sein Herz vorstellt. Einem direkten Hinweis darauf würde er mit massiver Abwehr unterstützt von pseudologischen Beweisen begegnen.)

P 8: »Das meine ich auch. Schließlich habe ja ich den Schmerz und nicht die Ärzte.«

T.: »Dann sind Sie *vermutlich* ein *einzigartiger* Fall in der Geschichte der Medizin.« (Dies ist schon ein wenig zu weit in Richtung auf die Konkretisierung getrieben. Doch verstehen wir uns schon ganz gut, so daß Lothar das Absurde, das angedeutet wird, wohl bemerken, sich aber nicht dagegen sträuben wird. Eventuell wird er es abschwächen.) »Sie haben *anscheinend* eine Herzkrankheit, die die Ärzte mit den Mitteln, die ihnen zur Verfügung stehen, nicht erkennen können.«

P 8: »Nun, als einen einzigartigen Fall möchte ich mich nicht darstellen.« (Das ist der erste Rückzieher; allerdings sagt er nicht, daß er kein einzigartiger Fall *ist,* sondern benützt die schwächere Aussage, daß er keiner *sein möchte*.) »Nichtsdestoweniger meine ich, daß es den Ärzten doch möglich sein sollte, meine Symptome als das zu sehen, was sie sind; nämlich eine Warnung, daß sich aus diesem Schmerz später Folgen ergeben könnten.« (Er spricht jetzt von Möglichkeiten und nicht mehr von Fakten – ein wichtiger Schritt, in dessen Folge seine zwanghaften Vorstellungen noch weiter abbröckeln könnten.)

T.: (Ich nütze die sich jetzt bietende Öffnung, um das Absurde seiner Beschwerden noch klarer herauszustellen.) »Wenn ich Sie richtig verstanden habe, wollen Sie, daß die Ärzte eine Krankheit diagnostizieren, die noch gar nicht da ist. Ja, wie stellen Sie sich das vor?«

P 8: (kratzt sich den Kopf, rutscht im Stuhl hin und her; wischt sich die Nase; öffnet den Mund einige Male, sagt aber nichts. Offensichtlich ist er jetzt an dem Punkt angelangt, an dem seine Fantasien und die Realität sich überschneiden. Es wird ihm jetzt schwerfallen, seine Vorstellungen weiterhin aufrecht zu erhalten. Er räuspert sich einige Male und sagt schließlich): »Es kommt mir vor, als ob Sie auch versuchen, mir die Herzkrankheit auszureden. Genauso wie die anderen Ärzte.« (Anscheinend darf man das nicht.)

T.: »Wie kommen Sie denn auf solch eine Idee? (mit vorgegebener Entrüstung, die ihm vermitteln soll, daß ich sein Spiel sowohl durchschaut habe, als auch bereit bin, es mit ihm weiterzuspielen.) Ich kann mich nicht erinnern, daß ich versucht hätte, Sie von einer so *besorgniserregenden* Krankheit abzubringen.«

P 8: »Sie reden so *merkwürdig,* ganz anders als die anderen.« (Er ist verunsichert, was günstig ist.)

T.: »Was finden Sie so merkwürdig an dem, was ich sage?« (Eine weitere Herausforderung, konkreter zu werden.)

P 8: »Sie bringen mich ganz durcheinander. Ich fange schon an, an meinen eigenen Worten zu zweifeln.« (Zweifelt er an seinen Worten oder an seinen Fantasien?)

T.: »Wäre das so schlimm?« (Darüber dürfte er noch nicht nachgedacht haben.)

P 8: »Ich kann doch meine Herzbeschwerden nicht *leichtsinnig* mit irgendwelchen *oberflächlichen* Bemerkungen aus der Welt schaffen.«

T.: »Was bedeutet eigentlich das Wort ›leichtsinnig‹ an und für sich?«

P 8: (nach einigem Nachdenken) »*Leichten Sinnes sein*«.

T.: (mit einer typischen Polarisierung) »Würden Sie es vorziehen, *schweren Sinnes* zu sein, also *vorsichtig* und *bedächtig?*«

P 8: »Eigentlich nicht so sehr.« (Also doch, wenn er es auch nicht eingestehen kann.)

T.: »Aber Sie sind doch recht *vorsichtig,* wenn Sie behaupten, daß man Herzkrankheiten nicht mit einigen Worten aus der Welt schaffen kann.«

P 8: »Glauben Sie wirklich, daß man leichten Sinnes mit solchen Krankheiten umgehen kann? Ich traue Ihnen nicht so ganz.« (Wenn er mir auf die Schliche kommt, kommt er auch bald auf seine eigenen.)

T.: »Jetzt verwirren Sie mich ein wenig. Sie trauen mir nicht, wenn ich Ihre Krankheit auf die *leichte Schulter* nehme und wenn ich sie ernst nehme, trauen Sie mir auch nicht. Sie könnten mich damit dazu bringen, *nachzugrübeln,* wie ich es Ihnen recht machen kann.« (Man kann annehmen, daß er gewohnt ist, zu grübeln, da das Grübeln eine unbedingte Voraussetzung für zwanghaftes Denken ist.)

P 8: (lacht laut) »Wenn Sie so reden, erkenne ich mich selbst wieder. Das ist ja schrecklich. (Wieder ernsthaft.) Ganz im Ernst – glauben Sie tatsächlich, daß man einfach so vor sich hinleben kann, ohne sich Gedanken über ein so lebenswichtiges Organ wie das Herz zu machen?«

T.: (Ich vermenschliche in einer Gegenfrage das Organ, das im Zentrum seiner hypochondrischen Aufmerksamkeit steht.) »Glauben Sie tatsächlich, daß *Ihr Herz sich* darum *kümmert,* ob Sie grübeln oder nicht?«

P 8: (lacht ein wenig, aber mit saurer Miene) »Sie sind komisch... (das ist ungefähr die höchste Anerkennung, die er mir im Augenblick geben kann. Er schüttelt den Kopf.) Da kann doch etwas nicht richtig sein. Seit Jahren plagt mich der Gedanke, daß ich eines Tages mit einem Herzinfarkt ins Krankenhaus eingeliefert werde, nur, weil ich irgendwas, das mein Herz betrifft, vernachlässigt habe. Und jetzt soll ich all das als *lächerlich* abtun?« (Es wäre hier nicht angebracht, mit dem Patienten übereinzustimmen. Eine Zwangsneurose ist wie ein religiöses Dogma. Selbst wenn man an seiner Existenzberechtigung zweifelt, bleibt hinter dem Zweifel immer noch die Angst wirksam, daß es böse Folgen haben könnte, dem Dogma nicht zu folgen. Es bietet sich an dieser Stelle an, vom Hauptthema abzulenken.)

T.: »Sie haben jetzt etwas angedeutet, das Sie früher schon erwähnt haben. *Lächerlich* kommt von *Lachen* und das ist fast das gleiche wie *leichtsinnig* und *leichten Sinnes* sein. Diese Begriffe könnten Ihnen den Schlüssel zu einer anderen Art von Leben anbieten.«

P 8: (schüttelt den Kopf; macht Ansätze, etwas zu sagen, hält sich aber aus unersichtlichen Gründen zurück.)

T.: »Ich habe den Eindruck, daß Sie *möglicherweise* noch etwas sagen wollen.« (Wieder eine vorsichtige Einschränkung, um ihn nicht zu bedrängen.)

P 8: (nickt; denkt immer noch nach.) »... Aber dann habe ich mir die Angst ja selbst eingejagt, während *mein Herz sich* um meine Sorgen überhaupt *nicht gekümmert* hat.« (Ein gutes

Zeichen. Er übernimmt meine Worte. Damit er nicht glaubt, jetzt dumm dazustehen, schwäche ich seine Selbstanklage ab.)

T.: »Sehen Sie, es ist halt so, Sie sind ein *gewissenhafter* Mensch und Sie haben sich Gedanken über Ihre Gesundheit gemacht. Leider haben *diese Gedanken* sich verselbständigt. So leiden Sie tatsächlich nicht an einer Herzkrankheit, sondern an Ihren Gedanken und der Angst, die sie Ihnen einjagen. Sie werden mich sicher fragen wollen, wie man diese Krankheit kurieren kann. Die Kur hat schon begonnen, aber die Krankheit ist hartnäckig. Ich werde das den Teilnehmern etwas genauer erklären; und Sie wird das ja sicher auch interessieren.

(Zu den Teilnehmern): Sie sehen, daß Lothar nicht wirklich unter einer Krankheit leidet, sondern vielmehr unter einer zwanghaft besorgten Grundeinstellung, die ihm das Leben vermiest. Es ist dieses Leben, das er als krank ansieht. Anscheinend folgerichtig schließt er, daß ein normaler Mensch Spaß am Leben hat – er aber hat keinen, ergo muß er krank sein.«

Keine Leistung – keine Liebe – keine Leistung

Ich habe Ihnen den geschlossenen Schaltkreis des Blutzuckerspiegels schon dargestellt. Stellen Sie sich vor, daß wir an die Stelle des Blutzuckers das seelische Bedürfnis nach Sicherheit und Geborgenheit in ein solches System einsetzen. Der Nahrungszufuhr würde dann die empfangene Liebe und Aufmerksamkeit entsprechen. Theoretisch könnte dieser selbstregulierende Kreis gut funktionieren. Der menschliche Geist ist aber etwas komplizierter aufgebaut als das Vegetativum.

Die Person, die wir uns vorstellen, kann beispielsweise davon überzeugt sein, daß man Liebe nur durch Leistung erwirbt. Daran, daß sie die notwendigen Leistungen erbringen kann, zweifelt sie aber und so sieht sie sich in der Situation, daß sie die Liebe, die sie braucht, um sich sicher zu fühlen und zu überleben, nicht bekommen kann. Sie kommt daher zu dem Schluß, daß sie sich selbst um sich sorgen muß und tut dies auch ausgiebig. Gleichzeitig stellt sie sich aber vor, daß die Sorge nur wirksam sein kann, wenn sie ihr von jemandem entgegengebracht wird, der sie wirklich liebt. Ihr fehlt also die Liebe und Aufmerksamkeit einer anderen Person. Da sie sich aber als nicht leistungsfähig, und ihrer Definition nach damit als nicht liebenswert empfindet, hält sie das, was sie braucht, für unerreichbar. Sie muß sich, weil sich niemand ihr zuwenden kann, jetzt erst recht um sich selbst sorgen. Je mehr sie sich sorgt, desto unzureichender erscheint ihr die Sorge, desto mehr wünscht sie, von anderen umsorgt zu werden und desto weniger glaubt sie, daß so wie sie ist, überhaupt jemand sie jemals wird lieben können, was dazu führt, daß sie noch besorgter um sich selbst ist. Sie erkennen, wie dieses System von Lebens- und Todesangst angetrieben, sich selbst in Rotation erhält. Die Sorge um die eigene Persönlichkeit kann auf jedes beliebige Organ übertragen werden. So werden dann etwa das Herz oder der Magen zum Objekt ständigen Kümmerns und andauernder Besorgnis und Angst.

Ärzte mitgefangen

Personen, die in diesem Muster gefangen sind, beziehen meist auch die Ärzte darin ein. Sie trauen ihnen genausowenig wie allen anderen Menschen zu, daß sie verstehen könnten. Nach einem Arztbesuch fühlen sie sich oft in ihrem Glauben, allein auf sich selbst angewiesen zu sein, noch verstärkt. So sollte ein Arzt höchst vorsichtig mit ihnen umgehen. Sobald er zu zuversichtlich und optimistisch ist, provoziert er Negativismus und Klagen. Auf eine Bemerkung wie: »Sie schauen aber heute sehr gut aus«, wird der Patient sofort mit einer ausführlichen Beschreibung der Kehrseite des Lebens reagieren. Ist das Wohlbefinden wirklich so offensichtlich, ist eine Wendung dem Patienten angepaßter, die etwa wie die folgende klingt: »Wahrscheinlich haben Sie sich in den letzten Tagen wohlgefühlt, und ich nehme an, es ist Ihnen auch mal nicht so gut gegangen. Worüber würden Sie vorziehen, heute zu sprechen?« Es wird dem Patienten schwerfallen, jetzt so offen das Negative auszuwählen. Sie werden auch beobachten können, wie gerade diese Patienten Ihnen im Gespräch immer wieder sozusagen den Ball zuwerfen und Sie damit für den Ausgang des Spieles verantwortlich machen. Lassen Sie sich nicht in diese Falle locken. Es kann z. B. vorkommen, daß ein Patient, wie es seinem Schema entspricht, feststellt, daß auch Sie sich nicht genügend für ihn interessieren, etwa mit den Worten: »Sie müssen doch schon die Geduld mit mir verloren haben und mit meinen ewigen Klagen.« Wenn Sie jetzt mit ›nein, nein, gar nicht‹ antworten, wird er Ihnen sowieso nicht glauben und Sie in eine Position versetzen, in der Sie sich rechtfertigen und verteidigen müssen. Sagen Sie aber statt dessen: »Möglicherweise haben Sie schon selbst die Geduld verloren. Ich bin überzeugt, daß Sie gern einmal über etwas anderes sprechen möchten«, dann haben Sie ihm den Ball zurückgeworfen und er muß jetzt versuchen, mit ihm zurechtzukommen.

Das sind nur ein paar kurze Beispiele dafür, wie Sie vermeiden können, unfreiwillig in den geschlossenen Schaltkreis des Patienten mit hineingezogen zu werden. Sie haben bei den Gesprächsausschnitten zur Zwanghaftigkeit schon gesehen, daß es darauf ankommt, diesen Kreis aufzulockern.

Auf Kosten der Substanz – Gespräch mit Hubert

Hubert (39), mit dem ich mich als Nächstes unterhalte, ist kein Patient der Klinik. Er ist zusammen mit seinem behandelnden Arzt und zugleich langjährigen guten Bekannten zum Seminar gekommen, der sich daraus für Hubert einen zusätzlichen Anstoß für eine geplante Psychotherapie versprach und gleichzeitig sich selbst und den Teilnehmern die Gelegenheit geben wollte, die idiolektische Gesprächsführung mit einem ›unheilbar‹ erkrankten Patienten – Hubert leidet an Multipler Sklerose – zu erleben.

T.: »Ihr Arzt hat Ihnen schon über den Ablauf dieses Seminares erzählt. Könnten Sie jetzt so freundlich sein, mir wenn möglich in Ihren eigenen Worten zu erzählen, warum er Sie hierher mitgebracht hat?«

P 9: (hebt die Augenbrauen und zuckt unwillkürlich die Achseln) »Er war der Meinung, daß eventuell psychische Faktoren bei meiner Krankheit mitbestimmend wären.« (Er ist distanziert, spricht sehr präzise und seine nonverbalen Signale drükken deutlich Skepsis aus.)

T.: »Soll ich annehmen, daß Sie in dieser Sache mit ihm übereinstimmen, da Sie sich ja bereit erklärt haben, hierher zu kommen?« (Ich sage gerade das Gegenteil von dem, was ich vermute, um Hubert die Gelegenheit zu geben, mich zu korrigieren.)

P 9: »Ich hoffe, Sie nehmen es mir nicht übel, wenn ich Ihnen das sage. Aber ich *stehe* der Möglichkeit eines seelischen Faktors bei meiner Krankheit sehr skeptisch gegenüber.« (Da bei ihm Lähmungserscheinungen an beiden Beinen aufgetreten sind, ist ›stehen‹ als Schlüsselwort aufzufassen.)

T.: »Dann haben Sie hinsichtlich Ihrer Krankheit einen anderen *Standpunkt?*«

P 9: »*Standpunkt* ist zuviel gesagt. Ich bin nur eher von den objektiv beweisbaren Fakten beeinflußt. Demnach ist M. S. eine Viruserkrankung.« (Der nicht so feste *Standpunkt* bezieht sich nicht nur auf seine Meinung über die Symptome, sondern wahrscheinlich auch auf seine typischen seelischen Verarbeitungsmethoden. Gerade bei solchen ganz allgemeinen Fragen, besonders aber in der Beschreibung der Symptome tritt die Doppeldeutigkeit eigensprachlicher Aussagen klar hervor.)

T.: »Was stellen Sie sich vor, wie *dieser Virus* die Krankheit hervorgerufen haben könnte?« (Solche Fragen, die sich nicht mit Gewißheit beantworten lassen, eignen sich besonders gut, um eigensprachliche Anteile in der Konversation zum Tragen kommen zu lassen. Ich werfe ihm den Begriff ›dieser Virus‹ zu; wenn er ihn übernimmt, wird alles, was er über den Virus äußert, auch für die psychischen Traumen gelten, denen er, wie wir vermuten können, ausgesetzt ist.)

P 9: »Ich bin kein Mediziner, aber ich habe sehr viel darüber nachgelesen. Der Mensch wird zu einem *unfreiwilligen Opfer* dieser Viren. Sie *ernähren* sich *auf Kosten seiner Substanz* und zerstören dabei *wichtige* Zellen seines Immunsystems.« (Übertragen wir diese Beschreibung auf den zwischenmenschlichen Bereich, könnte sie darauf hinweisen, daß er ein unfreiwilliges

Opfer auf ihn eindringender Menschen [Viren] ist, die etwas von ihm inanspruchnehmen und ihn der Fähigkeit berauben, sich zu wehren.)

T.: »Es würde mich interessieren, was Sie mit der *Substanz* eines Menschen meinen.«

P 9: (zögernd und suchend) »Substanz... Substanz. Das ist das *Innerste* eines Menschen.«

T.: (absichtlich daneben zielend) »Meinen Sie damit die Eingeweide?«

P 9: (sehr rasch antwortend) »Nein, natürlich nicht. Das *Innerste* des Menschen ist sein *Charakter*... Das hat mit dem *Körper* nichts zu tun. (Er trennt den Körper vom Geist; damit möglicherweise auch seine Gefühle von seinem Verstand.)

T.: »Das verstehe ich jetzt. Sie haben noch erwähnt, daß der Mensch zu einem unfreiwilligen Opfer der Viren wird. Da ist mir etwas nicht so ganz klar. Die Viren sind ja überall. Wie kommt es, daß der eine Mensch ihnen zum Opfer fällt und der andere nicht?«

P 9: »Ich habe mir diese Frage oft gestellt. Irgendwie, so glaube ich jedenfalls, kann sich das Opfer nicht *wehren*.« (Er spricht jetzt seine mangelnden Abwehrmechanismen an — sowohl die körperlichen als auch die seelischen.)

T.: »Ich wüßte gern, wie Sie als *Laie* (ich betone das, damit er nicht darauf ausweicht, daß er kein Experte ist) es sehen, daß sich ein Mensch nicht gegen diese Viren wehren kann.«

P 9: »Ich glaube, das hängt von Umständen ab... (Er denkt nach und zögert. Dies ist eine typische nonverbale Mitteilung, die besagt, daß er seinem Problem jetzt sehr nahe kommt und nicht sicher ist, ob er wagen kann, es anzusprechen.)... Wenn ein Mensch *erschöpft* ist, hat er *keine Kraft* mehr, den Virus zu *bekämpfen*.« (Er bestätigt in seiner Eigensprache die Hypothese, daß bei Autoimmunkrankheiten Nervensystem und Immunsystem nach beständiger oder ›hoffnungsloser‹ Überforderung ›erschöpft‹ sind.)

T.: »Was glauben Sie, wie sich gerade *ein solcher Mensch* (wir sprechen über Hubert selbst. In dieser unpersönlichen Form fällt es den Patienten gewöhnlich leichter, zu reden) verhält, bevor ihn noch seine *Kräfte* verlassen?«

P 9: »Er wird wie gewohnt seine *Aufgaben* so *erfüllen,* daß ihm niemand eine Schwäche nachsagen kann.«

T.: »Dann scheint es, daß dieser Mensch schon sehr viel *Kraft aufwenden* muß, um seine Aufgaben noch zu erfüllen. Auf die Dauer wird das vermutlich *erschöpfend* sein.«

P 9: (stutzt, versucht zu lächeln, kratzt sich an der Wange und zeigt eine auffällige motorische Unruhe – ein sicheres Anzeichen, daß sich eine für ihn beunruhigende Einsicht in sein Blickfeld schiebt)... »Das ist merkwürdig; die ganze Zeit habe ich geglaubt, daß ich über die Krankheit spreche,... dabei hätte ich das ganze genausogut über mich selbst sagen können.« (Er schüttelt den Kopf, preßt die Lippen zusammen und schlägt die Beine übereinander. Über sich selbst zu sprechen, hatte er nicht geplant und muß es daher jetzt stoppen. Ich komme ihm an dieser Stelle etwas entgegen.)

T.: »Es ist schon eine schwierige *Aufgabe*, über sich selbst zu sprechen.« (Ich fordere ihn mit seinen eigenen Worten heraus. Da er ein pflichtbewußter Mensch ist, wird er versuchen, auch die Aufgabe, die sich ihm jetzt stellt, zu erfüllen.)

P 9: »Ich scheue mich nicht vor *Aufgaben*. (Er nimmt die Herausforderung an.) Aber ich bin nicht gewohnt, über *Persönliches* (d. h. über Gefühle) zu sprechen.« (Ich nehme an, daß ›man‹ in seinen Augen persönliche Empfindungen für sich behalten sollte, besonders, wenn sie schmerzhaft sind, um nicht als Schwächling dazustehen. Diese Einstellung, beunruhigende Emotionen zu unterdrücken, hat, wie sich mutmaßen läßt, zur Entstehung seiner Krankheit beigetragen. Da diese Einsicht bei ihm seine gewohnten Gedankenbahnen aus ihrer Ordnung bringen könnte, vermittle ich ihm, bevor ich diesen Punkt aufnehme, daß seine bisherige Einstellung nicht etwa verurteilenswert ist, um ihn nicht zu sehr zu verunsichern.)

T.: »Das sehe ich Ihnen an und kann das auch gut verstehen. Aber ich habe den Eindruck, daß das *Persönliche*, das Sie vermeiden möchten, irgendwie mit etwas *Schmerzhaftem* verknüpft ist – ich kann mich natürlich auch täuschen.« (Die Abschwächung veranlaßt den Patienten zu einer Korrektur, in der er sich zumeist öffnet.)

P 9: »Nein, nein. Das ist schon richtig... (Er beginnt zu

schlucken und ist sichtlich bemüht, sich zusammenzunehmen.)... So *geht* es nicht. Da ist noch etwas, das ich sagen muß...« (Er beginnt, mir die leidvolle Geschichte seiner Ehe mit einer Frau zu erzählen, die er als unzufrieden mit sich selbst und als permanent nörgelnd und mißgestimmt beschreibt.

Sie hätte gern beruflich Karriere gemacht und empfindet die Rolle der Hausfrau und Mutter, die sie übernommen hat, als belastend und behindernd. Häufig wirft sie ihm vor, daß er ihren Problemen gegenüber völlig gleichgültig sei und stellt ihn auch vor gemeinsamen Bekannten als egoistisch und gefühllos dar. Die Peinlichkeit, die er nach solchen ›*Auftritten*‹ seiner Frau verspürt, verfolgt ihn oft tagelang. Aus seinem ›Sinn für Fairness‹ heraus gibt er ihr jedoch in ihren Vorwürfen und ihrem Verhalten recht, da er sich durchaus bewußt ist, daß er es im Beruf zu Erfolgen bringt, während sie ihre intellektuellen Fähigkeiten im Rahmen ihrer Pflichten keineswegs ausschöpfen kann. So ›steckt‹ er ihre Anklagen ›weg‹ und wehrt sich nicht.

Allerdings hat er begonnen, sich Gedanken über eine Scheidung zu machen und sich auch bereits rechtlich beraten lassen, was aber die Situation für ihn noch verschlimmert hat. Seit er sich mit der Möglichkeit einer Trennung befaßt, steigen immer wieder quälende Schuldgefühle in ihm auf, die ihn innerlich ›zermürben‹. Dazu erklärt er, daß er die Verantwortung für die medizinische Versorgung des jüngeren seiner beiden Söhne trägt, der an einer Blutkrankheit leidet, über die die Ärzte sich noch nicht einig sind. Er hat eine sehr enge Beziehung zu dem Jungen und hält seine Frau überdies für emotional zu labil, um allein mit den Kindern und besonders den zusätzlichen Problemen des Jüngsten zurechtzukommen. Sie hingegen hat in Auseinandersetzungen immer wieder deutlich gemacht, daß sie, sollte er sich um eine Scheidung bemühen wollen, die Kinder in jedem Fall bei sich behalten würde.

So wirft er sich vor, daß er so eigensüchtig sein kann, an eine Trennung überhaupt zu denken. Andererseits sieht er aber keinen anderen Weg aus der für alle Teile belastenden Situation. Seit er über diese Fragen nachgrübelt, leidet er an Schlaflosigkeit und starken Verspannungen, für die er aber keine Abhilfe sucht.)

T.: »Sie haben ganz am Anfang erwähnt, wie bedeutsam es für Sie ist, Ihre Aufgaben so zu erfüllen, daß Ihnen niemand etwas nachsagen kann. Was treibt Sie da eigentlich an?«

P 9: »Für mich ist *Pflichterfüllung substantiell,* genauso wie die innere Überzeugung, daß ich den *Erwartungen* der Menschen, die von mir abhängig sind, *hundertprozentig* entsprechen kann.«

T.: »Sind hundert Prozent die obere Grenze?«

P 9: »Im Kopf weiß ich, daß ich manchmal Unmögliches von mir verlange. Aber so bin ich und ich kann mich *nicht ändern.*«

T.: »Wenn Sie so sind, wie Sie sagen und sich *nicht ändern* können, dann verläuft ja Ihr Leben auf einer Schiene, bei der es keine Weichen gibt.«

P 9: (räuspert sich, als wolle er etwas sagen, wartet dann aber, daß ich weiterspreche.)

T.: »Das würde wohl auch bedeuten, — um bei diesem Bild zu bleiben, — daß Sie sich auf dieser Schiene weiterbewegen würden, auch wenn sie Sie in Ihr Verderben führen würde.«

P 9: (zögert etwas) »... Ja, ganz ohne Zweifel.«

T.: »Das würde einem Freitod gleichkommen. Was halten Sie davon?«

P 9: »Ein Freitod ist ein Zeichen absoluter Feigheit für mich. Ich lehne das zutiefst ab.«

T.: »Na gut. Was würden Sie aber von einer Person denken, die sich systematisch, allerdings auf Raten, selbst umbringt?«

P 9: (schaut mich betroffen an) »... Sie glauben doch nicht, daß ich durch meine Krankheit einfach den Kopf aus der Schlinge ziehen will?«

T.: »Man könnte Sie ja dafür bewundern, daß Sie sich trotz der für Sie schädlichen Auseinandersetzungen dazu gebracht haben, wenigstens um der Kinder wegen in der Ehe zu bleiben. Wenn Sie dabei zugrundegehen, kann Ihnen doch wirklich niemand vorwerfen, daß Sie ein Feigling sind.«

P 9: »Hören Sie auf!... Ich darf ja nicht *aufgeben.*«

T.: »Es könnte sehr wohl sein, daß Ihnen die Idee aufzugeben schon durch den Kopf gegangen ist. Ich möchte Ihnen hier etwas Medizinisches erklären: Wenn Ihr Nervensystem die Botschaft empfängt, aufzugeben, veranlaßt es, daß das Immunsystem sich herunterschaltet. Das ist die Vorbereitung für den körperlichen Suizid. Der seelische Suizid hat schon vorher stattgefunden.« (Ich lege an diesem Punkt die Karten auf den Tisch und stelle dem Patienten die Situation, so wie sie ist, unverblümt dar, weil dieses Gespräch eventuell das einzige sein wird, das er für längere Zeit mit einem Therapeuten führt und es daher eines Abschlusses bedarf, der ihm nicht das Gefühl gibt, in der Luft hängengelassen zu werden. Es wird ihn möglicherweise momentan beunruhigen, zeigt ihm aber eindeutig die Zusammenhänge, mit denen er sich, wenn ihm daran liegt, von diesem Schlußpunkt des Gespräches aus weiter befassen kann.)

Scheitern − aufgeben − verlassen werden

(Zu den Teilnehmern): »Ich möchte besonders die praktizierenden Ärzte auf die Triade hinweisen, die sich bei Immunkrankheiten immer wieder herauskristallisiert. Um diese zu erkennen, ist ein geübtes Ohr für die Eigensprache ganz besonders hilfreich. Ungewöhnlich häufig beschreiben M. S.-Patienten in Hinblick auf die Periode vor dem Auftreten der Krankheit drei Umstände, die ich kurz wiedergeben will: Zuerst ist da die zunehmende Gewißheit, daß eine Aufgabe, vor der sie stehen, nichts als scheitern kann. Pflichterfüllung und hohe, harte Anforderungen an sich selbst sind hohe, unantastbare Ideale für sie. Daraus formt sich die zweite, für diese Patienten typische Gegebenheit: Verhindern äußere Umstände oder momentane seelische Konstellationen, daß sie ihren hoch gesteckten Ansprüchen gerecht werden können, beginnen sie ›aufzugeben‹. Sie benutzen dafür Worte wie: ›versagen‹, ›erschöpft sein‹, ›verbraucht sein‹, ›zerfallen‹, ›es geht zu Ende‹, ›es ist nichts mehr da‹, ›alles versickert einfach‹ und ähnliches. Solange sie sich über diesen Zustand sorgen oder gar beklagen, weisen sie darauf hin, daß noch ein, wenn auch äußerst schwacher, Schimmer der Hoffnung auf einen Wandel ihres Lebens zum Besseren in ihnen steckt. Verspürt ein Patient aber, aufgegeben zu werden, sehen wir bei ihm den dritten charakteristischen Punkt in der Genese dieser Krankheit. Die betroffene

Person schildert ihre Lage im Gespräch als ›verlassen sein‹, ›ausgesetzt sein‹, ›ins Abseits gedrängt werden‹, oder fragt sich selbst: ›Wer schert sich d'rum, ob ich lebe oder sterbe?‹ oder: ›Wozu denn noch weiter leiden?‹ Damit spricht sie ihr eigenes Todesurteil über sich. In dem Maße, in dem die seelischen Strukturen ihre Dynamik und ihren Zusammenhalt verlieren, wird auch das Immunsystem geschwächt. Bei fortgeschrittenen Depressionen sowie bei lebensbedrohenden psychosomatischen Erkrankungen, etwa ulcerative Kolitis, zeigt sich ein ganz ähnliches psychisches Bild.«

Ursache und Folge gleich

K 1: »Kann es sein, daß Hubert so wenig hoffnungsvoll klingende Worte benutzt, eben weil er weiß und wohl auch fühlt, daß er lebensgefährlich krank ist? Ist zuerst die Krankheit da oder die entsprechende seelische Einstellung, und was von beidem zeigt sich dann in der Eigensprache?«

T.: »Eine sehr berechtigte Frage, die sich ja auf alle psychosomatischen Manifestationen bezieht. Sie müssen sich hier wieder einmal den geschlossenen Schaltkreis vorstellen, in dem Ursache und Folge identisch sind, sobald der Kreis – hier die Krankheit – sich einmal etabliert hat. Das individuelle Reaktionsmuster eines Menschen durchzieht das Vegetativum genauso wie die Eigensprache.

Im System des funktionierenden Menschen ist kein einzelner Faktor unabhängig von den anderen. So zeigt sich in der Eigensprache nicht entweder die körperliche Krankheit oder die seelische Einstellung, sondern beides, da beides auseinander hervorgeht und gleich strukturiert ist. Es ist daher auch nicht erheblich, an welcher Stelle Sie in diesen Kreis einsteigen. Die Verzweiflung des Patienten ist genausogut die Folge wie der Initiator der M. S. Entscheidend ist, daß überhaupt eine Veränderung, eine Abweichung von den bisherigen Bahnen begünstigt wird. Diese verändert, egal wo sie stattfindet, das gesamte System.«

Ein schwindliger Seiltänzer — Gespräch mit Helene

Die nächste Patientin ist Helene, eine 38jährige, unverheiratete Sekretärin, die in der Gemeinschaftspraxis dreier Rechtsanwälte arbeitet. Seit etwa neun Monaten hat sie immer wieder Schwindelanfälle bekommen, die zuletzt so stark wurden, daß sie sich zu einem Aufenthalt in der psychosomatischen Klinik entschloß. Zuvor hatte sie schon mehrere Fachärzte aufgesucht, die aber keinen organischen Auslöser für ihr Leiden feststellen konnten. In unserem kurzen Gespräch benutzt Helene ungewöhnlich viele eigensprachliche Ausdrücke, die auf eine Verknüpfung ihrer seelischen Schwierigkeiten mit ihrem Gleichgewichtsorgan hinweisen.

Helene bewegt sich mit unsicheren Schritten auf den ihr zugewiesenen Stuhl vor der Videokamera zu und stützt sich ab, wo immer es ihr möglich ist.

T.: »Schaffen Sie es allein, oder darf ich Ihnen helfen?« (Mit dieser Höflichkeitsformel werde ich gleichzeitig Informationen über ihre Einstellung zu ihrer Krankheit erhalten.)

P 10: (lächelnd) »Ich kann doch nicht damit rechnen, daß immer jemand da ist, um mich *aufzufangen*.« (Sie benützt nicht das ›helfen‹, das ich ihr angeboten habe, sondern ihr eigenes Verbum ›auffangen‹; inzwischen hat sie sich gesetzt.)

T.: (ich versuche, das Schlüsselwort konkreter werden zu lassen) »Ich frage mich gerade, wieso es notwendig sein könnte, Sie *aufzufangen*. Ich stelle mir vor, daß Sie es schon eine Zeit lang allein geschafft haben müßten. Und dann tritt eine Änderung ein, und man muß Sie *auffangen*. Stimmt das?«

P 10: »Nicht so ganz. Ich habe schon vorher eine *Idee*, daß ich *ins Schwanken geraten* könnte, aber ich *reiße* mich zusammen; deshalb kann ich mich dann noch auf den Beinen halten. Lange geht das allerdings nicht und dann muß mich jemand *auffangen*.« (Sie verfügt nur über eine begrenzte Energie, was sowohl körperlich wie auch seelisch gelten kann.)

T.: »Was verspüren Sie eigentlich in dem Moment, in dem Sie die *Idee* haben, Sie könnten *ins Schwanken geraten*?«

P 10: »Zuerst *pendelt* etwas im Kopf *hin und her* und dann beginnen sich die *Dinge* zu *drehen*.« (Bezieht sich das auf ihre Gedanken? Gerade Menschen mit Gleichgewichtsstörungen sind sich häufig ihrer Gedankenvorgänge in eher ungewöhnlicher Weise bewußt. Sie verspüren ihre Gedanken wie tatsächliche Objekte, die sich im Kopf bewegen.)

T.: »Was meinen Sie mit ›Dinge‹?«

P 10: »Alles. Und die Dinge da drinnen.« (Sie macht eine kreisende Bewegung über ihrem Scheitel.)

T.: »Wenn ich Sie richtig verstehe, pendeln die Dinge, was immer sie auch sein mögen, zuerst hin und her und dann haben sie genug Energie, um sich zu drehen.«

P 10: (etwas verblüfft) »Ja, ganz genau so.«

T.: »Könnten Sie mir ein Beispiel aus dem Alltag geben, wo sich Dinge genauso verhalten?« (In einer bildlichen Darstellung könnten die Vorgänge, die sie verspürt, den psychischen Auslösern angenähert werden.)

P 10: »Eine *Schaukel,* der man so lange immer wieder einen Stups gibt, bis sie sich *überschlägt*.« (Damit deutet sie ein neurophysiologisches Geschehen an. Wenn unterschwellige Reize, die einzeln nicht wahrgenommen werden, sich in kurzen Abständen wiederholen, werden sie zu unerträglichen Empfindungen. Wenn man die Fingerkuppe beispielsweise leicht mit einer Nadelspitze berührt, wird dieser sanfte Stich gerade noch bemerkt. Wiederholt man diesen Vorgang jedoch rasch aufeinanderfolgend, kann die 25. bis 30. Berührung schon einen unerträglichen Schmerz hervorrufen. Es ist möglich, daß auf Helene solche minimalen, störenden Reize in zwischenmenschlichen Beziehungen einwirken, die sie aber als Bagatellen abtut und daher nicht weiter beachtet. In ihrer Wiederholung könnten sich diese Bagatellen zu quälender Intensität steigern.)

T.: »Wenn Sie nun die Schaukel wären, könnte man Sie wohl auch getrost *hin und her stupsen*. Aber an einem Punkt *überschlagen* Sie sich.«

P 10: (schüttelt sich) »Wenn ich mir das mit dem Überschlagen nur vorstelle, wird mir schon *duselig*.«

T.: »Können Sie mir das Wort ›duselig‹ ein bißchen erklären?«

P 10: »Duselig ist man, *kurz bevor* es sich zu *drehen* beginnt, bevor man sich *überschlägt*.« (Jetzt hat sie ihre eigene Diagnose gestellt. Das Hin und Her sind vermutlich ihre Gedanken, deren Inhalt wir noch nicht kennen, und die sich untereinander anstoßen und verstärken. An einem gewissen Punkt ›überschlagen‹ sie sich, da das Zentralnervensystem überfordert ist und die Reize nicht mehr geordnet verarbeiten kann. In diesem Moment fühlt Helene sich dann schwindelig. Es ist anzunehmen, daß die Gedanken von starken Gefühlen, wie z. B. Ärger angetrieben werden. Eine Person in solch einer inneren Situation befürchtet, daß es zu einem Ausbruch der bislang kontrollierten Gefühle kommen könnte und dies von der Umgebung als Zeichen des ›Durchdrehens‹, ›Überschnappens‹ oder ›Aushakens‹ gedeutet würde.)

T.: »Sie haben vorhin erwähnt, daß schon eine Vorstellung Sie *duselig* machen kann. Könnte es sein, daß das Gedanken, oder besser gesagt, Gefühle sind, die sich da bei Ihnen *hochschaukeln*?«

P 10: (sehr aufgeregt) »Wenn Sie in meinem Büro arbeiten würden, würde es Sie auch *umhauen*. Meine Chefs sind wirklich gute und auch erfolgreiche Juristen, aber untereinander sind sie wie Kinder. Jeder will, daß ich seine Korrespondenz zuerst erledige, daß ich aber den anderen nichts davon sage. Da kann ich dann mitten in einem wichtigen Brief für den einen sein und werde vom nächsten unterbrochen, um etwas anderes zu erledigen, das natürlich genauso wichtig ist. Ich denk' mir oft, ich bin ein Ball, den man einfach so *hin und her* wirft.«

T.: »Das muß ja für Ihren Kopf sehr verwirrend sein. Wie halten Sie das aus?« (Ich spreche ihre Gefühle an.)

P 10: »Zwei oder drei solche Unterbrechungen und ich möcht' am liebsten schreien und Dinge sagen, die *man* einfach nicht sagt.« (Ein anständiges Mädchen benutzt keine Schimpfworte und schreit nicht – das hat man ihr dem Anschein nach gründlich beigebracht. Diese Form der Hemmung führt dazu, daß die betroffene Person fühlt, wie sich die Aggressionen in irgendeiner Weise ›stauen‹, und sie dann, wie gesagt, befürchtet, daß der Stau sich plötzlich lösen und eine Desorganisation ihrer Person die Folge sein könnte.)

T.: »Sie haben es ja schon so lange geschafft, unter so

schwierigen Bedingungen Ihre Arbeit zu leisten. Das war sicher nicht leicht.« (Das Lob wird sie etwas lockern und beruhigen, so daß sie, während sie jetzt über ihre Schwierigkeiten spricht, nicht wieder die unangenehmen Symptome verspürt.)

P 10: »Ich bin mir abwechselnd vorgekommen wie ein *Jongleur* und wie ein *Seiltänzer*.«

T.: (ich bleibe in ihrer Eigensprache) »Da haben Sie wohl selten *festen Boden unter den Füßen* gefühlt?«

P 10: (lachend) »Nur wenn ich einige hundert Kilometer zwischen mich und das Büro gebracht habe. Dann bin ich innerlich wieder so *ausgeglichen*, wie ich es früher einmal war.«

T.: »Und wenn Sie zurück im Büro sind, brauchen Sie eine *Balancierstange*, weil man Sie wieder von drei Seiten *stupst*.«

P 10: (lacht) »Sie sagen es. Jetzt versteh' ich auch, warum ich manchmal dachte, ich könnte jeden Moment *umkippen*.«

T.: »Na, wenn Sie weit genug vom Büro entfernt sind, dann bekommen Sie ja den *Aufschwung*, der Ihnen wieder *Halt* gibt.«

P 10: (lacht wieder) »Sie verstehen mich. Das hängt alles zusammen – das Schwindeligsein und die Arbeit im Büro... Ich hab' immer Angst gehabt, daß es vielleicht doch ein Hirntumor sein könnte. Jetzt sehe ich die Dinge langsam *im rechten Lot*.«

T.: »Sie haben uns sehr geholfen. Ich danke Ihnen.«

(Zu den Teilnehmern): »Sie haben in diesem Gespräch die typische Sprache des Gleichgewichtsorgans hören können. Ich bin in diesen eigensprachlichen ›Dialekt‹ der Patientin eingestiegen und das Interview ist daher sehr glatt und flüssig verlaufen.«

K 1: »Darf ich die Patientin fragen, wie sie sich während des Gespräches gefühlt hat?«

P 10: »Ich kann das nicht richtig beschreiben. Es war ganz merkwürdig, als ob er mir die Worte geradewegs aus dem Mund genommen hätte. Mit dem Schwindeligsein hatte ich schon oft die *Orientierung* verloren – die Ärzte, die vielen Untersuchungen... Aber jetzt habe ich erstmal wieder eine *Richtung*. Mehr kann ich im Moment nicht sagen.«

Der unbrauchbare Fuß — Gespräch mit Knut

Einer der teilnehmenden Ärzte hatte vor dem Seminar die Bitte an mich gerichtet, einen seiner Patienten zu einem Interview vorstellen zu dürfen, den er als ›schwierigen Fall‹ bezeichnete. Aus einem kurzen Bericht über die Vorgeschichte des Patienten konnte ich entnehmen, daß es sich um einen 51jährigen Frührentner handelte, der vier Jahre zuvor als Werksmeister einen Arbeitsunfall gehabt hatte. Die Plattform, auf der er stand, war zusammengebrochen; er fiel etwa einen Meter tief und landete auf seinem Gesäß. Eingeklemmt zwischen zwei Brettern konnte er sich aus dieser Notlage nicht befreien. Seine Mitarbeiter, die dem zugesehen hatten, machten sich lustig über sein Mißgeschick und bagatellisierten das ganze Geschehen, während er heftige Schmerzen verspürte. Schließlich gelang es ihm, sich wieder aufzurichten; doch noch am selben Tag setzten starke Rückenschmerzen ein und er zog den rechten Fuß nach.

In einer sorgfältigen Untersuchung durch den Betriebsarzt kurz nach dem Unfall und auch eine ganze Reihe von Nachuntersuchungen konnten keinerlei organische Schäden nachgewiesen werden, die die Rückenschmerzen hätten erklären können.

Auch für die Lähmung des rechten Fußes ließen sich keine Ursachen finden. Die Ärzte deuteten kaum verhüllt an, daß sie Knut für einen Simulanten hielten.

Im Seminar erscheint der Patient mit einem Stock. Er schleppt den rechten Fuß in einer halbkreisartigen Bewegung nach, dabei ist seine Miene unzweifelhaft leidend. Je näher er seinem Stuhl kommt, desto schmerzvoller verzieht er sein Gesicht, wozu er deutliche Stöhnlaute vernehmen läßt.

T.: (Wird das Leiden so nachdrücklich hervorgekehrt, ist es empfehlenswert, mit einem neutralen Thema zu beginnen. Spricht man die Beschwerden direkt an, kann man mit einer langen Litanei rechnen.) »Sie haben eine lange Reise hinter sich. Hatten Sie Gelegenheit, sich ein wenig auszuruhen?« (Einer solchen Besorgtheit gegenüber wird er nichts einwenden können.)

P 11: »Man hat mir ein Sofa zur Verfügung gestellt. Es war überhaupt nicht bequem.« (Ihm kann anscheinend nichts Erleichterung verschaffen. Es sieht aus, als müsse er beweisen, wie schwer es für ihn ist, mit seinen Symptomen zurechtzukommen und daher jedes hilfreiche Angebot abwerten.)

T.: »Glauben Sie, daß man ein Sofa für Sie konstruieren könnte, auf dem Ihr Rücken Sie nicht schmerzen würde?«

P 11: »Das Sofa hat man noch nicht erfunden.«

T.: »Soll ich dann annehmen, daß man bisher auch noch kein Mittel gefunden hat, Ihnen die Rückenschmerzen zu erleichtern?«

P 11: »Erleichtern?!... Das ist ein Witz. Die Ärzte haben es bis jetzt nur geschafft, daß mein Rücken noch mehr schmerzt als gleich nach dem Unfall.« (Gegen ein Wort wie ›erleichtern‹ scheint er sich unbedingt wehren zu müssen. Gegen ›verbessern‹ oder gar ›heilen‹ wäre er sicher ähnlich eingestellt.)

T.: (das Paradoxe seiner Aussage hervorhebend) »Wenn die Ärzte Ihr Leiden nur verschlimmert haben, was bewegt Sie dann, immer wieder ärztliche Hilfe zu suchen?«

P 11: »Man hofft, daß man irgendwann etwas anderes als einen Scharlatan findet.«

T.: »Wollen Sie damit sagen, daß Sie bisher noch kein Glück gehabt haben?«

P 11: »Der, wo ich jetzt bin, ist eine Ausnahme. Er bemüht sich. Das ist mehr, als man von den anderen sagen kann.«

T.: »Was kann man denn von den anderen sagen?« (Eine Einladung, nähere eigensprachliche Informationen über sein Leiden zu geben. Wenn er jetzt über die ›anderen‹ spricht, muß er automatisch auch über sich, beziehungsweise seine Beschwerden sprechen.)

P 11: »Denen geht es nur ums Geld.« (Wahrscheinlich geht es also bei ihm um dasselbe. Seine Verrentung muß mit Schwierigkeiten einhergegangen sein. Wie ich später erfahre, ist der Antrag auf Weiterzahlung der Rente noch in Schwebe). »Unsereins ist denen doch ausgeliefert. Die stecken alle unter einer Decke. Wenn die nur meinen Namen hören, werden schon überall die Knöpfe gedrückt: ›Laßt den zappeln.‹« (Verfolgungs- und Ungerechtigkeitswahn in Zusammenhang mit einer anstehenden Verrentung treten nicht allzu selten auf.)

T.: »Ich kann Ihre Verdrossenheit schon verstehen. Mich interessieren als Arzt aber auch Ihre Beschwerden. Können Sie beschreiben, was Sie im rechten Fuß verspüren?« (Ich wähle absichtlich den Nebenkriegsschauplatz und lasse das Hauptsymptom beiseite. Das Eingehen auf den Rücken würde einen Wortschwall auslösen, aus dem kaum persönliches über ihn zu erfahren wäre. Was er aber über seinen Fuß sagen wird, bezieht sich auch auf die Gefühle, die er über sich selbst hat.)

P 11: »*Nichts, absolut nichts,* der ist völlig *unbrauchbar, nutzlos*.« (Wenn er sich selbst ›unbrauchbar‹ und ›nutzlos‹ vorkommt und ›absolut nichts‹ in sich verspürt, wird es einsichtig, daß er darauf verfallen kann, von seiner Umgebung, der ›Gesellschaft‹, von ›denen da oben‹, die er wahrscheinlich für alles Übel verantwortlich macht, zu fordern, ihm zu dem Glücksgefühl, das er entbehrt, zu verhelfen. Ist eine Person nicht fähig, menschliche Regungen für andere zu empfinden, die dem Leben Bedeutung geben, kann sie im Geld das Ziel und die Erfüllung ihrer ergebnislosen Suche nach Freude und Bestätigung sehen. Versucht sie dann beispielsweise mit allen Mitteln, an eine möglichst frühe und hohe Rente zu kommen, geschieht dies nicht aus Geldgier, sondern weil sie von einer Fantasie angetrieben ist, die ihr vorspiegelt, daß sie mit dem ertrotzten Geld ihr Glück finden könnte, das ihr bisher versagt worden ist. Gerade weil sie so bedingungslos- und rücksichtslos für ihr ›Recht‹ kämpfen, werden diese Menschen oft als unerträgliche Egozentriker abgewertet. In erster Linie sollte man jedoch sehen, daß sie, aus unterschiedlichen Gründen, emotional verkümmert sind.)

T.: »Ich habe gesehen, daß Ihr Fuß sich beim Gehen etwa im Halbkreis bewegt hat...«

P 11: (argwöhnisch und halb fragend) »Wenn ein Fuß *nichts taugt,* bewegt er sich doch wohl so.« (Er scheint nicht sicher zu sein, ob dieses Symptom einer Krankheit entspricht.)

T.: »Wie würden Sie mir am Telefon beschreiben, was Ihr rechter Fuß tut?« (Ein Anstoß, sich eigensprachlich zu äußern.)

P 11: »Er macht Kreise und *versteift* sich. Der *läßt nicht lokker*.«

T.: »Das mag wohl sein. Ich sehe aber, daß Sie mit Hilfe des Stockes doch *auftreten* können.« (Ich deute vorsichtig an, daß er den Stock als Requisit für seinen ›*Auftritt*‹ zu benutzen scheint, er daher nicht so hilflos sein kann, wie er sich darstellen möchte.)

P 11: »Sie sagen es. Mit dem Stock kann ich es schaffen.« (Er braucht die dramatische Demonstration dessen, was ihm widerfahren ist, um seine Rolle als ungerecht Verfolgter aufrecht zu erhalten.)

T.: »Wie wäre es denn, wenn Ihr Fuß jetzt gesund wäre.«

P 11: »Ich würde meinen Peinigern mit diesem Fuß in den Arsch treten.«

T.: »Dann können Ihre Peiniger von Glück reden, daß Sie außer Gefecht sind.« (Aggression und Wahnvorstellungen sind beunruhigende Partner.)

P 11: »Ganz richtig. Wenn ich meine alte Kraft wieder hätte, dann würde ich jedem einzelnen, der meinem Recht im Weg gestanden hat, zeigen, wozu der Knut noch fähig ist.«

T.: »Was tun Sie in der Zwischenzeit?«

P 11: »Ich studiere Bücher über Rechtsfragen, die mit meinem Fall zu tun haben.« (Er spricht nicht mehr über seine Symptome. Scheinbar hat er sie zugunsten des Kampfes um sein ›Recht‹ beiseite geschoben. Auch drückt sich der Rückenschmerz nicht in seiner Eigensprache aus.)

T.: »Sie zeigen eine außergewöhnliche Beharrlichkeit. Die hat wohl in den vier Jahren seit dem Unfall nicht abgenommen.«

P 11: »Wenn ich mir etwas in den Kopf gesetzt habe, dann kämpfe ich bis zum Ende. Nichts und niemand wird mich daran hindern.«

T.: »Auch nicht persönliche Beziehungen, die durch solches Kämpfen beiseite geschoben werden?« (Existiert in ihm noch irgendwo das Bedürfnis nach menschlichen Beziehungen?)

P 11: »Auch nicht. Meine Freundin hab' ich zum Teufel geschickt. Daß ich zu spinnen anfange wegen der Rente, hat sie gesagt. Da gab's dann nichts mehr.«

T.: »Was hat Ihre Freundin denn damit gemeint?«

P 11: »Sie hatte sich hinter meinem Rücken mit den Ärzten

abgesprochen. Aber mir macht man nichts vor. Das hab' ich ihr auch gesagt.«

T.: »Dann stört es Sie nicht, daß es ein wenig einsam steht mit Ihnen?«

P 11: »Wenn man im Krieg ist, braucht man keine Weiber.«

T.: »Es war für uns sehr hilfreich, wie Sie Ihren Leidensweg beschrieben haben. Ich werde mit Ihrem Arzt besprechen, welche Schritte für Sie möglich sind und wünsche Ihnen noch einen guten Tag.«

K 1: »Der Patient hat kaum seine Symptome erwähnt, auch die Schmerzen nicht. Meinen Sie, daß er die Ärzte absichtlich täuscht?«

T.: »Das hat wenig mit seinen Absichten zu tun. Es ging für ihn in diesem Gespräch darum, ganz klar zu machen, daß er ungerechterweise verfolgt und benachteiligt wird, das brauchte er mit seinen Schmerzen nicht zu beschreiben. Ich war für ihn kein Arzt, sondern ein Schiedsrichter. Bei anderen Ärzten übertreibt er seine Symptome wahrscheinlich mehr als hier. Aber er glaubt sich im Recht. Die Welt betrügt ihn und er betrügt dafür die Welt, was er nur für gerecht hält.«

K 2: »Was ist die Prognose für so eine Person?«

T.: »Sie haben ja gesehen, daß die Rente für ihn eine Mission ist, die seinem Leben einen Mittelpunkt gibt. Wenn er einen Arzt finden würde, der die Rolle des freundlichen, wohlgesinnten Zuhörers übernimmt, könnte sich in dieser begrenzten Situation für ihn eventuell die Möglichkeit ergeben, wieder einmal menschliche Regungen in sich zu verspüren. Sollten allerdings seine Aggressionen durchbrechen und er damit öffentliche Aufmerksamkeit auf sich lenken, könnte unter Umständen eine stationäre Behandlung die Folge sein.«

Die Sprache der Bilder

Die Gemütszustände eines Menschen und die Art seines zwischenmenschlichen Austausches können so vielfältige Gestalten annehmen, daß sie uns durch Worte (›Liebe‹, ›Abneigung‹,

›Wunsch‹, ›Wille‹, ›Verlangen‹ etc.) nur in ihren allergröbsten Umrissen beschreibbar sind. Wir hoffen dennoch zumeist, daß diese Worte in unserem Gegenüber eine Resonanz hervorrufen, die dem entspricht, was wir verspürt haben und mitteilen wollten. Dort, wo uns die Begriffe unserer tagtäglichen Erfahrungen nicht mehr auszureichen scheinen, bedienen wir uns metaphorischer Darstellungen, in denen wir auf Bilder und Situationen zurückgreifen, die wir für grundlegend und allgemeingültig genug halten, um unsere Zuhörer auf sie in zumindest ähnlicher Weise wie uns selbst reagieren zu lassen. Sage ich z. B.: »Ich bin herumgelaufen wie ein Huhn ohne Kopf«, wird man dies viel eher verstehen als etwa eine Aussage wie: »Ich hatte völlig die Orientierung verloren, konnte meine Eindrücke, Gedanken und Handlungen nicht mehr ordnen, was in hastigen unvollendeten Aktivitäten endete.« Auch der zweite Satz ist verstehbar. Wenn wir uns aber aus ihm heraus das Eigentümliche der hier beschriebenen Lage vorstellen und es nachfühlen wollen, könnte es leicht geschehen, daß wir uns dazu unwillkürlich mit einem Bild, wie etwa dem des kopflosen Huhnes, behelfen.

Bildhafte Darstellungen lassen sich ohne Abstriche in das Konzept der Eigensprache und ihrer Bedeutung hineinfügen, da die Wahl, die individuelle Gestaltung und die Beurteilung der Bilder ebenso wie alles Gesprochene höchst persönliche und gefühlsgelenkte Anteile birgt. So können wir auch über die angebotenen Bilder in die Innenwelt einer Person einsteigen. Dieser bildbezogene Einstieg eignet sich sogar besonders gut, da eine Person über die Objekte eines Bildes weitaus unbefangener und entspannter sprechen kann als über sich selbst. Sie braucht nicht fürchten, sich den Zuhörern gegenüber bloßzustellen und verfällt beim Gespräch über ein Bild nicht so leicht in gewohnte, festgelegte Ansichten und Überzeugungen.

Fragen wir beispielsweise jemanden, warum er sich so kraftlos fühlt, wie er es beschreibt, wird er höchstwahrscheinlich eine ganze Reihe guter Gründe zur Hand haben, die sich aus äußeren Umständen ergeben: Seine Frau wendet sich ihm nicht mehr genügend zu; seine Arbeit befriedigt ihn nicht; er hat finanzielle Sorgen und so weiter. Fragen wir jetzt nach immer konkreteren Erklärungen seines Befindens, werden wir früher oder später auf den Kern seines Mißbehagens stoßen, der erfahrungsgemäß nicht in den äußeren Gegebenheiten liegt. Gibt er uns aber das Bild, daß er sich vorkommt wie ein Baum, der im Frühling keine Blätter mehr treibt, befinden wir uns von Anfang an im Mittelpunkt seines Konfliktes. Wenn wir ihn jetzt bitten, näher zu erläutern, was seiner Meinung nach mit dem Baum los sein könnte, werden wir für seine psychischen Verarbeitungsmethoden sehr signifikante Informationen erhalten. Über Bäume im Frühling hat er sich vermutlich noch nicht so ausgiebig Gedanken gemacht wie über die Ursachen seiner depressiven Stimmung und so wird er das Bild entlang seiner augenblicklichen Gefühle und Einstellungen weiter erkunden. Wir hören dann etwa, daß der Baum an einer falschen Stelle steht, an der ihm vielleicht ein anderer Baum das nötige Licht nimmt; daß der Boden nicht fruchtbar genug oder zu ausgetrocknet ist, daß die Rinde zu sehr beschädigt ist; daß ein Blitzschlag den Stamm gespalten hat; daß der Baum von Schädlingen befallen ist oder daß er in einer für ihn ungünstigen Klimazone gepflanzt wurde, daß die Wurzeln nicht tief genug sind oder die Nährstoffe nicht optimal weitergeleitet werden. Die Möglichkeiten der Erklärung sind hier nahezu unbegrenzt und geben uns viel unmittelbarere, von Grübeleien und verstandesmäßigen Urteilen weniger beeinflußte Hinweise auf seine Persönlichkeit, als eine durchdachte, sachliche Aussage dies tun könnte. Auch letztere beinhaltet ein großes Reservoir unmittelbar aus dem ›Inneren‹ kommender Mitteilungen. Im Bild breiten sich diese aber um ein Vielfaches bunter, differenzierter und lebendiger zwischen den Sprechenden aus und sind mühelos und umweglos zugänglich.

Ein zerbrechlicher Krug – Gespräch mit Andrea

An dieser Stelle läßt sich veranschaulichend das Gespräch mit der nächsten Patientin anführen. Andrea (P 12) ist eine Frau in ihren 30er Jahren. Aufgefordert, nun nach vorn zu kommen, nähert sie sich mit hängenden Schultern, starrer Miene und gesenktem Blick. Sie versucht, meine Begrüßung zu erwidern, verstummt aber in der Mitte des Satzes. Ich nehme an, daß sie sich in der neuen Umgebung der Klinik und jetzt des Seminares noch schlechter fühlt als gewöhnlich. Zu Beginn der Behandlung von langandauernd und schwer depressiven Patienten ist dies oft der Fall, da sie sich nur unzureichend an ungewohnte Situationen anpassen können.

T.: »Wie ist es, wenn man am liebsten *in Ruhe gelassen* werden möchte, aber *niemand* eine so einfache Aufforderung *versteht*?« (Die nonverbale Mitteilung wird verbalisiert.)

P 12: (Stellt Blickkontakt her; ihre Miene bleibt unbewegt; sie befeuchtet ihre Lippen, setzt zum Sprechen an)...

T.: »Darf ich Ihnen ein Glas Wasser anbieten?«

P 12: (nickt und nimmt einen winzigen Schluck aus dem gereichten Glas.)

T.: »Genügt Ihnen das schon?« (Wahrscheinlich ist sie kaum in der Lage, etwas aus ihrer Umgebung aufzunehmen.)

P 12: (nickt, ihre Augen werden feucht)... »Ich kann einfach nicht mehr.« (Sie bestätigt, daß dieser kleine Schluck das Maß für ihre Aufnahmefähigkeit ist, das eventuell für alle ihre Lebensbereiche gilt. Sie kann natürlich mehr trinken als diesen Schluck, tut es aber im Augenblick nicht und gibt damit ein sichtbares Signal.)

T.: »Ich sehe, daß Ihnen das Sprechen schwerfällt. Stört es Sie, wenn ich zu Ihnen spreche?«

P 12: (Das starre Gesicht lockert sich ganz leicht auf) »... Nein... Sie haben es schwer mit mir.«

T.: (polarisiert) »Und Sie mit sich selbst?«

P 12: (mit etwas lauterer Stimme) »Das ist das *Schlimmste*!« (Sie kämpft also mit sich selbst.)

T.: »Wenn etwas *schlimm* ist, ist man dann eigentlich auf das Schlimme *böse*?« (Auf ihre Autoaggression, die sich jetzt vermuten läßt, hingezielt.)

P 12: (Verzieht das Gesicht und beißt die Zähne zusammen.) »*Böse*?... Das ist nicht das richtige Wort. (Sie korrigiert mich)... Ich würde mich am liebsten *zerschlagen*. Dazu hab' ich nicht die Kraft.«

T.: (übernimmt das Schlüsselwort und bietet einen Einstieg in die bildliche Sprache an.) »Ich versuche, mir einen Gegenstand *vorzustellen,* den man so *zerschlagen* könnte, wie Sie es schildern. Können Sie mir da helfen?«

P 12: »Ein Krug könnte es sein.« (Im Krug wird sie sich selbst beschreiben.)

T.: »Wie dick sind die Wände dieses Kruges?« (Wie dick ist Ihre Haut?)

P 12: »Sehr dünn... Aber der *Lack* ist so *täuschend,* daß man etwas Solideres vermuten würde.«

T.: »Was glauben Sie, hat der Töpfer mit diesem *Lack* im Sinne gehabt?«

P 12: »Er muß den Krug doch verkaufen; wer kauft schon einen zerbrechlichen Krug?«

T.: »Wenn ich Sie hier richtig verstehe, muß man den Kunden in diesem Fall etwas *vortäuschen.* Oder irre ich mich?«

P 12: (schweigt einige Momente und weicht dann aus.) »Das tut doch jeder Künstler.«

T.: »Dann bleibt Ihnen ja keine andere Wahl als den *Lack* aufzutragen. (Mit dem ›Lack‹ und dem ›verkaufen‹ hat sie ein noch unausgesprochenes Bedürfnis angedeutet, Aufmerksamkeit auf sich zu ziehen.) Die Frage ist, ob dieser Lack eher *auffällig* oder eher *unauffällig* sein sollte.« (Wird sie ihren Wunsch, auf sich aufmerksam zu machen, bestätigen?

P 12: (etwas verächtlich) »Unauffällig? Dann würde der Krug *in der Ecke stehen* und *verstauben.*« (Sie spricht ihr Dilemma an: Auf der einen Seite ist sie sehr empfindlich, ›zerbrechlich‹; auf der anderen Seite möchte sie sich aber ins Blickfeld rücken und nicht ›in der Ecke stehen und verstauben‹.)

T.: »Könnte man den Staub nicht wegwischen?« (Wird sie ihre zu Beginn mit dem ›ich kann nicht mehr‹ ausgedrückte Hilflosigkeit verteidigen?)

P 12: »Der Staub hat sich schon *eingefressen*; aber vom Lack ist eh' nicht mehr viel übrig.«

T.: »Soll ich annehmen, daß Sie für solch einen Krug *keinen Platz* in Ihrer Wohnung hätten?« (Sieht sie für sich selbst, so wie sie ist, einen Platz unter ihren Mitmenschen?)

P 12: (bitter) »Oh doch, wenn ich wütend bin, könnte ich ihn an der Wand *zerschlagen.*«

T.: »Nehmen Sie an, Sie haben ihn in einem Ausbruch von Wut *zerschlagen,* würden Sie ihn wieder *zusammenkitten?*«

P 12: (stützt ihren Kopf mit beiden Händen und ist unmerklich angespannt)... »Das kann ich nicht sagen... Einen Krug, der in Scherben ist, wirft man weg...« (Deutet sie einen möglichen Suizid an?)

T.: (herausfordernd) »Man braucht schon Geduld und eine sehr geschickte Hand, um die Scherben wieder zusammenzukitten. Ich frage mich, ob Sie in Ihrem jetzigen Zustand dazu überhaupt in der Lage wären.«

P 12: (etwas zynisch) »Sie scheinen nicht sehr viel von meinen Fähigkeiten zu halten.« (Daß sie sich jetzt in ihrem Stolz verletzt fühlt, ist ein gutes Zeichen, daß sie doch noch in der Lage ist, ihre Autoaggressionen nach außen zu richten.)

T.: »Ich erinnere Sie nur daran, daß Sie vorhin selbst ›ich kann nicht mehr‹ gesagt haben.« (Ich fordere sie auf, mich vom Gegenteil zu überzeugen.)

P 12: »Wenn mir etwas viel bedeutet, kann ich mich noch immer *zusammenraffen.*« (Sie hat die Herausforderung angenommen.)

T.: »Dann könnte es ja möglich sein, daß Sie auch noch weitere verborgene Ressourcen bei sich entdecken.« (Wie weit reicht ihre Zuversicht?)

P 12: »Es würde mir schon genügen, wenn ich wieder zu töpfern anfangen könnte. Ich habe schon einige Male ausgestellt.« (Wir sind wieder auf das Thema ›Aufmerksamkeit‹ gestoßen.)

T.: »Dann ist es mir ein Rätsel, wieso Sie damit aufgehört haben.«

P 12: (bitter) »Jeder *bewundert* die Keramik, aber keiner *kauft'* was.«

T.: (absichtlich das Gegenteil des Vermuteten ansprechend) »Ich glaube, der wahre Künstler schafft seine Werke zunächst für sich selbst und erst dann für die Welt.«

P 12: »Ich brauche *Anerkennung,* sonst *weiß* ich nicht, ob das, was ich tue, überhaupt etwas *wert* ist.« (Sie ist von ihren eigenen Gefühlen abgeschirmt; um Genugtuung aus ihrer Arbeit zu ziehen, braucht sie die Bestätigung der anderen. Dies sieht man bei künstlerisch tätigen Menschen recht häufig.)

T.: »Verstehe ich Sie richtig, daß Sie wohl die Fähigkeit besitzen, etwas zu formen, aber kein *Gefühl* für das fertige Werk haben?« (Ich deute vorsichtig auf die Abschirmung hin.)

P 12: (ein wenig ärgerlich) »Gefühl... Gefühl... Auf Gefühle kann ich mich nicht verlassen.« (Sie versucht die fehlenden Gefühle durch den ›verläßlicheren‹ Verstand zu ersetzen.)

T.: »Ich kann mir nur schwer vorstellen, wie ein Künstler ohne Gefühle etwas schaffen kann.«

P 12: »Mit der Keramik bin ich schon zurechtgekommen. Nur mit den Menschen ging es nicht. Ich traue ihnen nicht und ich kann es einfach nicht ausstehen, daß sie entscheiden können, ob es gut ist, was ich tue oder nicht.«

T.: »Das hört sich an, als ob Sie sehr *zerbrechlich* wären. Oder soll ich besser sagen, daß man Sie anscheinend leicht *zerschlagen* kann, wenn man in Ihren persönlichen Bereich eindringt?«

P 12: (aggressiv) »Wenn Sie nur einen Teil von dem hinter sich hätten, was ich durchmachen mußte, wären Sie auch *zerbrechlich* geworden.«

T.: »Haben Sie eine Ahnung, wie eine Frau sich anhört, die *zerbrechlich* ist? Sie scheinen mir eher *wütend* zu sein.«

P 12: »Natürlich, Sie haben mich ja dazu gebracht.« (Sie ist jetzt viel lebhafter, spricht lauter und gestikuliert ausgeprägter.)

T.: »Wenn ich Sie dann richtig verstehe, sind Sie wütend auf mich, weil ich Sie dazu gebracht habe, wütend zu sein.«

P 12: (lacht unwillkürlich.)

T.: »Was stellen Sie sich denn vor, wo die Wut hingeht, wenn man Sie nicht dazu bringt, sie auszudrücken?«

P 12: »Ich weiß, worauf Sie hinauswollen.«

T.: »Gut, dann haben wir uns ja verstanden.« (Sie lächelt mich verstohlen an.) »Sie können das mit Ihrem Therapeuten weiterbesprechen. Ich danke Ihnen für das Gespräch.«

Heilige Mülleimer — Gespräch mit Elli

Eine weitere Patientin, bei der ein Bild bedeutungsvoller Anteil des Gespräches war, ist Elli, eine Frau von etwa Mitte dreißig. Sie erhebt sich zögernd aus ihrem Stuhl, als sie nach vorn gerufen wird und erwidert meine dann folgende Begrüßung mit kaum hörbarer Stimme. Den Kopf hält sie gesenkt und von Zeit zu Zeit atmet sie tief und deutlich vernehmlich ein; ihre Hände bewegen sich unruhig auf ihren Oberschenkeln hin und her und zittern. Sie macht sehr klar, daß sie leidet. Ich vermute daher, daß ihr viel daran liegt, diesen Eindruck zu erwecken.

T.: (auf die nonverbalen Mitteilungen eingehend). »Ihr Schicksal scheint Sie sehr hergenommen zu haben.« (Ich steige auf ihre dramatische Darstellung ein. Ist es ihr wichtiger, einen guten Eindruck zu machen und von mir als gleichgestellte Gesprächspartnerin respektiert zu werden, oder sich klein zu machen und mit ihrer Misere Mitleid zu ernten. Trifft ersteres zu, wird sie meine Annahme korrigieren oder zumindest abschwächen.)

P 13: »Was ich schon alles mitgemacht habe — das glaubt mir niemand.« (Sie zieht also das Mitleid vor. Es würde jetzt nicht sehr produktiv sein, wenn ich sie bäte, ihren Leidensweg darzustellen. Der Umfang ihrer Krankengeschichte, die vor ihr liegt, deutet schon darauf hin, daß sie ihre Geschichte mehr als einmal erzählt haben muß.)

T.: (startet einen Versuch in diese Richtung). »Sie müssen ihre Geschichte schon mehrere Male erzählt haben. Haben Sie sich da nachher besser gefühlt?«

P 13: (schaut auf) »Ich habe schon immer wieder über die verschiedenen Behandlungen erzählt; aber das *muß doch jeder* Patient tun.«

T.: »Was haben Sie sich gedacht, während Sie immer wieder erzählt haben?«

T.: »Daß ich den Arzt langweile. Da war ich mir ganz sicher. Aber ich tue das, was man von mir verlangt.«

T.: (etwas herausfordernd) »Kann es mal vorkommen, daß Sie sich über dieses Verhalten *ärgern?*«

P 13: (verzieht die Lippen und ballt die Hände zu Fäusten, mit denen Sie sich auf die Oberschenkel schlägt) »Wenn Sie wüßten...« (Es ist jetzt ersichtlich, daß sie gewöhnlich ihren Ärger zurückhält. Für andere Gefühlsregungen gilt vermutlich ähnliches. Diese Stauung müßte sich auch in ihren Symptomen zeigen.)

T.: »Wir könnten jetzt einmal am anderen Ende anfangen. Was waren denn die Beschwerden, die Sie in diese Klinik gebracht haben?«

P 13: »Eine Müdigkeit, die ich gar nicht beschreiben kann. Jede einzelne Bewegung hat mich soviel Anstrengung gekostet, daß ich am liebsten gleich ganz im Bett geblieben wäre. Aber der Haushalt *muß nun einmal* gemacht werden; da hab' ich mich von einem Zimmer ins andere *geschleppt*.« (Man kann ihrer wehklagenden Beschreibung entnehmen, daß ihr niemand bei der Hausarbeit hilft und daß sie wahrscheinlich auch keine Anerkennung für ihre Bemühungen bekommt.)

T.: »Ich nehme an, daß Sie allein zurechtkommen müssen. Oder stimmt es nicht.«

P 13: (bitter) »Es stimmt. Ich könnte vor den Augen meines Mannes krepieren. Er würde sich nicht rühren, bis das Fernsehprogramm zu Ende ist. Wenn der Kasten läuft, geht er ja noch nicht einmal in die Küche, um sich was zum Essen zu holen. Immer ruft er mich; egal, wie's mir geht, und ich muß dann den Herrn des Hauses bedienen.« (Aus ihrem leidenden Tonfall und ihrer etwas unterwürfigen Haltung mir gegenüber läßt sich erkennen, daß sie sich in die Rolle des Opfers hineingefügt hat. Anscheinend spielt ihr Mann in dieser Hinsicht gern mit.)

T.: (deutet um) »Wahrscheinlich hat Ihr Mann den Eindruck, daß die Pflichten im Haushalt für Sie wichtig sind und will Sie nicht in Ihrer Domäne stören.« (Das entspricht nicht dem von ihr begonnenen und sicherlich gewohnten Script, daß sie sich beklagt und dafür bemitleidet wird.)

P 13: (höhnisch, mit wachsender Aggressivität) »Jetzt machen Sie nicht auch noch einen Engel aus ihm. Das tut seine Mutter schon genug – sie lebt über uns, im oberen Stock von unserem Haus. Daß ich froh sein soll, einen Mann geangelt zu haben, der so hart arbeitet, sagt sie immer.«

T.: »Sie scheinen da anderer Meinung zu sein.«

P 13: »Beide nutzen mich aus. Wenn etwas daneben geht, bekomme ich die Predigten von beiden Seiten. Für meine Schwiegermutter ist meine Müdigkeit sowieso nur Faulheit. Sie sagt das nicht; aber ich kann's ihr vom Gesicht ablesen.« (Sie spricht über die Ungerechtigkeiten, die ihr zustoßen, beinahe triumphierend. Es scheint ihr Genugtuung zu bereiten, diese aufzuspüren.)

T.: »Sie scheinen jedem Unrecht, das man Ihnen tut, sehr schnell auf die Schliche zu kommen. Man kann Ihnen da wohl nichts vormachen.«

P 13: »Wer mir da was vormachen kann, müßte erst noch geboren werden.« (Das erinnert an die Überheblichkeit einer paranoiden Person. Es ist daher geboten, vorsichtig voranzugehen und ihre Überzeugungen nicht in Frage zu stellen, da sie dies als Angriff auffassen und sich sofort verschließen würde.)

T.: »Ja, was fangen Sie denn an, wenn Sie diese Ungerechtigkeiten erkennen?« (Ist ihr Gefühl, benachteiligt zu werden, schon in der Nähe des Wahnes?)

P 13: »Es muß irgendwo eine höhere Gerechtigkeit geben, die sieht, was mir angetan wird.« (Eine solche Aussage kann von einer sehr religiösen Person genausogut stammen wie von einer paranoiden. Es läßt sich hier in dieser Hinsicht keine Grenze ziehen.)

T.: »Dann hoffen Sie auf eine Belohnung dafür, daß Sie all das schweigend hinnehmen?«

P 13: (ihr Gesicht hellt sich auf) »Irgendwo muß es ja schöner sein als in diesem Jammertal.« (Sie scheint sehr religiös zu sein. Es wäre nicht erstaunlich, wenn sie sich mit den zahlreichen christlichen Märtyrerinnen identifizieren würde.)

T.: (probt in Richtung auf seine Hypothese). »Gibt es da religiöse Figuren, die für sie eine Bedeutung haben?«

P 13: »Ja, die Frauen, die sich ihr Leben lang für ihren Glauben *aufgeopfert* haben. Zu denen schaue ich auf.«

T.: »Welche Aufgaben haben sich diese Frauen gestellt?«

P 13: (in getragenem Tonfall eines Predigers) »Sie haben dem Herrn *gedient*. Damit er der Menschheit die *Sünden* vergibt, haben Sie sich geopfert.

T.: (konkretisierend) »Das verstehe ich nicht so ganz. Die *Sünden* sind ja da; was geschieht denn mit denen, wenn diese Frauen sich aufopfern?«

P 13: (nachdenklich) »Hm... die kommen weg... wie *Abfall* in den *Mülleimer*. (Hält sich die Hand vor den Mund.) Jetzt glauben Sie aber nicht, daß die heiligen Frauen Mülleimer waren.« (Eine unaufgeforderte Verneinung ist meist eine Bejahung.)

T.: »Möglicherweise habe ich Sie falsch verstanden. Aber so, wie Sie es erklärt haben, hatte ich schon den Eindruck, daß diese Frauen die Mülleimer der Menschheit waren.«

P 13: (aufgeregt) »Um Gottes Willen; das habe ich nicht gemeint... − nicht die Heiligen...«

T.: (polarisierend) »Wenn nicht die Heiligen, wer sonst?«

P 13: »Die Frauen *dieser Welt*.« (Die Frauen *ihrer* Welt, bzw. ihrer Vorstellung.)

T.: (konkretisierend) »Was geschieht denn in *dieser Welt*, wenn eine Frau sich als einen Mülleimer sieht?«

P 13: (verächtlich) »Was geschieht denn mit Mülleimern. Alles, was man nicht brauchen kann, wird reingeschüttet. Am Anfang meiner Ehe, da mußte ich die abgelegten Kleider von meiner Schwiegermutter tragen. Man muß sparen, wo man kann, sagt sie immer. Immer, wenn bei ihr etwas vom Sonntagessen übrig war, ist es noch am selben Tag in meinem Kühlschrank gelandet. Da war ich der Mülleimer, und so bin ich mir auch vorgekommen. Hab' aber alles geschluckt, sonst hätte es nur Ärger gegeben mit meinem Mann.«

T.: »Wenn ich Sie dann richtig verstehe, hat der Mülleimer keine Wahl als das *einzustecken,* was man in ihn hineinwirft.«

P 13: »Ja, so ist es auch. Den Müll will man ja am liebsten sofort wegtun.«

T.: »Wie lange hält eigentlich so ein Mülleimer?«

P 13: »Na ja. Mit der Zeit *frißt* es ihm halt *die Wände durch*.« (Sie deutet psychosomatische Symptome an, von denen sie allerdings noch nicht gesprochen hat. Das Bild der durchgefressenen Wände weist auf gastrointestinale Schwierigkeiten hin. Möglicherweise hat aber der Faktor ihrer Religiosität eine stabilisierende Funktion für ihr inneres Gleichgewicht und wirkt so der körperlichen Störung entgegen.)

T.: »Wie würde man einen solchen Schaden bemerken?«

P 13: »Na, der Eimer würde den Dreck *nicht mehr halten können;* zuerst einmal den flüssigen nicht. Der würde sich dann rundherum ausbreiten.« (Elli leidet, wie später erst bekannt wird, an einer chronischen Mastdarmentzündung und unblutigen Durchfällen.)

T.: »Könnte man etwas dagegen tun?«

P 13: (ratlos) »Ja, was soll man denn da tun?« (Sie steht jetzt an dem Punkt, an dem sie ihre Widersprüchlichkeit verspürt. Einerseits wäre sie gern die lobgepriesene Märtyrerin, andererseits ist sie aber eben deshalb auch der Mülleimer, der letzten Endes Schaden nimmt. Von welcher Seite auch immer sie sich diesen Konflikt im Augenblick betrachtet, kann sie keinen Ausweg sehen, da die beitragenden Elemente in einem geschlossenen Kreis miteinander verbunden sind.)

T.: »Das ist nicht leicht zu beantworten. Sie haben hier sehr gut gearbeitet, was in Ihrer Situation sicher nicht einfach für Sie war. Es könnte sehr gut sein, daß bei Ihnen Kräfte vorhanden sind, aus denen Sie bisher noch keinen Nutzen für sich gezogen haben. Ihr Therapeut wird Ihnen behilflich sein, das ein wenig weiter zu erkunden.«

(Neben ihrer Depression haben sich bei ihr auch Aggressionen gezeigt, an die ein beachtliches Ausmaß von Energie gebunden ist. Auch ihre Religiosität stellt ein Kräftepotential dar, das aktiviert werden könnte.)

Elli verabschiedet sich mit einem recht kräftigen Händedruck, in ihren Gesichtszügen ist jetzt eine gewisse Härte zu erkennen, die am Anfang des Gespräches noch völlig von ihrer Leidensmiene überdeckt gewesen war.

Ein geleimter Stuhl — Gespräch mit Gudrun

Im folgenden zum Thema der bildhaften Darstellungen noch ein kurzer Ausschnitt aus einem Therapiegespräch, der aus der fünften Sitzung stammt, die ich mit der Patientin Gudrun gehalten habe. Sie erwähnt im Laufe der Unterhaltung mit zusammengekniffenen Lippen, sich von Zeit zu Zeit die Stirne mit dem Handrücken wischend, daß sie sich vorkommt wie ein zerbrochener Stuhl, der wieder zusammengeleimt worden ist.

Damit deutet sie an, daß sie wohl schon einige Fortschritte in der Therapie gemacht hat, sich ihrer seelischen Zerbrechlichkeit aber noch immer gewahr ist.

T.: »Da bin ich schon neugierig. Sieht man diesem Stuhl an, daß er geleimt worden ist?« (Glaubt sie, daß man ihr die früheren Verletzungen und Zurückweisungen noch ansehen kann?)

G.: (bitter) »Einen *Bruch kann* man nicht *verbergen.*« (Die Verneinung weist möglicherweise auf das Entgegengesetzte hin. Dies würde heißen, daß sie im Grunde ihr Leid nicht verbergen will.)

T.: »Das mag schon sein. (Ihre Überzeugung muß man akzeptieren.) Ich kann mir aber vorstellen, daß es Menschen geben könnte, die es bewundern, daß ein Stuhl, der seinen Nutzen verloren hatte, jetzt wieder auf seinem Platz zwischen den anderen Möbeln stehen kann. Es ist ja keine leichte Arbeit, es dazu zu bringen.« (Ich betone das Positive der Situation: Sie kann trotz allem ihren Platz zwischen ihren Mitmenschen einnehmen. Der Optimismus wird hier jedoch in Grenzen gehalten, da sonst automatisch eine Ablehnung von seiten der Patienten folgen würde. Die Frage ist, ob sie diese abgeschwächte Form des Lobens ihrer Fortschritte akzeptieren kann.)

G.: (gibt mit dem Anflug eines leichten Lächelns zu erkennen, daß sie auf die Doppeldeutigkeit der Metapher eingeht) »Naja, man muß die Mühe, die man sich mit einem zerbrochenen Stuhl gemacht hat, gelten lassen. Aber Sie müssen zugeben, daß ein intakter Stuhl *wertvoller* ist.« (Es wäre gegenproduktiv, wenn Gudrun weiterhin die Fortschritte, die sie in der Therapie macht, mit dem Mantel ihrer Selbstabwertung verhüllen würde.)

T.: »Da mögen Sie recht haben. Aber ein geleimter Stuhl erfüllt ja seine Funktion genauso wie ein intakter.« (Möglicherweise läßt sie den Nutzwert gelten.)

G.: (lächelt wieder ganz leicht) »Ich sehe schon, daß ich dem Stuhl unrecht getan habe. (Ein wichtiger Schritt nach vorn. Sie beginnt jetzt auch, sich mit dem Stuhl zu identifizieren.) Über diesen Stuhl kann ich viel leichter sprechen als über mich selbst.« (Es ist ihr jetzt klar, daß sie über sich selbst gesprochen hat.)

Den Fuß auf der Bremse – Gespräch mit Bernd

Auch im nächsten Gespräch mit Bernd (B.) zeigt sich, wie Verbildlichungen therapeutisch wirken können. Bernd ist ein 45jähriger Geschäftsmann, der seit längerem erfolglos wegen starker Rücken- und Nackenschmerzen behandelt wird. Organische Ursachen der Schmerzen waren nicht zu finden. Er ist von einem Teilnehmer, einem praktischen Arzt, mit ins Seminar gebracht worden.

Im Gespräch betont er von Anfang an, daß er ein rational denkender Mensch ist, überzeugt davon, daß jede Schwierigkeit durch vernünftige Überlegungen lösbar ist. Als Grund für seine Bereitschaft zu dem Interview gibt er Neugierde an, ist dabei aber schon im vorhinein der felsenfesten Meinung, daß seine körperlichen Beschwerden auf einer organischen Störung beruhen. Das Faktum, daß bisher keine Veränderungen in den ›erkrankten‹ Geweben gefunden werden konnten, führt er darauf zurück, daß die Untersuchungsinstrumente nicht fortschrittlich genug waren. Bernd spricht äußerst präzise und verwendet häufig Fremdworte. Anscheinend ist es ihm wichtig, einen besonders intelligenten Eindruck zu machen. Man kann schon absehen, daß er für jede Erklärung, die man ihm gibt, eine Reihe von Gegenargumenten parat haben wird, und eine Diskussion mit ihm sich lange und ergebnislos dahinziehen könnte.

T.: (verbalisiert die paraverbalen Mitteilungen, die er bis hier erhalten hat.) »Sie sind doch eine intelligente Person; sicher erkennen Sie, wenn eine Situation aussichtslos ist. So wie ich es sehe, sind Sie von Ihrer Sache vollkommen überzeugt. Da man Ihnen wohl kein X für ein U vormachen kann, und Sie so sicher sind, daß Sie ein X sehen, was hat es da für einen Sinn, wenn ich Ihnen sage, daß es ein U ist? Demnach wäre Ihre Neugierde sinnlos; sei es denn, daß es Sie nicht stört, daß Ihnen diese Neugierde nichts bringen kann.« (Ich spreche genauso logisch und präzise wie Bernd es tut.)

B.: (überrascht) »Ich muß gestehen, daß mir die Sinnlosigkeit meiner Neugierde in diesem Fall nicht aufgefallen ist.«

T.: (polarisierend) »Ist Ihnen die Sinnlosigkeit Ihrer Neugierde in anderen Fällen schon aufgefallen?«

B.: (gereizt) »Halten Sie mich für dumm?«

T.: »Wie kommen Sie zu dieser Vermutung?«

B.: »Es ist Ihre Art der Fragestellung.«

T.: »Das verstehe ich nicht so ganz. Wenn ich Sie zum Beispiel fragen würde: ›Wie kommen Sie auf die Idee, daß Ihre Rückenschmerzen *nicht* psychisch bedingt sind?‹, würden Sie dann auch glauben, daß ich Sie für dumm halte?«

B.: (wieder überrascht) »Natürlich nicht.«

T.: »Da muß ich Sie etwas korrigieren. Es kann ja – wenn ich Ihre Einstellung richtig aufgefaßt habe – nur das richtig sein, wovon Sie überzeugt sind. Wenn ich Ihnen diese Frage stelle, heißt das, das ich anders denke. Und wenn jemand anders denkt als der andere, sollte es ja nur zwei Möglichkeiten geben. Entweder ist der eine dumm oder der andere.« (Wieder polarisierend.)

B.: »Sie wollen mir die Meinung ausreden, die ich mir gebildet habe.«

T.: »Wenn Sie mit ›gebildet‹ meinen, daß Sie in Ihrer Meinung festgefahren sind, dann stimmt Ihre Annahme.«

B.: (herausfordernd) »Sie scheinen ja auf alles eine Antwort zu wissen, da können Sie mir dann ja wohl auch sagen, was mit mir los ist.«

T.: »Noch eine kleine Korrektur. Es geht hier nicht um Wissen, sondern um Beobachten. Während unserer Konversation haben Sie sich kein einziges Mal bewegt, und Ihre Schultermuskeln waren die ganze Zeit verkrampft. Das muß für Ihre Muskeln sehr anstrengend gewesen sein.«

B.: (reibt sich die Schultern) »Ja, die Schmerzen.«

T.: »Jetzt haben Sie ein Beispiel, wie eine rein psychische Angelegenheit, gespannte Aufmerksamkeit nämlich, muskuläre Spannungen verursachen kann.«

B.: (herausfordernd) »Sie denken doch nicht, daß ich mich hier lässig hinlümmeln würde!?«

T.: »Was haben Sie gegen das Hinlümmeln?«

B.: »Es ist ein Zeichen für mangelnde Manieren. So eine Person ist schlampig und respektlos den Mitmenschen gegenüber und vor allem: sie ist unkontrolliert.«

T.: »Das hört sich an wie die Ermahnungen von strengen Eltern.«

B.: »Ja, natürlich. Mein Vater war ein hoher Offizier. Ich habe von kleinauf gelernt, eine *stramme* Haltung für eine Tugend zu halten.«

T.: (Bernd gewinnt seinen Selbstrespekt und seine Identität dem Anschein nach aus seinem Wissen um seinen Verstand, seine Vernunft und seine stramme Haltung. Es wäre ein Fehler, ihm jetzt klarmachen zu wollen, daß bei ihm Gefühle vorhanden sind, die ihn krankmachen. Er würde sofort jede weitere Kooperation verweigern und sich hinter seine Argumente zurückziehen. Da sich aus diesem Gespräch, dem wahrscheinlich kein weiteres folgen wird, für ihn jedoch zumindest andeutungsweise eine Einsicht ergeben sollte, biete ich ihm ein bildhaftes Beispiel an.)

»Möglicherweise könnte ein Bild Ihnen ein Verständnis dafür vermitteln, daß Sie Rückenschmerzen bekommen. Sie sind ein pflichtbewußter Mensch, der sehr viel auf stramme Haltung gibt. Das ergibt sich vermutlich nicht immer von selbst; man muß sich da schon etwas anstrengen. Jetzt stellen Sie sich einmal vor, daß Sie ein sehr vorsichtiger Autofahrer sind...«

B.: »Brauche ich mir nicht vorzustellen. Das bin ich.«

T.: »Sie fahren jetzt so, daß Sie mit dem einen Fuß aufs Gaspedal treten, und mit dem anderen auf die Bremse. Um überhaupt voranzukommen, variieren Sie den Druck auf die Bremsen, nehmen ihn aber nie ganz weg. Jetzt nehmen wir an, das Auto hätte eine Seele und könnte zu Ihnen sprechen. Was würde es Ihnen sagen?«

B.: (nachdenklich)... »Jemand tritt mich und hält mich gleichzeitig zurück... ›Das ist die reinste Energieverschwendung, was du da tust‹, würde das Auto sagen. ›Es nützt die

Bremsbeläge ab, du wirst sehr bald neue brauchen; der Motor wird überhitzt...‹, noch etwas?«

T.: »Das genügt. Die einzige Rechtfertigung, das Auto so extravagant in Anspruch zu nehmen, wäre eine erhöhte Vorsicht. Dem steht dann aber der unnötige Verschleiß und Energieverbrauch gegenüber. Ihre Muskeln verbrauchen genauso Energie wie ein Auto.«

B.: »Sie brauchen mir nichts mehr zu sagen. Ich bin mir im Grunde bewußt, daß ich mich des öfteren mit aller Gewalt zurückhalte... Ich darf meine guten Manieren nicht vergessen. Das Bild mit dem Gas und der Bremse werde ich im Kopf behalten. Und dann möchte ich mich bedanken. Das Gespräch war sehr aufschlußreich.«

In diesem Fall hat der Therapeut das Bild angeboten. Es ist sinnvoll, den gewöhnlichen Ablauf in dieser Weise umzukehren, wenn der Patient sich mit seinen Aussagen auf einer sehr abstrakten Ebene bewegt oder nur beschränkt Zugang zur Welt seiner Gefühle und seiner Fantasie hat. Letzteres ist bei psychosomatisch Erkrankten zumeist der Fall.

Die Bilder, die Sie im Gespräch angeboten bekommen, könnten genausogut Teile von Träumen sein. Sie werden nach den gleichen ›limbischen‹ Schemen entworfen und verarbeitet. Über den Stellenwert von Traumberichten im Gespräch läßt sich noch einiges spezielles sagen. Dazu sollten wir das Phänomen des Traumes aber zunächst etwas grundlegender ins Auge fassen.

Botschaften dunkler Mächte

Im Traum sehen wir uns in Situationen versetzt, die von unseren alltäglichen Erfahrungen abweichen. Daher ist seit Menschengedenken den Träumen ein besonderer Platz unter den Sinneswahrnehmungen eingeräumt worden. Diejenigen, die für das Außersinnliche und Unlogische zuständig waren – zumeist die Priester –, nahmen sich ihrer bereitwillig an und teilten den sterblichen Träumern die mutmaßlich darin verborgenen Botschaften höherer Mächte mit. Heutzutage kommt diese Aufgabe den Lehrern der verschiedenen psychologischen Schulen zu. Die dunklen oder auch gütigen Mächte haben inzwischen mehrmals neue Namen bekommen, immer noch werden aber die Träume als ihre in Symbole verhüllten Nachrichten angesehen, deren Bedeutung sich nur einer eingeweihten Gruppe von Wissenden auftut. Wir jedoch wollen im folgenden davon ausgehen, daß die Informationen des Traumes auf der gleichen, unverschlüsselten und konkreten Ebene liegen wie die gefühlsbezogenen Untertöne, die wir ganz selbstverständlich und unkompliziert in unserer Alltagssprache aussenden und verstehen.

Verstehen, wie man versteht wie man versteht...

Dazu sei hier ein kurzer und dem Wesen der Sache nach etwas verwirrender Blick auf das ›Verstehen‹ selbst geworfen. Beschränken wir uns auf das Sehen. Jede Sekunde bekommen wir eine Unzahl von Objekten zu Gesicht, die sich in unserem Geist zu zunächst noch unausgesprochenen Wortbildern formieren. Wir drücken diese vorsprachlichen Bilder in einem Wort aus, wenn es uns angebracht erscheint. Wir können sie aber auch in Schwebe halten und eventuell erst später wörtlich werden lassen. Geschieht weder das eine noch das andere, löst sich das vom Objekt hervorgerufene Wortgefüge mit der Zeit auf, so daß wir es schon bald nicht mehr verbalisieren können. Bis es soweit ist, besteht die Möglichkeit, daß wir uns auf eine Aufforderung hin bemühen, die noch präverbale Information aus dem Speicher des Kurzzeitgedächtnisses herauszulösen, bevor sie wieder zerfällt. Was sich bei all dem biophysiologisch im Gehirn abspielt, könnten wir, selbst wenn es uns hinlänglich bekannt wäre, mit den Worten, die uns zur Verfügung stehen, nicht ausdrücken. Auch wenn wir uns diesen Vorgängen philosophisch nähern, bleiben wir mit begrifflichen Schwierigkeiten konfrontiert, die die Denker aller Zeiten beschäftigt haben.

Kann der Verstand verstehen, wie der Verstand versteht? Träfe dies zu, müßte es zumindest zwei unterschiedliche Ebenen des Verstandes geben. Die erste des Verstandes (Nr. 1), der den Verstand (Nr. 2) versteht und dessen Fähigkeiten daher über die des letzteren hinausgehen müssen und die zweite des Verstandes (Nr. 2), der jetzt verstanden wird. Rufen wir jetzt eine besonders kluge Person auf die Szene, die neugierig ist und die Arbeitsweise des Verstandes (Nr. 1) erfassen möchte. Sobald ihr das gelingt, müssen wir annehmen, daß sie einen Zugang zu einer Verstandesebene gefunden hat, die über der des Verstandes (Nr. 1) liegt. Sie versteht jetzt also auf einer Ebene Nr. 1 + wie der Verstand (Nr. 1) den Verstand (Nr. 2) versteht. Auch für die Ebene 1 + wird sich mit der Zeit jemand finden, der es dazu bringt, sie auf einer noch höheren Ebene zu verstehen, der Ebene 1 + +. Wir bemerken, daß es in dieser Kette kein Ende gibt. Das, was für den ›Verstand‹ gilt, gilt natürlich auch für das ›Verstehen‹. Wenn ich mich auf Ebene Nr. 1 befinde, verstehe ich mittels meines Verstehens Nr. 1, wie der Verstand (Nr. 2) versteht (Nr. 2). Die Kette ihrer Form nach betrachtet ist keine Kette, sondern eine Spirale, die sich beständig höher schraubt. An jedem Ausgangs- bzw. Endpunkt eines ›Verstehens‹ findet ein Übergang auf die nächsthöhere Ebene statt. Dieser Vorgang von oben betrachtet gibt uns das Bild einer Dauerschleife, die weder Anfang noch Ende hat. Anscheinend dreht sich alles im Kreise – plus ca change, plus ca c'est le même.

Diese unendlichen Windungen sind auch das grundlegende Merkmal von Grübeleien, in denen nach Lösungen für unbeantwortbare Fragen gesucht wird. Um derartige Denkprozesse aus der Bahn zu bringen, ist es erforderlich, sich sowohl auf Ebene Nr. 1 als auch auf Ebene Nr. 2 einzuschalten. In Zeiten der Muße kann man sich sogar bis zur Ebene 1 + hinaufwursteln und die fundamentale Frage stellen: »Was soll das Ganze?« Jede Ebene des Verstehens hält die für sie charakteristischen Antworten für unsere Fragen parat. Auf Ebene Nr. 2 finden sich die Eigensprache und die Sprache der Träume wieder; hier hat das Verbum ›verstehen‹ eine andere Bedeutung als auf Ebene Nr. 1. Während es dort für das Ergebnis logischen Denkens steht, meint es hier das Ereignis paralogischen Erfassens.

Sich auf Ebene der Psyche begeben

Ich erinnere an das Beispiel des Erwachsenen, der mit einem Vorschulkind spricht. Ohne daß ihm der Zugang zur abstrakten Ebene Nr. 1 dabei abhanden gekommen wäre, bewegt er sich auf der konkreten Ebene Nr. 2. Wechselt er die Ebene, bricht augenblicklich die Brücke des Verständnisses zwischen den beiden zusammen. In Therapiegesprächen kommt dies leider häufig vor, nämlich dann, wenn Therapeuten die Formeln, die sie ausgeklügelt haben, um Verhaltensstörungen zu verstehen und zu beeinflussen, anwenden wollen. Sie bewegen sich dabei auf Ebene Nr. 1 und ihr Verstehen ist das schematisierende, verallgemeinernde Verstehen Nr. 1. Auf Ebene Nr. 2, auf der sämtliche psychische Verarbeitungen des Patienten vonstatten gehen, gilt aber ein anderes Verstehen. Um die Psyche, oder hier die Träume, eines Menschen zu erfassen, ist es unumgänglich, sich sowohl im Denken als auch in der Artikulation auf Ebene Nr. 2 zu begeben. Von dem, was dort geschieht, erreichen nur undeutliche Ahnungen unser sprachlich zugängliches Bewußtsein. Wir ahnen vage, daß sich in unserem ›Kopf irgend etwas‹ abspielt, das viel mehr beinhaltet, als sich in Worte fassen ließe.

Eine ähnliche Erfahrung machen wir, wenn wir aus dem Coupéfenster eines Zuges auf die vorbeigleitende Landschaft schauen. Auf die Netzhaut unseres Auges fällt weitaus mehr, als uns im nachhinein zu berichten einfiele oder möglich wäre. Der größte Teil des Wahrgenommenen ruft nur eine diffuse Aufmerksamkeit hervor; sobald die Aufmerksamkeit spezifisch wird, ist der betreffende Eindruck schon aus dem Bereich des Präverbalen herausgelöst.

Direkter Draht zum Innersten

Im Schlaf entfällt die zielgerichtete Aufmerksamkeit, die die innerseelischen Vorgänge überschattet, solange wir wach sind. Es tauchen zahlreiche Bildgestalten aus den Gedächtnisspeichern auf, die wir zu Abläufen und Gefügen zusammensetzen, ohne dabei an die Muster gebunden zu sein, nach denen wir im Wachzustand unsere Wahrnehmungen der Umwelt strukturieren. So werden Träume genau wie die Eigensprache direkt von den jeweiligen Gemütsregungen geprägt. Erzählt uns jemand einen Traum, erhalten wir auf zwei Ebenen Informationen aus seinem ›Innersten‹; zunächst einmal aus dem bildlichen Inhalt des Traumes heraus und dann aus dem Bericht über den Traum.

Auf welchem der beiden Wege – ob über den Traum selbst oder über seine sprachliche Darstellung – wir einsteigen, ist für die Aufschlüsse, die wir über die Psyche des Träumens bzw. Sprechers erhalten werden, nicht relevant.

Berichte über Geträumtes werden von den Zuhörern oft als verwirrend oder chaotisch empfunden. Dies kann nur geschehen, wenn fälschlicherweise das logische Denken mit der Verarbeitung der Mitteilungen befaßt ist.

Die eigensprachliche Kommunikation und Träume verlaufen nicht logisch. Allerdings können wir in ihnen Muster und Abfolgen erkennen, die widerspiegeln, was in der aus einer gewissen Sicht tatsächlich chaotischen Welt der Gefühle geschieht.

Aussteigen am Hang – Caros Traum

Um jetzt in die Welt eines Traumes einzusteigen, lassen wir uns von Caro (C.), einer Seminarteilnehmerin, ihren Traum erzählen.

»Mein Freund und ich fahren auf einer Straße, die sich einen Berg hinaufwindet. An einer Kurve bleiben wir stehen und er steigt aus. Er hat jetzt ein Moped und ist im Begriff, einen steilen Hang hinunterzufahren. Ich warne ihn; aber er hört nicht auf mich und fährt los. Weiter unten prallt er an einen Baum und wird ins Gras geschleudert. Er ist schwer verletzt; ein Krankenwagen kommt und fährt ihn weg. Ich stehe währenddessen hilflos am Berg und beobachte die Szene.«

Unscheinbare Bruchstücke

T.: »Gerade solche kurzen Träume sind sehr zusammengeballte Bündel von Informationen. Der Erzähler berichtet uns nicht jedes Detail, sondern gibt uns nur kleine Bruchstücke des Inhaltes. Jedes dieser Stücke trägt aber das gesamte Gefüge des Traumes in sich. Schon wenige Brocken eines Traumes ermöglichen uns daher, ihn zu verstehen. Viele dieser Stückchen – nebensächliche Details, selbstverständlich erscheinende Verbindungsglieder – sind eher unscheinbar, und wir beachten sie kaum. Dabei sind sie alles andere als zufällige Randerscheinungen. Nicht weniger als das ins Auge springende Hauptthema beinhalten sie alle relevanten Informationen; etwa wie auch jedes Gen sämtliche Punkte des Bauplanes eines Individuums birgt. In Alltagskonversationen hantieren wir äußerst sicher mit derartigen Informationsbrocken. Eine Person (A.) kann beispielsweise zu einer anderen (B.) sagen:

›Gestern habe ich den Dingsda..., Du weißt schon wen, (macht eine Geste, die einen dicken Bauch beschreibt) getroffen.‹

B.: (mitleidig) ›Ui jeh.‹ (Offensichtlich weiß sie, um wen es sich handelt.)

Es ist nicht schwer zu erkennen, daß die beiden sich verstanden haben. In den wenigen Worten, die ausgetauscht wurden, ist eine ganze Reihe von gefühlsmäßigen Mitteilungen mitgeflossen: A. hält nicht viel von ›Dingsda‹; diese Bezeichnung sowie die Geste sind deutlich als abwertend zu verstehen. In B. sieht sie in dieser Hinsicht eine Verbündete (›Du weißt doch... ‹). B. bestätigt in ihrer Mitleidsbeteuerung und auch schon darin, daß sie ›Dingsda‹ überhaupt identifiziert, dieses Bündnis. Würde man nach den eigensprachlichen Deutungen der Inhalte dieses Wortwechsels für die beiden Sprecherinnen fragen, ließen sich aus dieser kurzen Sequenz noch unendlich viel mehr Auskünfte zutage fördern.

In den Lücken fischen

Im Falle des Traumes ist es Aufgabe des Interpretierenden, die Informationen, die unausgesprochen mit dem Gesagten verknüpft sind, sich also im Nicht-Gesagten, in den Lücken und Gedankensprüngen befinden, an die Oberfläche zu bringen.

Nehmen wir Caros Traum als Beispiel an. Er gibt Anlaß zu einer ganzen Reihe konkretisierender Fragen, die sich der Zuhörer stellen kann:
- Wohin führt die gewundene Straße und warum bleiben die beiden gerade an diesem einen bestimmten Punkt stehen?
- Warum ist es notwendig, daß Caro ihren Freund warnt? Kann er die Gefahr nicht selbst abschätzen?
- Warum nimmt der Freund ausgerechnet den gefährlichen Weg über den Hang bergab?
- Warum benützt er ein Moped, er hätte ebenso zu Fuß gehen können?
- Wenn er schon herunterfährt, warum wird er dann von dem Baum wieder gestoppt?
- Warum kommt er bei dem Unfall nicht um, sondern wird nur verletzt?
- Warum ist Caro nicht bei ihm, sondern beobachtet ihn tatenlos von einem höheren Punkt aus?
- Warum taucht der Krankenwagen auf? Er hätte ja nicht unbedingt im Traum erscheinen müssen.«

Im Seminar verläßt Caro jetzt den Raum, um sich Gedanken über den Traum und die Fragen zu machen. Den Teilnehmern wird inzwischen ein Denkansatz vermittelt, in dem die eigensprachlichen Auskünfte des Traumes an sich betrachtet werden können. Es läßt sich so ein erstes Bild über die Vorgänge und Strukturen gewinnen, aus denen sich für Caro dieser Traum ergeben haben könnte.

Das Wesen einer Kurve

T.: »Die kurvige Straße gibt einen Hinweis, daß der direkte Weg nach oben zu steil wäre. Wir können annehmen, daß die Träumerin und ihr Freund etwas unternommen haben, das zielgerichtet war, wobei das Ziel sich aber nicht unmittelbar, sondern nur über Schwierigkeiten und Abstriche hinweg erreichen ließ. Dabei mag es sich um irgendein Projekt handeln, um ihre Beziehung oder etwas ähnliches. Das Wesen einer Kurve ist, daß man nicht weiß, was hinter der nächsten Windung liegt. Dies würde bedeuten, daß Caro sich bei dieser Unternehmung mit immer neuen, unvorhersehbaren Situationen konfrontiert sieht.

An einem bestimmten Punkt des Geschehens macht der Freund nicht mehr mit. Er will jetzt an etwas Gewagtem teilnehmen. Das Moped weist darauf hin, daß diese Aktivität etwas mit Jugendlichen oder deren Tätigkeiten zu tun hat. Caro warnt ihn davor, aber ohne Erfolg. Jemanden warnen beinhaltet, daß man ihn beeinflussen will. Der Freund schlägt trotz der Warnung die andere Richtung ein. Wahrscheinlich verspürt die Träumerin, daß er sich unter keinen Umständen etwas von ihr sagen lassen will. Da er sich motorisiert und zudem über den Hang entfernt, muß er in großer Eile bzw. unter irgendeinem Druck sein.

An dieser Stelle erscheint der Zusammenstoß mit dem Baum wie die Dramatisierung der typischen mütterlichen Warnung: ›Wenn du auf mich gehört hättest, wäre das nicht passiert.‹ Daraus, daß Caro ausgerechnet einen Baum im Weg stehen läßt, können wir ablesen, wie hart und unverrückbar ihrer Meinung nach der Widerstand sein muß, der den Absichten ihres Freundes Einhalt gebieten kann. Als Regisseurin ihres Traumes hätte sie sich selbst ihrem Freund zur Hilfe kommen lassen können. Das hat sie jedoch unterlassen. Anscheinend wünscht sie, daß er die Konsequenzen seines Handelns selbst tragen soll. Dennoch läßt sie ihn überleben. So kann er, wenn auch durch den Unfall lädiert, als ›reuiger Sünder‹ zu ihr zurückkehren. Der Krankenwagen übernimmt bisweilen die Rolle des Helfers.

Das ist ein erster Teil dessen, was wir dem Traum konkret entnehmen können. Wir wollen jetzt hören, welche Gedanken sich Caro inzwischen gemacht hat.« (Sie wird hereingerufen.)

C.: »Mir ist der Traum schon klargeworden, als ich noch beim Erzählen war. Ich bin schon seit Jahren mit meinem Freund zusammen. Anfangs war es nicht leicht für uns beide; er konnte sich von seiner geschiedenen Frau nicht loslösen. Aber nach einer Weile ging es *bergauf*. Ich hatte die Idee, ein Sanatorium zu eröffnen, für Jugendliche mit seelischen Problemen. Er hat zwar mitgemacht, aber nur wenig Initiative gezeigt. Ich weiß, ich hätte ihn nicht unter Druck setzen sollen. Aber uns wurde ein wirklich einmalig günstiges Angebot gemacht. Wir hätten unverzüglich zusagen müssen. Da ist er dann mit einem Einwand nach dem anderen gekommen. Ich war so frustriert, daß ich ihm gedroht hab', die Freundschaft abzubrechen. Er war daraufhin wenigstens so konsequent, aus dem ganzen Projekt auszusteigen und hat eine Stelle angenommen, als Berater für drogenabhängige Jugendliche. An und für sich war das nicht so schlecht. Aber die Verantwortlichen waren sich schon zu der Zeit nicht sicher, ob sich die Beratungsstelle weiter halten läßt. Ich sehe schon kommen, daß er einfach zusammenknickt, wenn es dort mit der Arbeit aus ist. Er ist so starrköpfig mir gegenüber, daß er es sich niemals erlauben würde, wieder in die alte Sache einzusteigen. Ich kann jetzt nichts tun, nur warten, daß er endlich zur Besinnung kommt. Er arbeitet mit voller Kraft weiter, trotzig und wahrscheinlich bis zum letzten Tag. Dabei weiß jeder, daß jeden Moment das Aus kommen kann.«

»Ich glaub', ich träume«

Für das Geplauder zwischen Menschen gelten andere Regeln als für den bloßen Austausch von Informationen. Dieser Tatsache sind wir bisher schon mehrmals begegnet. Auch die Träume folgen – genau wie die Eigensprache – den inneren Regungen der betreffenden Person. Träume und Alltagsgespräche sind also in bezug auf ihre Gefühlsinhalte ähnlich strukturiert. Stellen wir uns vor, daß eine Person in einem angeregten Gespräch unbemerkt dazu übergeht, einen Traum zu erzählen. Vorausgesetzt, daß dieser eher unspektakulär ist und nicht den Rahmen des physikalisch möglichen überschreitet, werden wir dabei feststellen können, wie der Traum sich reibungslos in die Konversation einfügen läßt. Spielen wir das durch.

Folgender Traum wird als tatsächliches Erlebnis in ein geselliges Gerede hineingemogelt: »Gestern war ich in einem Stadtteil, den ich noch überhaupt nicht kannte. Allerdings haben die Gebäude mich an irgend etwas aus meiner Vergangenheit erinnert. Ich habe eine Zeitlang herumgeschaut und dann bemerkt, daß ich den Weg nach Hause nicht mehr weiß. Ich hab' Leute nach dem Weg gefragt, aber keine Antwort bekommen. Sie konnten meine Fragen nicht verstehen; trotzdem haben sie aber in alle möglichen Richtungen gezeigt. Mir blieb nichts übrig, als weiter herumzuirren.«

Wie reagieren jetzt die Zuhörer?

Jemand fragt nicht gerade wohlmeinend: »Hattest du zuviel getrunken?« Diese Person deutet unbeabsichtigt darauf hin, daß die Art der Wahrnehmung, in der die höheren kognitiven Zentren durch Alkoholeinfluß ausgeschaltet sind, der des Erlebens im Traum ähnelt. Personen, die betrunken waren, können, nachdem sie ihren Rausch hinter sich haben, oft nicht ausmachen, ob das, woran sie sich erinnern, wirklich geschehen ist oder nur geträumt war.

Eine andere Person stellt mitfühlend fest: »Es ist doch bedauernswert, wie heutzutage die Menschen gar keine Rücksicht auf ihre Mitmenschen nehmen.« Auch diese Bemerkung ist nicht so banal wie sie klingt. Sie könnte sehr gut auf die Problematik der Träumerin mit ihrer Umwelt hinweisen. Sozial isolierte Personen träumen sehr häufig, stehengelassen, mißverstanden, übersehen oder übergangen zu werden.

Eine dritte Person sagt: »Das geschieht mir auch manchmal. Ich bin ganz in meinen Gedanken verloren und finde mich plötzlich in einem fremden Stadtteil wieder. Wenn ich nach dem Weg frage, sind die Antworten meist auch nicht sehr hilfreich. Da lauf' ich dann auch im Kreis herum.« Auch in dieser Aussage finden wir einen möglichen Hinweis auf den inneren Zustand der Träumerin. Sie läuft im Kreis.

Die vierte Person denkt praktisch und erklärt mit einem Vorwurf in der Stimme: »Du bist vielleicht umständlich! Wenn sowas passiert, ruf' zu Hause an. Schau auf's Straßenschild und sag' denen wo du bist, und daß man dich abholen soll; oder nimm einfach ein Taxi.« Auch diese Feststellung hat eine Entsprechung in der Psyche der Träumerin. Ihr Verstand führt sie vermutlich zu ähnlichen Überzeugungen wie diese vernünftige Person; Gefühlen wie z. B. Angst oder Unsicherheit gegenüber kann er aber nichts ausrichten.

Wir sehen hier vier verschiedene Ansichten, die alle verschiedene Ebenen der Verarbeitung von Informationen berühren. Auch ein in Traumdeutung geschulter Psychologe hätte, wäre ihm dieser Traum ebenfalls als tatsächliches Geschehen präsentiert worden, keine treffenderen Aussagen über zugrundeliegende Abläufe machen können, als diese spontan und ganz alltäglich reagierenden Personen.

Wirklicher als die Wirklichkeit

Man kann Träume als Mischungen von Verarbeitungen verschiedenster geistiger Verarbeitungsebenen betrachten. Dabei existieren zwischen dem, was landläufig als ›Wirklichkeit‹ oder ›Wahrheit‹ bezeichnet wird und der Fantasie, wie in allen beliebig gearteten Äußerungen und Wahrnehmungen des Menschen, fließende Grenzen. Nehmen wir die Feststellung: »Ich habe Schwierigkeiten, von denen ich glaube, daß ich sie nicht überwinden kann«, der ein Traum gegenübersteht: »Ich besteige einen Berg, der viel zu steil und zu hoch für mich ist.« Der Träumende verspürt im Schlaf die Verkrampfung der Muskeln und hört sich keuchend atmen und sein Herz rasch schlagen, eine weitaus lebensnahere Darstellung seiner Schwierigkeiten als die abstrakte erste Aussage. In diesem Fall ist der Traum wirklicher, nämlich konkreter, der verspürten Realität der Gefühle näher, als die ›Wirklichkeit‹ in Form des berichteten tatsächlichen Konfliktes.

Grammatikalische Geister

Gewöhnlich denken wir nicht daran, daß wir unsere Sprache auch benützen können, um Dinge zu sagen, die nicht den nachprüfbaren Tatsachen entsprechen. Wir ordnen beispielsweise abstrakten Begriffen Verben zu und erwecken damit den Eindruck, sie seien von materieller Existenz. Feststellungen vom unauffälligen: »Ich *habe* eine Ahnung« bis zum psychotischen: »Böse Geister verfolgen mich!« zeigen, wie weit die Struktur unserer Sprache uns dazu verleiten kann, eine Pseudorealität der Begriffe zu erfinden. Dies ermöglicht uns einerseits, uns sehr effektiv über die komplexen Sachverhalte einer komplizierten Umwelt zu verständigen, läßt uns andererseits aber nicht selten den Zusammenhang zwischen dem tatsächlichen Erleben und seinen Bezeichnungen verlieren. Wir beginnen dann, statt über die konkreten Erlebnisse über die Begriffe selbst zu sprechen und über die Begriffe, die wir uns über die Begriffe gemacht haben. Dabei kommt uns schließlich jede Verbindung unserer Aussagen mit unseren persönlichen Regungen abhanden. Als letzte Brücke zwischen den beiden Bereichen bleiben dann die eigensprachlichen Bedeutungen der abstrakten Begriffe übrig.

Nach dem bisher Gesagten liegt der Weg, die Mitteilungen eines Traumes zu verstehen, nicht darin, in ihm Symbole zu finden und diese zu entschlüsseln, sondern darin, ihn so direkt und konkret wahrzunehmen, wie er als Widerspiegelung psychischer Geschehnisse von Grund auf ist.

Dringliches aus der zweiten Welt – Christofs Traum

Ein weiterer Teilnehmer am Seminar, Christof (Ch.), berichtet einen Traum:

Ch.: »Es muß sehr früh am Morgen gewesen sein. Ich habe mich in meinem Bett gesehen, da wurde ich aus einem anderen Zimmer gerufen, um einen Telefonanruf zu beantworten. Ich hab' meinen Morgenmantel angezogen, bin hinübergegangen. Im anderen Zimmer sah ich dann eine Gruppe von sehr elegant gekleideten Männern und Frauen. Sie haben mich nett und wohlwollend begrüßt und ihre Konversationen fortgesetzt. Ich hab' den Hörer genommen. Am anderen Ende war ein Mann, der aufgeregt auf mich einredete. Ich konnte mit Mühe das eine oder andere Wort verstehen; es hat sich wie eine Fremdsprache angehört. Er hatte ein sehr dringliches Anliegen, das konnte ich seiner Stimme entnehmen; aber sagen konnte ich nichts, nur, daß er deutlicher sprechen soll. Anscheinend konnte er mich nicht hören. Dann hat der Wecker gesummt und ich bin aufgewacht.«

T.: (zu den Teilnehmern) »Ist Ihnen irgend etwas aufgefallen, das als Schlüssel für den Traum dienen könnte?«

K 1: »Mir ist eine gewisse Dringlichkeit in Christofs Stimme aufgefallen. Genau wie die, die er auch bei dem Anrufer bemerkt hat.«

K 2: »Das habe ich auch herausgehört. Kann man aber diese Dringlichkeit nicht einfach darauf zurückführen, daß der Träumer hier schon kurz vor dem Aufwachen war und sich sozusagen beeilt hat, um den Traum noch zu Ende zu bringen?«

T.: »Es können schon äußere oder auch körperinnere Reize wie etwa Hunger mit dem Trauminhalt verflochten sein. Das läßt sich nicht genau abgrenzen, ist aber auch nicht so relevant. Egal, was immer an Informationen auftaucht, wird in Richtung auf die grundlegenden Empfindungen verzerrt. Da wir ja hauptsächlich an dieser Verzerrung interessiert sind, können wir die Frage, woher die einzelnen Inhalte kommen, außer acht lassen.

Trotz der Dringlichkeit hat Christof uns den Traum zögernd erzählt und nach Worten gesucht. Es läßt sich vermuten, daß ein Gefühl seine Fantasie angeregt hat, das ihm verbal noch nicht zugänglich ist. Auch am Telefon hört er etwas, das er nicht in Worten ausdrücken kann. Geschehnisse, die sich sprachlich nicht darstellen lassen, erscheinen im Gebiet des logisch Artikulierbaren wie etwas Unverständliches.

Wir dürfen aber auch nicht ausschließen, daß Christof irgendwelche besonderen Erfahrungen mit Fremdsprachen gemacht hat.«

Ch.: »Ja, das trifft zu. Meine Muttersprache ist schwedisch; ich spreche sie aber nicht mehr oft.«

T.: »Wie gesagt, tauchen in der Eigensprache, wie auch in Träumen die bedeutungsvollen Themen immer wieder auf. In Christofs Traum wiederholt sich das Thema der zwei Welten, des Gegensatzes; was immer das auch für ihn bedeuten mag. Er hat uns a) erzählt, daß er im Schlafzimmer ist, die anderen aber im Wohnzimmer; b) daß er schläfrig ist, während sich die anderen unterhalten; c) daß er einen Morgenmantel trägt, aber die anderen elegant gekleidet sind und d) daß er die eine Sprache spricht, die Person am Telefon aber eine andere.«

Ch.: »Ich wollte Sie nicht unterbrechen (lächelt) – es ist wieder dringlich. Das Thema der zwei Welten ist mir sehr gegenwärtig; ich stehe vor einer Entscheidung zwischen beiden. Hier in Wien habe ich meine Freundin kennengelernt. Wir haben uns entschlossen, zu heiraten. Aber ich kann gewisse Bedenken nicht loswerden. Ihre Familie ist nicht nur sehr wohlhabend, sondern auch äußerst formell. Wir haben engen Kontakt mit ihnen, aber ich habe ihren Vater noch kein einziges Mal ohne Jackett gesehen. Ich gebe nicht viel auf Kleidung. Meine Familie lebt in Schweden; es sind alles sehr einfache Leute... Allerdings verstehe ich nicht, woher die Dringlichkeit im Traum kommt. Ich wälze mich schon seit einiger Zeit mit dieser Entscheidung herum.«

T.: »Die Entscheidung, vor der Sie stehen, läßt sich ja nicht ewig aufschieben. Die Freundlichkeit Ihrer zukünftigen Verwandten überzeugt Sie nicht. Der Schwede in Ihnen warnt Sie, aber auch er kann sie nicht überzeugen. Je mehr Sie sich hin und her wälzen, desto unbehaglicher wird es Ihnen und desto dringlicher wird es, sich endlich zu entscheiden.«

Ch.: »Ja, ›unbehaglich‹ ist das richtige Wort. Besonders weil demnächst ein Familientreffen ansteht, bei dem sich mein Vater und die Familie meiner Freundin kennenlernen werden. Ich gestehe, daß ich davor schon jetzt einen regelrechten Horror habe. Mein Vater ist sehr urwüchsig in seiner Art.«

K 3: »Die Stimme am Telefon könnte doch gut die seines Vaters gewesen sein. Sie will ihn warnen, daß er doch nicht in solche Kreise gehört.«

Ch.: »Der Gedanke ist mir auch schon gekommen. Ich gebe das nicht gern zu, aber ich habe tatsächlich Angst, daß ich mich in dieser vornehmen Gesellschaft wegen meiner Eltern schämen würde.«

T.: »Sie sehen, wie wir auf den Kernpunkt des Traumes gestoßen sind, ohne die Ebene der konkreten Abläufe zu verlassen. Das soll nicht heißen, daß ich Symbolen und ihren Deutungen keinen Wert beimesse. Jedes Symbol ist aber, sobald es ein Mensch in irgendeiner Weise gebraucht oder wahrnimmt, von ganz persönlichen Empfindungen umgeben.

Heutzutage steht die Zwanghaftigkeit im Vordergrund der Probleme der einzelnen. Die Frage, die auch in Christofs Traum durchscheint, ist nahezu allgegenwärtig: ›Handle ich richtig oder falsch?‹ Die Bestrafung für falsches Handeln liegt darin, vor den Mitmenschen als Versager dazustehen. Für einen Griechen des Altertums wäre die Frage des Traumes vielleicht gewesen: »Darf ich als Sterblicher die Götter herausfordern oder nicht?« Die Strafe für eine zu arge Versuchung der Götter käme in Form eines plötzlich hereinbrechenden Übels.

Wendeltreppe zum Narrenhaus – Ludwigs Traum

Es meldet sich jetzt Ludwig (L.), um einen anderen Traum zu erzählen:

L.: »Ich war in einer Stadt, die mir bekannt vorkam, ohne daß ich allerdings ihren Namen in meinem Gedächtnis finden konnte. Ich überquerte einen Marktplatz, auf dem zahlreiche Verkaufsbuden nebeneinander aufgebaut waren. Der Weg führte mich dann zu einer Art Amtshaus, das auf einem Hügel stand. Um hinaufzukommen, muß ich eine Wendeltreppe benützen. Als ich oben bin, sehe ich, daß es gar kein Amtshaus ist, sondern ein Krankenhaus wie aus dem Mittelalter. Die Tür ist verschlossen. Ich läute, aber die Glocke funktioniert nicht. Es folgt dann noch etwas, an das ich mich aber nicht mehr erinnern kann.«

T.: (zu den Zuhörern) »Was haben Sie aus der Sprachmelodie heraushören können?«

K 1: »Zuerst hat Ludwig sehr gemächlich gesprochen, so wie bei einem Bericht über eine Reise. Als er zur Wendeltreppe gekommen ist, hat sich seine Stimme dann geändert.«

T.: »Wie würden Sie die Qualität dieser Stimme beschreiben?«

K 1: »Irritiert. Als ob er der Meinung gewesen wäre, daß es noch einen besseren Weg den Hügel hinauf geben müßte.«

L.: »Dies Gefühl habe ich im Traum gehabt. Ich habe mich gefragt, warum sie denn die Amtshäuser nicht auch am Marktplatz haben können.«

T.: »Der Leichtigkeit, mit der man Zugang zu Marktbuden hat, steht also die Schwierigkeit gegenüber, ein Amtshaus zu erreichen.«

K 2: »Aber an Marktbuden kauft man doch etwas. Warum kauft er nichts?«

L.: »Ich habe doch ein Ziel. Ich will zu dem Amtshaus, da lasse ich mich nicht ablenken.«

T.: (zu den Teilnehmern) »Warum gibt es ausgerechnet eine Wendeltreppe, um auf den Hügel zu kommen? Eine gewöhnliche Stiege hätte es ja auch getan. (Die Teilnehmer haben keine Antworten.) Schauen Sie sich an, wie sich die Art der Fortbewegung verändert. Den Marktplatz ›überquert‹ er in einer geraden Linie; auf der Wendeltreppe bewegt er sich im Kreis.

Man kann im Traum genau wie im Gespräch zwischen zwei nebeneinander erwähnten Objekten einen kausalen Zusammenhang annehmen. Wenn Ludwig ein Amtshaus aufsucht, dreht er sich im Kreis, findet verschlossene Türen, und letzten Endes wird das Gebäude zu einem Krankenhaus. Es ist noch die Frage, was für ein Krankenhaus das ist.«

L.: »Ein mittelalterliches Gebäude – Irrenhäuser hab' ich mir immer so vorgestellt. In letzter Zeit komme ich mir auch vor wie im Narrenhaus. Jetzt wird mir klar, was die Wendeltreppe bedeutet. Ich muß für meine Tante ihr Haus und ihr Land verkaufen. Sie hatte einen Schlaganfall und liegt jetzt im Krankenhaus, ist völlig gelähmt und kann nicht sprechen. Für die Banken und Ämter ist es anscheinend außerordentlich schwer, mich als ihren Vertreter anzuerkennen. Weil ich nicht die vorgeschriebene Vollmacht besitze, schickt man mich von einem Amt zum anderen, ohne daß irgend etwas voranginge. Mir dreht sich schon der Kopf, weil jeder jedem widerspricht und kein Mensch mir eine eindeutige Antwort geben kann. Es ist verrückt.«

K.: »Wie passen die Verkaufsbuden da hinein?«

T.: »Das ist im Lichte des Vorhergesagten nicht schwer zu verstehen. An den Buden verlaufen die Geschäfte unter normalen Bedingungen. Ludwig wünscht sich wahrscheinlich, daß er seine Angelegenheiten dort statt im Amtshaus erledigen könnte.«

K 3: »Und warum funktioniert die Glocke nicht?«

T.: »Wozu dient eine Glocke?«

L.: »Sie macht jemanden darauf aufmerksam, daß ich da bin.«

T.: »Im Traum klappt das anscheinend nicht. Man beachtet deine Persönlichkeit einfach nicht. Du läutest, und die Glocke funktioniert nicht. Das kann doch nur dir passieren.«

L.: »Stimmt. Wenn ich die richtigen Beziehungen hätte, würden sich alle Türen für mich öffnen.«

T.: (zu den Teilnehmern) »Wir können jetzt vermuten, daß Ludwig erwartet, daß ihm alles mühelos zufallen sollte. Es ist zwar eine äußere Situation gegeben, die sein Unbehagen erklären kann, dennoch ist aber anzunehmen, daß die Abfolge: unrealistische Erwartungen – Frustration, ein charakteristisches Schema für ihn ist. Wäre dem nicht so, hätte er nicht in dieser Weise darüber geträumt.«

Hören wir uns noch einen Traum an, den uns Vera, eine Studentin in den 20er Jahren, erzählt.

Großmutters akademischer Kuchen – Veras Traum

V.: »Ich kam zu einem merkwürdigen Gebäude. Es hatte keinen Eingang. Ich mußte durch das einzige Fenster, das offen war, durchkriechen, um hineinzukommen. Es sollten irgendwelche Gespräche stattfinden. Da war eine Tür. Ich öffnete sie und fand einige Studenten in einer Gruppe um einen Tisch versammelt. Der schien mir aber nicht der richtige für ein Gespräch zu sein. Er war viel zu hoch; man konnte den Gegenübersitzenden kaum sehen. Dann bin ich in ein anderes Zimmer gegangen. Da stand ein Tisch, der nur so groß wie für Kinder war. Der war auch nicht richtig. Ich kam dann in eine lange

Halle, wo Studenten in tiefe Gespräche versunken waren. Die Szene veränderte sich; irgendwie war jetzt meine Großmutter da und servierte an einem langen Tisch selbstgebackenen Kuchen. Ich stand da und konnte mir das nicht erklären.«

K 1: »Ich habe Zurückhaltung aus Veras Stimme herausgehört. Sie hat sich zu einem Zögern verdichtet, als von der fehlenden Tür die Rede war. Alles andere klang dann ein wenig wie hingeworfen, fast abwertend. Bei der Großmutter war die Stimme dann wieder so moduliert wie am Anfang.«

T.: »Was könnte diese zurückhaltende Satzmelodie uns vermitteln? Vera hat dabei auch den Kopf geschüttelt.«

K 1: »Vorsicht könnte dahinterstecken oder auch Mißtrauen.«

T.: »Sie können noch weiter gehen. Es scheint, daß irgendeine unbekannte Macht es ihr schwierig aber nicht unmöglich macht, das Gebäude zu betreten. In diesem Zusammenhang wäre ›merkwürdig‹ ein Schlüsselwort, das Vera uns möglicherweise näher erklären kann.«

V.: »Merkwürdig ist etwas, wenn es sich anders verhält, als man es gewohnt ist und man es nicht verstehen kann.«

K 1: »Sie steht also bezüglich des Einganges vor einem Rätsel, läßt sich dadurch aber nicht abhalten.«

T.: »Man kann es noch etwas genauer sagen. Sie ist mißtrauisch und vorsichtig; das hindert sie aber nicht an ihrem Vorhaben. Wir sehen hier die fehlende Informationsbrücke zwischen dem ›merkwürdigen‹ Haus ohne Eingang und dem Kriechen durch das Fenster.«

K 1: »Warum war aber nur ein einziges Fenster offen?«

T.: »Da liegt auch ein Gedankensprung. Was könnte die Verbindung sein, von dem einen geöffneten Fenster zu dem geschlossenen?«

V.: »Wenn Sie schon keinen Eingang eingebaut hat, sollten wenigstens alle Fenster offenstehen.«

T.: »Die Lücke deutet also an, daß Vera sich in Ihrem Sinn für Gerechtigkeit verletzt gefühlt hat.«

V.: »Jetzt geht mir ein Licht auf.«

T.: »Halt' dich noch ein wenig zurück. Wir wollen ja deinen Traum bis zu Ende verstehen.«

V.: »Es wird mir schwerfallen, den Mund zu halten.«

T.: »Dein Bedürfnis, dich mitzuteilen, hast du auch im Traum gezeigt. Aber weiter zu den Lücken. Gleich am Anfang des Traumes ändert sich die Form der Bewegung. Vera kommt zu dem Gebäude, dann *kriecht* sie hinein und danach *geht* sie wieder aufrecht. Wenn man kriecht, ist man niedriger, als wenn man aufrecht geht. Die Bewegung ist also die, daß sie sich erniedrigt oder besser gesagt, daß sie durch Umstände dazu gezwungen ist, sich zu erniedrigen. Später taucht auch ein Tisch im Traum auf, der zu niedrig ist. Wir können aus dieser Lücke schließen, daß die Vera sich, um ein angestrebtes Ziel zu erreichen, auch erniedrigen oder erniedrigen lassen würde. Nach dem nächsten Gedankensprung erwähnt sie ›irgendwelche‹ Gespräche, wobei das ›irgendwelche‹ recht abwertend klingt. Möglicherweise sieht sie in dieser Abwertung die Vergeltung für das vorhergegangene Kriechen.«

V.: »Ja. Wenn ich schon kriechen muß, dann sag' ich euch wenigstens, was ich von euren Gesprächen halte.«

T.: »Es folgt dann im Traum noch ein Gedankensprung zwischen dem Öffnen der Tür und dem Gedanken, daß der Tisch zu hoch ist. Was könnte man an dieser Lücke finden?«

V.: »Bevor ich mich auf etwas einlasse, beurteile ich erstmal ganz genau die Sachlage.«

T.: »Da kommen wieder einmal Vorsicht und Mißtrauen durch: Aber es steht wahrscheinlich auch ein Vorwurf dahinter. Wenn Vera sich schon die Mühe macht, auf diesem beschwerlichen Weg hereinzukommen, müßte doch wenigstens der richtige Tisch für Sie bereitstehen. Wir bekommen hier einen Hinweis auf hohe Ansprüche.«

V.: (lacht) »Tja. Sie haben meine Gedanken erraten.«

T.: »Es fehlt auch ein Bindeglied dort, wo sie die Tür öffnet und sich die Studenten zu einer Gruppe versammelt haben. Was könnte dort hineinpassen?«

K 3: »Der Tisch ist zu hoch. Darin scheint mir eine Beurteilung ihrer eigenen Fähigkeiten zu stecken. Daraus, daß sie die Gegenübersitzenden nicht sehen kann, ergibt sich für mich die Vermutung, daß es für sie notwendig ist, ihr Gegenüber genau im Auge zu haben und beobachten zu können. Der Kindertisch hätte dann wohl auch damit zu tun, wie sie ihre Kompetenz einschätzt. Er wäre als etwas Unterforderndes anzusehen.«

T.: »Sie schwankt also zwischen zu hoch und zu niedrig. Sie weiß nicht, wohin sie gehört und wechselt an diesem Punkt die Szene. Jetzt ist sie in der langen Halle. Hier sind keine Tische, die eine Distanz zwischen den Sprechenden schaffen. Dieses Wegfallen der Distanz hängt über einen Gedankensprung mit dem Servieren von Kuchen und mit der Großmutter zusammen. Vera wundert sich darüber, daß die Großmutter auftaucht. Sie scheint häusliche Fähigkeiten in diesen akademischen Hallen für fehl am Platz zu halten, ebenso die Geselligkeit, die mit einer gedeckten Tafel verbunden ist.

Doch Vera sollte uns jetzt noch aufklären, worüber ihr vorhin das Licht aufgegangen ist.«

K 4: »Bevor sie beginnt, hätte ich noch gewußt, ob hinter ›mir geht ein Licht auf‹ auch eine eigensprachliche Bedeutung liegt.«

Tasten und Sehen

T.: »Solche bildhaften Aussagen des allgemeinen Sprachgebrauches weisen meist auf irgendwelche Vorgänge auf neurophysiologischer Ebene hin. Stellen Sie sich vor, Sie sind in einem dämmrigen Labyrinth und tasten sich entlang der Wände mit den Händen nach vorn. Dies entspricht in etwa dem vagen *Begreifen* eines unscharfen, unformulierten Gedankenkomplexes. Dann taucht ein Lichtstrahl aus dem Dunkel auf. Sie gehen jetzt zielsicher mit festem Schritt auf die Lichtquelle zu. Für einen Gedanken hieße das, daß er in diesem Augenblick auf eine andere Ebene versetzt wurde.

Sie *sehen* jetzt die Umrisse dessen, was vor Ihnen liegt, bzw. sie *verstehen* die Struktur des Gedankens. Dabei haben Sie sprunghaft von der haptischen zur optischen Wahrnehmung umgeschaltet. Genau dieses Umschalten versuchen wir nachzuvollziehen, wenn wir einen Traum interpretieren. Sehen vollzieht sich auf einer höheren kognitiven Ebene als Ertasten. Was in uns präverbal stattfindet, ist genauso mehrdeutig wie ein reichhaltig strukturiertes Objekt, dessen Oberfläche man mit geschlossenen Augen abtastet. Mit Sicherheit identifizieren kann man dieses Objekt erst, wenn man die Augen öffnet.

Wir sagen oft: ›Das hat mir die Augen geöffnet‹ oder ›es ist mir wie Schuppen von den Augen gefallen‹. Das Sehen bildet die Korrektur und Erweiterung des Tastens, genauso wie das Wissen das Ahnen übersteigt.

Aus der Ebene des Ahnens und des blinden Ertastens schöpfen wir allerdings unsere kreativen Intuitionen. Man sollte diese daher nicht für weniger bedeutsam halten als die Ebene des Wissens, auf der wir durch Lernen und Nachahmen zu pragmatischen Handlungen fähig sind.

Jetzt aber zurück zu Vera.«

V.: »Der Traum ist jetzt ja im wesentlichen schon klar geworden. Ich kann mit alldem, was hier gesagt wurde, übereinstimmen. Besonders, daß ich mir meiner Fähigkeiten oft nicht sicher bin, trifft zu. Es geht in dieser Hinsicht tatsächlich immer hoch und runter mit mir.

Und dann, das kann ich noch dazusagen, drückt der Traum wohl meine Unzufriedenheit mit den Anstalten der höheren Bildung aus.

Man beugt sich dem Diktat der Professoren, man muß ja, aber dieses Bravsein bringt nicht nur das geringste. Irgendwie fehlt etwas Bindendes, das die Studenten bewegt, sich als Einheit zu sehen und sich untereinander zu stützen. Ich hab' da schon einige Zeit eine Idee. Meine Großmutter im Traum hat damit etwas zu tun.

Ich denke mir, wenn die einzelnen Arbeitsgruppen öfter mal bei den Sitzungen zusammen essen würden und das auch zusammen vorbereiten, würde das die Atmosphäre um einiges verbessern. Es würde dann vielleicht nicht mehr so ohne weiteres vorkommen, daß ein Kollege aus dem Seminar ohne ein Zeichen des Erkennens an mir vorbeigeht. Aber ich habe schon Bedenken, das mit dem Essen und Kochen anzubringen. Man sollte die Kollegen doch wohl eher mit Argumenten überzeugen als mit Kochkünsten, und im übrigen sind das Psychologen, die deuten immer gleich alles mögliche in die Dinge hinein.«

Umleitung – Bertrams Traum

Den nächsten Traum erzählt uns Bertram (B.), ebenfalls ein Teilnehmer am Seminar.

B.: »Ich habe das Gefühl, daß ich mich an einen bestimmten Ort begebe, oder mich dorthin begeben muß, das ist mir nicht klar. Ich schlurfe an der Mauer eines Gebäudes entlang, das wie eine Mietskaserne aussieht; langsam und schleppend. Plötzlich wird die Mauer von einem hohen Durchgang unterbrochen, durch den ich auf die andere Seite gehe. Die Straße dort ist eine Allee mit hohen Bäumen – ganz das Gegenteil vom öden Anblick an der Mauer. Ich wende mich nach links und stehe vor einem öffentlichen Gebäude mit auffallenden griechischen Säulen. Aber kurz davor ist die Straße aufgerissen und es stehen Zeichen da mit Pfeilen, die darauf hinweisen, daß kein direkter Zugang möglich ist. Ich folge den Zeichen und gerate in ein Wohnviertel, das genauso öde ist wie das zum Anfang. Währenddessen bin ich mir nicht mehr bewußt, ob ich ein Ziel habe und welches das war.«

T.: »Die anfangs ausgedrückte Bewegung, das ›Sich-Hinbegeben‹ ist mit einem unklaren Gefühl verbunden. ›Müssen‹ würde auf eine Verpflichtung hinweisen.

Zeit verstreicht in Metern

Räumliche und zeitliche Verschiebungen sind im Traum austauschbar. Das gilt auch für manche Aussagen in Gesprächen. Wenn z. B. jemand sagt, er hätte einen langen Weg zurückgelegt, um die berufliche Position zu erreichen, in der er sich befindet, wird der räumliche Begriff ›langer Weg‹ als zeitlicher, etwa im Sinne von ›viele Jahre‹ angewendet. Der ›lange Weg‹ beinhaltet allerdings noch die Andeutung von etwas Mühsamen, von Hindernissen, Umwegen usw., das mit zeitbezogenen Aussagen nicht dargestellt werden kann.

Die im Traum ausgedrückte Zeitverschiebung, während der Träumer an verschiedenen Objekten vorbeigeht, weist vermutlich auf verschiedene Phasen seines Lebens hin. Der Gleichförmigkeit der Mietskaserne könnte eine ebenso uninteressante, eine wenig anregende Periode seines Lebens verbildlichen. Unterbrechungen finden durch die zwei scharfen Wendungen und durch den unerwarteten Durchgang statt, der ihn zu dem Gebäude führt.

Die Baustelle, in der ›Bauen‹ impliziert ist, deutet an, daß noch eine Entwicklung vollzogen werden muß, bevor das Ziel zugänglich wird.

Fragen wir jetzt Bertram, was er mit dem Gesagten anfangen kann.«

B.: »Jetzt wo Sie es so erklären, ist mir der Traum im ganzen recht durchsichtig. Ich arbeite schon seit etlicher Zeit als Helfer bei einem praktischen Arzt in der Ordination. Zum Anfang war ich fest überzeugt, oder vielleicht sollte ich sagen: habe mir eingeredet, daß die Routine dort wichtig für meine spätere Ausbildung sein wird. Aber langsam hat sich tödliche Langeweile breitgemacht. Bei der Mehrzahl der Patienten ist es doch egal, welche Tablette oder welche Behandlung man verschreibt. Die wirklichen Schwierigkeiten werden damit sowieso nicht berührt. Bei mir hat sich alles verlangsamt. Ich konnte mir zu der Zeit noch nicht eingestehen, wie sehr ich mich innerlich gegen die ganz unverhohlen zynische Einstellung dieses Arztes gesträubt habe. Ich hab' mich in der Ordination bewegt, als hätte ich Blei in den Schuhen. So bin ich auch im Traum an der Mietskaserne entlanggeschlurft. Dann hab' ich mich endlich einmal aufgerafft – das war wohl die scharfe Wendung. Ich wollte einen anderen Weg einschlagen, mir Zeit nehmen, mehr Wissen erwerben, studieren – das ist der griechische Tempel. Allerdings mußte ich für meine Familie sorgen. Das hat mir dann den Weg verbaut. Eines kam zum anderen – Verpflichtungen, unerwartete finanzielle Anforderungen... Die entscheidende Wendung ist schließlich ein Traum geblieben. Ich sehe mich gezwungen, meine Zeit abzusitzen.«

T.: »Sie haben jetzt in der bildhaften, dreidimensionalen Darstellung des Traumes gesehen, wie Bertram die für ihn wichtige Entscheidung durchgearbeitet hat. Auch Anhaltspunkte auf die Charakterstruktur des Träumers lassen sich schon aus den Handlungen herauskristallisieren. Er bewegt sich zögernd und schleppend fort. Das weist auf eine starke Hemmung seines Antriebs hin. Dennoch ist er fähig, seinen Kurs zu ändern, braucht dazu aber den Anstoß durch günstige äußere Umstände. Im Traum läßt ihn die weiterbestehende Passivität an seinem Ziel vorbeigehen. In weiteren Besprechungen, die sich dann aber vom Traum entfernen würden, kämen weitere Aspekte seiner Persönlichkeit zum Vorschein.«

Nachwort

In meinen Vorlesungen und Seminaren bin ich als Senior-Autor dieses Buches häufig gefragt worden, welche Grundanschauungen mich in meinen Arbeiten geleitet haben.

Die Antwort auf diese Frage ist am umfassendsten in den Gesprächen mit Patienten enthalten. In ihnen kommt das, was ich versuche in Veröffentlichungen darzustellen und auch das, was ich noch nicht einmal begonnen habe, zu hinterfragen und zu erklären, in seiner ursprünglichen, dreidimensionalen Form zum Ausdruck.

Vereinfachend läßt sich mein Bild des Menschen hier damit umreißen, daß ich ihn von einem humanethologischen Standpunkt aus beobachte. Ich betrachte ihn als Lebewesen mit speziellen Verhaltensweisen, die ich so wahrnehme und beschreibe, wie sie sich tatsächlich manifestieren. Dabei lasse ich außer acht, wie sich ein Mensch meinen persönlichen oder anderen Idealen gemäß verhalten sollte; ich bin hauptsächlich daran interessiert, wie er sich effektiv verhält. Die sichtbaren Phänomene und ihre möglichst unvoreingenommene Perzeption sind die Basis dieses Erforschens.

Damit dürften meine Gedanken im Wesen denjenigen entsprechen, mittels derer auch Archäologen, Paläologen und Ethologen ihre Erkenntnisse gewinnen. Natürlich bin auch ich nur ein Exemplar der Spezies ›Mensch‹ und damit idealisierenden, von tatsächlichen Gegebenheiten abgelösten Erwägungen zugänglich. In meiner Arbeit mit Tieren habe ich mir allerdings angewöhnt, das typisch menschliche Suchen nach ›höheren‹ Gesetzen und Werten, nach ›Sinn‹ und ›Bestimmung‹ vom Prozeß des Beobachtens und Erkennens abzulösen und Ereignisse wertfrei zu sehen.

Ein Paläologe könnte beispielsweise ohne weiteres zu der Erkenntnis gelangen, daß der Urmensch sich von der Fortbewegung auf allen Vieren aufgerichtet hat, um dem Lieben Herrgott näher zu sein. Dem ließe sich nicht viel Beweiskräftiges entgegenhalten. Wahrscheinlicher ist jedoch, daß gewisse entwicklungsmäßige Zufälle und Notwendigkeiten zum ›erhabeneren‹ und ›würdigeren‹ Gang geführt haben, womit dieser Vorgang erklärbar wäre, ohne bewertende, moralisierende Maßstäbe daran anzulegen.

Keinem Ethologen fiele es ein, etwa eine Katze und ein Schwein entlang ästhetischer Konzepte zu vergleichen. Man kann die Katze für ›schöner‹ halten, für ›edler‹ oder ›vollendeter‹. Das hat dann nur nichts mehr mit den Tieren an sich zu tun, sondern widerspiegelt die Ideale und den persönlichen Geschmack des Betrachters. Was sich objektiv sagen läßt, ist zunächst einmal, daß eine Katze *anders* ist als ein Schwein. Diese Verschiedenheit läßt sich als Adaption − als Anpassung an genetische und umweltgebende Faktoren − auffassen.

Im gleichen Sinne ist es weder ›dumm‹ noch ›schlau‹ von den Giraffen, einen so extrem langen Hals zu haben. Sie haben ihn halt. Auf den Menschen und auf den psychologischen Schwerpunkt dieses Buches bezogen heißt das, daß z. B. auch eine Neurose Ausdruck einer Anpassung ist. Man kann zu ihrem Verständnis Werturteile wie ›gut‹, ›schlecht‹, ›unsinnig‹, ›bedauernswert‹ und ähnliches beiseite lassen und sie sozusagen als den langen Hals der Giraffe betrachten. Beobachten wir die neurotische Person sehr genau in ihrer Umgebung, können wir uns des Gefüges von Nutzen und Nachteil, von äußeren und inneren Umständen, das in genau ihrem individuellen Verhalten und Erleben resultiert, gewahr werden.

Ich kann hier nicht umhin, an die bekannte Anekdote des Landbewohners zu erinnern, der zum ersten Mal einen Zoo besucht und beim Anblick einer Giraffe entschieden feststellt: »So ein Tier gibt es nicht.« Sobald wir, wenn wir uns mit Menschen befassen, unsere privaten Überzeugungen in den Vordergrund stellen, begegnen wir immer wieder ›Tieren‹, die es ›nicht gibt‹.

Schauen wir uns beispielsweise ein Ehepaar an, das sich nichts als streitet und offensichtlich gegenseitig malträtiert, sich aber um nichts in der Welt trennen würde und diesbezüglichen Andeutungen von außen eisern und in unumstößlicher Einigkeit trotzt. Man ›sollte‹ in der Tat annehmen, daß etwa die Frau mit einem ›besseren‹ Mann ›glücklicher‹ wäre. Doch macht sie keine Anstalten, sich zu einem solchen ›Glück‹ zu verhelfen. Selbst wenn sie sich einen neuen Partner suchen würde, wäre dieser mit größter Wahrscheinlichkeit dem vorhergehenden in seinen ›schlechten‹ Eigenschaften sehr ähnlich.

Die Welt ist dicht bevölkert von derart seltsamen ›Tieren‹. Geht man mit dem Raster abstrakter Begriffe wie ›Wahrheit‹, ›wahre Liebe‹, ›Ehrlichkeit‹ usw. vor Augen umher, macht man sich blind für die aufschlußreichsten, erstaunlichsten und interessantesten Varianten menschlichen Daseins.

Dem entgegenzustellen ist eine Betrachtungsweise, die man als ›konkret‹ oder ›konkretisierend‹ bezeichnen kann. Man trifft auf diese seltener bei hauptberuflichen Denkern als bei neugierigen Kindern.

Schon und besonders bei Vorschulkindern, verselbständigt sich der Teil der menschlichen Psyche, der von einem unstillbaren Wissensdurst angetrieben ist, Fragen zu stellen. »Wo geht die Sonne hin, wenn es dunkel wird?« Eine aufmerksame Mutter oder ein ebensolcher Vater wird diese Frage (hoffentlich) nicht mittels astronomischer Lehrsätze beantworten, sondern dem Kind eine seinem Alter gemäße Erklärung anbieten, im Stile von: »Sie geht genauso schlafen wie du.« Nichtsdestoweniger hat der wißbegierige Sprößling damit aber schon eine Kausalkette (Wenn – Dann) vor Augen.

Im Stadium ähnlicher Fragen und Antworten mag das Gehirn des Frühmenschen sich von dem seiner affenähnlichen Vorfahren abgegrenzt haben. Der Vater und die Mutter, die die Sonne schlafen gehen lassen, bewegen sich in den Fußstapfen der Kosmogonie primitiver Völker. Für den späten homo erectus war die Suche nach Kausalitäten notwendig, um sich an die komplexen Regeln frühmenschlichen Zusammenlebens in der Sippe anzupassen. (»Wenn ich gegen diese Regel verstoße, werde ich ausgestoßen.«) Dieses Wenn – Dann-Muster wurde in der Folge auch den Geschehnissen in der Umwelt auferlegt, um sie begrifflich zu erfassen und voraussagen zu können. Für die sich später verbreitende Viehzucht und für den Ackerbau war derartiges Denken unabdingbare Voraussetzung.

Das ›Wenn – Dann‹ wurde dem Menschen so zum gewohnten und dem kulturellen Fortschritt dienlichen Schema der Wahrnehmung, daß sich in seiner Vorstellung die konkreten ›dann's‹ zunehmend zu abstrakten wandelten. (»Wenn ich diesen Beruf ergreife, werde ich ein ehrenwerter Bürger sein«, und ähnliches).

Es ist nicht weiter erstaunlich, daß nicht davor haltgemacht wurde, mit diesem kausal orientierten Denkansatz auch die menschliche Innenwelt ordnen und beeinflussen zu wollen, also seinen *Willen* dort einzuschalten, wo Gefühle walten. Wie sehr dieses Streben aufgrund neurophysiologischer und psychologischer Sachverhalte zum Scheitern verurteilt ist, ist anhand der Beispiele der Patienten im Buch ausführlich beschrieben worden.

Der hypertrophierte Wille und die geschlossenen Schaltkreise, in die er eine Person zwängt, ist der beständige Begleiter technologischen Fortschritts in einer entlang von Leistungen gegliederten Gesellschaft. Es nimmt daher kein Wunder, daß er zur ›Zeitkrankheit‹ geworden ist und ein breites Spektrum von Symptomen und Beschwerden bei einem Menschen auslösen, überdecken oder verzerren kann.

Besonders Therapeuten aber auch andere irgendwie mit Menschen befaßte Personen tun gut daran, die Konstellation des übersteigerten Wollens zu erkennen und sich nicht in sie verwickeln zu lassen. Argumente wie: »Aber ich muß mich meinem Chef doch unterordnen, sonst kann ich meine Kinder nicht mehr versorgen«, klingen zweifellos überzeugend. Hiermit sind wir wieder beim grundlegenden Punkt des genauen, unvoreingenommenen und konkreten Beobachtens angelangt; es ermöglicht auch, die Windungen auf irrealen Voraussetzungen aufgefädelter Kausalketten zu durchschauen.

Dies um so mehr, je geläufiger und vertrauter es uns wird, auf die Eigensprache zu hören und in sie einzusteigen.

Sie eröffnet uns den Blick auf die Gefühlswelt einer Person, auf die Welt, die unmittelbar hinter den aufgestellten Kulissen liegt. Währenddessen werden vorn auf der Bühne die Ideale, die hohen Anforderungen an sich selbst, die ›Solltest‹ und ›Müßtest‹ präsentiert.

Was wir hinter der Bühne vom Menschen zu sehen bekommen, seine Erscheinung, sein Gebaren ist, verglichen mit dem, was er uns während seines Auftrittes bietet, enttäuschend. Der berühmte Politiker, der Bankdirektor, der bewunderte Nobelpreisträger unterscheiden sich, wenn sie beispielsweise grantig bemängeln, daß die Frau die Socken unangekündigt in eine andere Schublade geräumt hat, in nichts von ihren Artgenossen, die ihre Existenz als einfache Angestellte fristen.

Auf der Bühne des öffentlichen Lebens spielt jeder vorm Publikum seine Rolle. Dabei staffiert er die Szene mit abstrakten Begriffen aus, mit Etiketten wie ›Ehrlichkeit‹, ›Aufrichtigkeit‹, ›Nächstenliebe‹, ›Gerechtigkeit‹, ›Pflichterfüllung‹, die auf vage Vorstellungen geklebt den Anschein erwecken, es handele sich bei diesen um tatsächliche, faßbare Objekte. Fragen wir zehn Personen, die von ›Aufrichtigkeit‹ sprechen, was sie eigentlich damit meinen, bekommen wir zehn verschiedene, manchmal sogar geradewegs entgegengesetzte Antworten.

Derartige Begriffe sind also in ihrem Inhalt nicht klar umrissen. Gerade deshalb kann ein Sprecher sie, wenn ihm daran gelegen ist, so artikulieren, daß die Zuhörer einen ›tieferen‹ Sinn von allgemeingültiger Bedeutung darin vermuten. So umgibt sich derjenige, der ›Wahrhaftigkeit‹ als sein Anliegen darstellt, mit den Vorstellungen, die dieses Pseudo-Objekt in den Hörenden auslöst. Dabei kann er die berechtigte Hoffnung hegen, daß sein Publikum ihn als jemanden im Sinne behält, der irgend etwas mit der idealen Eigenschaft zu tun hat, die jeder einzelne für sich als ›Wahrhaftigkeit‹ bezeichnet. Gewöhnlich – solange wir uns auf der Bühne befinden – wird nicht nachgefragt, welche konkreten Schritte der Redner in diese Richtung zu unternehmen gedenkt und in welcher Weise sich Fortschritte manifestieren würden. Kommt jemand auf die Idee, eine solche Frage zu stellen, durchbricht er damit die unausgesprochene Übereinkunft, daß man ›so etwas‹ nicht fragt und Ideale unbesehen hinnimmt. Zumeist steht es gerade noch frei, für ein bestimmtes Abstraktum zu sein oder dagegen – seine Existenz an sich infrage zu stellen ist aber ein grober Verstoß gegen die Spielregeln, für die die Person im gelinden Fall mit Mißachtung gestraft wird.

Versuchen wir im Bereich des privaten Gespräches nähere

Auskünfte über die ›Wahrhaftigkeit‹ zu erhalten, finden wir bald heraus, daß das Wort, wie alle seine gegenstandslosen Verwandten, als Requisit für die verschiedensten darstellerischen Absichten dient.

Der Mensch, der sich dergestalt in Szene setzt, hat sich seit den Steinzeiten anatomisch, physiologisch in seinem Empfinden und in seinen Verhaltensmustern nicht wesentlich verändert. Wenn er auch mittels seiner Verstandeskräfte die Objekte seiner Umwelt, seine Begriffe und seine Ideale in Fortschritt versetzt hat, ist er doch nach wie vor schlichtweg der gleiche. Wir finden ihn hinter den Kulissen und − wir hoffen, das bisher gezeigt zu haben − hinter seinen Worten.

Über die Autoren

Adolphe D. Jonas, geboren 1914 in Zemun, Jugoslawien, studierte Allgemeinmedizin in New York und in Wien, wo er nach zwei Studienjahren dort 1936 sein Studium abschloß.
1937/38 befaßte er sich an der Universitätsklinik Catania/Italien mit Tropenkrankheiten. Danach war er in New York als Liaisonpsychiater tätig. 1942–1944 gehörte er dem US-Army Hospital in Manila/Philippinen an. Von 1944–1971 unterhielt er eine private psychiatrische Praxis in New York.
Nach psychiatrischer Fachausbildung hatte er zunächst Psychoanalyse praktiziert, sich aber später von streng psychoanalytischen Gesprächs- und Deutungsmustern abgewandt. Besonders seine Erfahrungen mit psychosomatisch erkrankten Patienten und seine Beschäftigung mit Anthropologie und Ethnologie ließen ihn zu der Form des therapeutischen Gesprächs finden, die er darauf an Universitäten und in Seminaren gelehrt hat. In den 50er Jahren hatte er an einer Primatenstation in den USA hospitiert, 1971/72 führten ihn anthropologische Interessen nach Marokko in die Berberregionen des Hohen Atlas. Zusammen mit Doris F. Jonas und als Alleinautor verfaßte er fünfzehn Bücher und Buchbeiträge in deutscher und englischer Sprache. Daneben publizierte er zahlreiche Artikel in wissenschaftlichen und populärwissenschaftlichen Zeitschriften sowie etliche Kongreßbeiträge. 1969 erhielt er zusammen mit Doris F. Jonas den Pawlowski-Friedenspreis der Pawlowski-Stiftung in Massachusetts/USA für einen Beitrag über Aggressivität beim Menschen.
Lehraufträge an den Universitäten führten ihn 1972–1974 nach London; 1974–1984 nach Würzburg, wo er zunächst Consultant am US-Army Hospital war; und 1984–1985 nach Wien. Neben seinen Vorlesungen hielt er Seminare in Deutschland, Österreich und der Schweiz, in denen er seine Erfahrungen mit der »Idiolektischen Gesprächsführung« weitergab. Als Schwerpunkte dieser Gesprächsform zeichneten sich die »Ei-

gensprache« des Menschen und die Bedeutung archaischer Reflexe bei psychosomatischen Störungen ab.

A. D. Jonas verstarb im Dezember 1985 in Wien.

Anja Daniels, geboren 1962, studierte Psychologie und ist Mitglied des Vorstandes der Gesellschaft für Idiolektische Gesprächsführung.

Sie hat zwei Jahre lang A. D. Jonas assistiert und an mehreren seiner Veröffentlichungen mitgearbeitet.

Literaturliste

Abbie, A. A.: A new Approach to the Problem of Human Evolution. Trans, Roy. Soc. South Australia 75 (1952)

Ament, W. Die Entwicklung von Sprache und Denken bei Kindern. Leipzig, Wunderlich (1899)

Bartholomew, G. A., Birdsell, J. B.: Ecology and the Prothominid. Amer. Anthrop. Vol. 55 (1953) 481–498

de Beer, G.: Embryology and Evolution. Oxford (1930)

Bilz, R.: Der Verdrängungsschutz. Nervenarzt 29 (1958) 145–148

Bilz, R.: Der Vagus-Tod. Med. Welt XVII (1966) 117–122 und 163–170

Bilz, R.: Versuch einer biologisch orientierten Psychopathologie. Stuttgart (1962)

Bilz, R.: Paläoanthropologie. Suhrkamp, Frankfurt (1971)

Bilz, R.: Wie frei ist der Mensch? Suhrkamp, Frankfurt (1971)

Bilz, R.: Studien über Angst und Schmerz. Suhrkamp, Frankfurt (1971)

Bolk, L.: Das Problem der Menschwerdung. G. Fischer, Jena (1926)

Bowlby, J.: Attachment and Loss. Claredon Press, Oxford (1955)

Bridges, K. M. B.: A Study of social development in early infancy. Child Development 4 : 36–49 (1933)

Bridges, K. M. B.: Emotional development in early infancy. Child Development 3 : 324–41 (1932)

Brown, R.: The first sentences of child ad chimpanze. In: id Psycholinguistics Selected Papers, New York 208–231 (1970)

Burton, M.: The Sixth Sense of Animals. New York (1972). Taplinger Publishing Co.

Campbell, B.: The roots of language. In: Biological and Social Factors in Psycholinguistics, John Morton (ed.) London, Logos (1971)

Cannon, W. B.: The Wisdom of the Body. New York, 1932

Cannon, W. B.: Bodily Changes in Pain, Hunger and Fear. Columbia Univ. Press, New York (1939)

Chomsky, N.: Language and mind. New York, Harcourt, Brace & World (1963)

Chomsky, N.: Aspects of the theory of syntax. Cambridge/Mass., MITPress (1965)

Darley, F. L. (Hrsg.): Brain Mechanisms Underlying Speech and Language. New York (1967)

Darwin, Ch. R.: The Descent of Man, London, Murray (1871)

Darwin, Ch. R.: On the Origin of the Species by Means of Natural Selection. London, Murray (1859)

Darwin, Ch. R.: The Expression of the Emotions in Man and Animals. London, Murray (1872)

Deutsch, D. u. Deutsch, J. A.: Physiological Psychology. Homewood, III., Dorsey (1967)

Deutsch, F., Murphy, W. F.: The Clinical Interview; A Method of Teaching Associative Exploration, Int. Univ. Press (1955)

Du Bruhl, S. L.: Evolution of Speech Apparatus. Springfield, C. C. Thomas (1959)

Dunbar, H. F.: Emotions and bodily changes. New York, Columbia Univ. Press (1943)

Dunbar, H. F.: Synopsis of psychosomatic diagnosis and treatment. St. Louis, Mosby (1948)

Dwight-Whitney, L. G.: The Life and Growth of Language. London (1893)

Eco, U., Sebeok, T. A. (Hrsg.): Der Zirkel oder Im Zeichen der Drei. Duplin-Holmes-Pierce. Fink, München (1985)

Eibl-Eibesfeld I.: Liebe und Haß. München, Piper (1970)

Eibl-Eibesfeld I.: Neue Wege der Humanethologie. Homo 18: 13 – 23 (1967)

Eibl-Eibesfeld I.: Der vorprogrammierte Mensch. München, Zürich; Molden (1973)

Escalona, S. K.: The Roots of Individuality. London, Tavistock (1969)

Fester, R.: Protokolle der Steinzeit. Kindheit der Sprache. München, Herbig 1974

Gardner, A. R. u. Gardner A. J.: Selfmutation, Obessionality and Narcissm. British J. Psych. 127 (1975) 127 – 132

Garstang, W.: The Theory of Recapitulation: A Critical Restatement of the Biogenetic Law. Journ. of the Linn. Soc. of London (Zoology) 35 – 81

Gazzaniga, M. S.: Handbook of behavioral neurobiology. Fred. A. King (General ed.) New York, London, Plenum Press (1978)

Goldberg, A., Larson, C.: Group Communication. Englewood Cliffs, Prentice Hall (1975)

Green, R. C., Larsen, C. R., Bell, J. F.: Shock Disease as the Cause of the periodic Decimation of the Snowshoe Hare. Amer. J. Hygiene (ser. B) 30 (1939) 83 – 102

Haldane, J. B. S.: The Causes of Evolution. London (1932), Longmanns

Hassenstein, B.: Verhaltensbiologie des Kindes, München, Zürich, Piper (1973)

Hayes, K. G. and Hayes, C.: Imitation in a home-raised chimpanzee. Journ. of Comparative Physiology and Psychology (1952) 45: 450 – 459

Hediger, H.: Beobachtungen zur Tierpsychologie. Basel, Reinhard (1961)

Hill, J. H.: On the evolutionary foundation of language. Americ. Anthropologist 74, 308 – 317 (1972)

Hobson, J. A. & Mc Carley, R. W.: The neurobiological origins of psychoanalytic dream theory. Am. J. Psychiatry, Nov. 1977

Hockett, C. F.: The origins of speech. Scientific American Sept. 1960, 88 – 96

Huxley, J. S.: Evolution: The Modern Synthesis. (1942) London, Allen & Unwin

Hyman, L. B.: The Invertebrates. Vols. II and IV New York (1955) McGraw-Hill

Imanishi, K.: Evolution of Humanity. Tokio: Ningen, Mainichi Library (1952)

Imanishi, K.: Social Organisation of subhuman primates in their natural habitat. Current Anhropology 1: 293–407 (1960)

Jackson, J. H.: Selected Writings of J. H. Jackson. London (1932)

Jesperson, O.: Language: Its Nature, Development and Origin. London, Allen & Unwin (1960)

Jirarin, A.: Facial Recognition. Ph. diss., unpubl. University of Chicago (1970)

Jonas, A. D.: Irritation and Counterirritation. New York, Vantage Press (1962)

J.A.M.A.: Diving Reflex Slows Heart Rate: May be key to unexplained death. (Medical News). JAMA 192 (1965) 25–26

Jonas, A. D. u. Jonas D. F.: The Place of Ethology and Evolutionary Anthropology in Psychiatry. Brit. Journ. Psychiatry 131,6 (1974) 636–640

Jonas A. D. und Jonas, D. F.: Ethologys Importance to Medicine. World Medicine 9,23 (1974) 83–93

Jonas, A. D. u. Jonas, D. F.: The Influence of Early Training on the Varieties of Stress Responses. An Ethological Approach. Journ. Psychos. Research 19 (1975) 325–335

Jonas, A. D. u. Jonas, D. F.: A Biological Basis for the Oedipus Complex. Am. Journ. Psychiatry 132,6 (1975) 602–606

Jonas, A. D. u. Jonas, D. F.: Gender Differences in Mental Function. A Clue to the Origin of Language. Current Anthropology Vol. 16, 4 (1975) 626–630

Jonas, A. D. u. Jonas, D. F.: Signale der Urzeit. Hippokrates-Thieme, Stuttgart (1977)

Jonas, A. D. u. Jonas, D. F.: Das erste Wort. Wie die Menschen sprechen lernten. Hoffmann & Campe, Hamburg (1979)

Jonas, A. D.: Eigensprache des Patienten. Träger seiner Gefühle, Psycho 12 (1981) 775–779

Jonas, A. D.: Kurzpsychotherapie in der Allgemeinmedizin. Hippokrates – Thieme, Stuttgart (1981)

Jonas, A. D.: Wie entstehen psychosomatische Symptome? Psycho 7 (1981) 14–22

Jonas, A. D.: Seelische Überforderung. Psycho 7 (1982) und Orientierungshilfen... a. a. O.

Jonas, A. D.: Aus dem Rahmen üblicher Erklärungen fallende Syndrome der Anorexie. Wenn stereotype Erklärungen scheitern. Praxis der Psychother. u. Psychosom. 28 (1983) 67–71 u. Orientierungshilfen... a. a. O.

Jonas, A. D.: Kurzpsychotherapie der Multiplen Sklerose. Integrative Therapie, 2–3 (1983) 248–261 u. Orientierungshilfen... a. a. O.

Jonas, A. D.: Teamarbeit zwischen Medizinern und Psychologen. Med. 5 (1984) 18–21

Jonas, A. D.: Orientierungshilfen zur Psychotherapie in der Allgemeinpraxis. Socio-medico, Gräfelfing (1985)

Kaplan, E. L.: The role of intonation in the aquisition of language. Ph. diss. Cornell University (1969)

Kaplan, S. M. et al.: Modifications of Oropharingeal Bacteria with Changes in the Psychodynamic State. A. M. A. Arch. Neur. & Psych. 78: 656 (1967) and: Validation Study: Psychosom. Med. 20 : 4 (1958)

Keith, A.: A New Theory of Human Evolution. London n. d. Farber & Farber

Kenyon, F. E.: Hypochondriasis: A clinical study. Brit. J. Psychiat. 110:478 – 488, (1964)

Kiger, A.: Biology of Behavior. Corvallis: Oregon State Univ. Press (1972)

Kimura. D. u. Knox, C.: Cerebral processing of non-verbal sounds in boys and girls. Neuropsychologia 8: 227 – 237 (1970)

Kissen, D. M.: Some psychological aspects of Pulmonary Tuberculosis. Int. J. Soc. Psych. 3: 252 (1958)

Kurth, G. u. Eibl-Eibesfeld, I. (Hrsg.): Hominisation und Verhalten. Stuttgart, Fischer (1975)

Kutsch, W.: Neuroethologie. Konstanz, Univ. Verlag (1976)

Lahey, M.: The role of prosody and synzactic markers in children's comprehension of spoken sentences. Ph. D. diss., Teacher's College, Columbia Univ., New York, 1972

Leakey, R. u. Lewin, R.: Origins, London, McDonald & Jane's (1977) dt.: Wie der Mensch zum Menschen wurde. Hoffmann & Campe, Hamburg (1978)

LeMay, M.: Cerebral asymmetries in nonhuman primates, Neandertal and modern man (Sept. 1975) Proc. Conference on Origins and Evolution of Language and Speech, New York Academy of Sciences

Lenneberg, E. H.: Biological Foundations of Language. New York, Wiley (1967) dt.: Biologische Grundlagen der Sprache. Frankfurt, Suhrkamp (1973)

Lenneberg, E. H.: New Directions in the Study of Language. Cambridge/ Mass., MITPress (1964) dt.: Neue Perspektiven in der Erforschung der Sprache. Frankfurt, Suhrkamp (1973)

Lenz, T. L.: Fine Structural Changes in the Nervous System of the Regenerating Hydra. J. Exp. Zool. 159,2 (1965) 181 – 194

Lewis, M.: Infant speech. A study of the beginning of language. New York, McGraw-Hill (1951)

Liebermann, Ph., Crelin, E. and Klatt, D.: Phonetic abelity and related anatomy of the newborn and adult human, Neandertal man and the chimpanzee. American Anthropologist 74 297 – 307 (1972)

Liebermann, Ph., Klatt, D. H. u. Wilson, W. H.: Vocal tract limitation on the vowel repertoires of rhesus monkeys and other nonhuman primates. Science 164: 1185 – 87 (1969)

Liebermann, Ph.: On the acoustic basis of the perception of intonation by linguists. Cambridge/Mass., MITPress (1965)

Lorente de Nó, R.: Vestibule-ocular reflex arc. Arch. Neurology & Psych. 30, 245, (1933)

Lorenz, K.: Der Kumpan in der Welt des Vogels; der Artgenosse als auslösendes Moment sozialer Verhaltensweisen. Zeitschr. f. Ornithologie 83, 137 – 213 (1935)

Lorenz, K., Leyhausen, P.: Antriebe tierischen und menschlichen Verhaltens. München, Piper (1973)

Louis, Victor: Individualpsychologische Psychotherapie. München, Basel, E. Reinhardt (1985)

Marler, P.: An ethological theory of the origin of speech. Proc. Conference on Origins and Evolution of Language and Speech, New York Acad. of Sciences, Sept. 1975

Marmor, J.: Presidential Adress: Psychiatry 1976 – The Continuing Revolution. Amer. J. Psych. 133,7 (1976) 739–741

Marshack, A.: The Roots of Civilization. New York McGraw-Hill (1972)

Marx, O.: The History of the Biological Basis of Language. In: Lenneberg, E. H.: Biological Foundations of Language, Appendix B New York, Wiley (1967)

Mayr, E.: Animal Species and Evolution. Cambridge (1963), Belknap Press of Harvard University Press

Mayr, E.: Behavior and Systematics. In: Coe, A., Simpson, G. G. (eds.): Behavior and Evolution. New Haven 1958, Yale Univ. Press

McCully, R. S.: Archetypal Psychology as a Key to Understanding Prehistoric Art Forms. History of Childhood Quarterly, Vol. 3, No. 4 (1976)

Meerlo, J. A. M.: Illness and Cure. New York (1964), Grune & Stratton

Meerlo, J. A. M.: Human Camouflage. Psychosom. Medicine 19 (1957) 89–98

Miller, J. G.: Information Input Overload and Psychopathology. Arch. of Gen. Psych. (1960) 695–704

Miller, M.: Zur Logik frühkindlicher Sprachentwicklung. Stuttgart, Klett (1976)

Monod, J.: Zufall und Notwendigkeit. München, Piper 1973

Morris, D.: The Naked Ape. New York, McGraw-Hill, 1967; dt.: Der nackte Affe. München, Droemer (1968)

Moss, C. S.: Dreams, Images and Fantasy. Urbana/Ill., Univ. of Illinois Press (1970)

Mulholland, J. H.: On Resistance to New Concepts. Roche Medical Image and Commentary. O. D.

Müller, M.: Lectures on the Science of Language, London (1877)

Müller-Braunschweig, H.: Die Wirkung der frühen Erfahrung. Stuttgart, Klett (1975)

Murray, A.: The History of the European Languages. Edinburgh (1823)

Negus, Sir Victor R.: The comparative anatomy and physiology of the larynx. London, Heinemann (1949)

Oswald, P.: The Semiotics of Human Sound. The Hague, Paris; Mouton (1973)

Paget, R. A. D.: Human Speech. New York, Harcourt & Brace (1930)

Peiper, A.: Cerebral Function in Infancy and Childhood. New York, Consultants Bureau (1963)

Phillips, E.: Basic Ideas in Biology. New York, McMillan (1971)

Piaget, J.: La formation du symbole chez l'enfant. Paris, Delachaux & Nestlé

(1946) dt.: Die Bildung des Zeitbegriffes beim Kind. Frankfurt, Suhrkamp '74

Ploog, D. W.: The Behavior of Squirrel Monkeys. In: Altmann, S. A. (ed.): Social Communication Among Primates. Chicago, Univ. Press (1967)

Pribram, K. H.: Languages of the Brain. New Jersey, Prentice-Hall (1971)

Quill, W. G.: Subjective Psychology, New York, Washington; Spartan Books (1972)

Riedl, R.: Die Biologie der Erkenntnis – Stammesgeschichtliche Grundlagen der Vernunft. Berlin, Hamburg; Paul Parey VG (1979)

Sapir, E.: Language; An Introduction to the Study of Speech. New York, Harcourt & Brace 1921; dt.: Die Sprache; Eine Einführung in das Wesen der Sprache. Ismaning, M. Huber (1972)

Sayce, A. H.: Introduction to the Science of Language. New York (1900)

Schmale, A. H.: The Relationship of Separation and Depression to Disease. Psychosom. Med. 19: 496 (1957)

Schultz, A. H.: Chimpanzee Fetuses. Amer. J. Phsys. Anthrop. 18 (1933) 61–79

Schultz-Hencke, H.: Der gehemmte Mensch; Entwurf eines Lehrbuches zur Neo-Psychoanalyse. Thieme (1947)

Schur, M.: Das Es und die Regulationsprinzipien des psychischen Geschehens. Frankfurt, Fischer (1973)

Schwidder, W.: Psychosomatik und Psychotherapie bei Störungen und Erkrankungen des Verdauungstraktes. Basel, Geigy (1965)

Selye, H.: The Physiology and Pathology of Excurse to Stress. Montreal, Acta (1950)

Shafton, A.: Conditions of Awareness. Portland, Riverstone Press (1976)

Simpson, G. G.: Tempo and Mode in Evolution. New York, Columbia Univ. Press (1944)

Simpson, G. G.: The Meaning of Evolution. London, Oxford Univ. Press (1950)

Smith, G. E.: Primitive Language. London, McMillan (1906)

Speransky, A. D.: A Basis for Theory of Medicine. New York, (1943)

Sperber, P. A.: Drugs, Doctors and Disease. N. Y., Green and Harrison (1973)

Studdert-Kennedy, M. (ed.) Psychobiology of Language. Cambridge, MIT-Press (1983) Mass

Swadesh, M.: The Origin and Diversification of Language. Chicago, Aldine Atherton (1971)

Tinbergen, N.: Instinktlehre. Berlin, Hamburg; Parey (1952)

Tinbergen, N.: Curios Naturalist. New York, Basic Books, 1958

Tobach, E.: The Biopsychology of Development. New York, London; Academic Press (1971)

Trevarthen, C.: Early attempts at speech. In: R. Lewin (ed.) Child Alive. London; Temple-Smith (1975)

Trojan, F.: Biophonetik. Mannheim; R. I. Verlag (1975)

Uexküll, J. von: Umwelt und Innenwelt der Tiere. Berlin (1909)

Uexküll, Th. von: (Hrsg.) Die Einheit unseres Wirklichkeitsbildes und die Grenzen der Einzelwissenschaften (1951)

Uexküll, Th. von: Grundfragen der psychosomatischen Medizin. Rowohlt; Reinbek (1968)

Uexküll, Th. von: (Hrsg.) Lehrbuch der psychosomatischen Medizin. München, Wien, Baltimore; Urban & Schwarzenberg (1979)

Uexküll, Th. von: (Hrsg.) Integrierte psychosomatische Medizin. Stuttgart, New York; Schattauer (1981)

Weeks, G. R., L'Abate, L.: Paradoxe Psychotherapie. Stuttgart; F. Enke (1975)

Weiner, H. et al.: Etiology of Duodenal Ulcer. Psychosom. Med. 9:1 (1957)

Weiss, J. M.: Influence of Psychological Variables on Stressinduced Pathology. In: Psychology, Emotion and Psychosomatic Illness. Ciba-Foundation Symp. Amsterdam Elsevier (1972)

Wickler, W.: Die Biologie der zehn Gebote. München; Piper (1975)

Wilson, E. O.: Sociobiology; The New Synthesis. Cambridge; Belknap Press of Harvard Univ. Press (1975)

Wind, J.: On the Phylogeny and the Ontogeny of the Human Larynx. Groningen; Wolters-Nordhoff (1970)

Woolpy, J. H.: Socialization of Wolves. In: Massermann, J. H. (ed.): Animal and Human. New York; Grune & Stratton (1968)

Wynne-Edwards, V. C.: Animal Dispersion. Edinburgh; Oliver & Boyd (1962)

Young, J. Z. Neuronal Circuits. In: DeBeer, G. R.: (ed.) Evolution. London; Oxford Univ. Press (1938)

Zimmer, D. E.: So kommt der Mensch zur Sprache. Haffmanns, Zürich (1986)

Zuckermann, S.: The Social Life of Monkeys and Apes. New York; Harcourt Brace (1932)